# PRAGMÁTICA DA COMUNICAÇÃO HUMANA

PAUL WATZLAWICK, JANET HELMICK BEAVIN,
DON D. JACKSON

(Do Instituto de Pesquisa Mental de Palo Alto, Califórnia)

# PRAGMÁTICA DA COMUNICAÇÃO HUMANA

*Um Estudo dos Padrões, Patologias e Paradoxos da Interação*

Tradução de
Álvaro Cabral

Editora
Cultrix
SÃO PAULO

Título do original: *Pragmatics of Human Communication – A Study of International Patterns, Pathologies, and Paradoxes.*

Copyright © 1967 W. W. Norton & Company, Inc.

Copyright da edição brasileira © 1973 Editora Pensamento-Cultrix Ltda.

1ª edição 1973.

20ª reimpressão 2017.

Todos os direitos reservados. Nenhuma parte deste livro pode ser reproduzida ou usada de qualquer forma ou por qualquer meio, eletrônico ou mecânico, inclusive fotocópias, gravações ou sistema de armazenamento em banco de dados, sem permissão por escrito exceto nos casos de trechos curtos citados em resenhas críticas ou artigos de revistas.

**Dados Internacionais de Catalogação na Publicação (CIP)**
**(Câmara Brasileira do Livro, SP, Brasil)**

Watzlawick, Paul, 1921–
  Pragmática da comunicação humana : um estudo dos padrões, patologias e paradoxos da interação / Paul Watzlawick, Janet Helmick Beavin, Don D. Jackson ; tradução Álvaro Cabral. -- São Paulo : Cultrix, 2007.

  Título original : Pragmatics of human communication.
  16ª reimpr. da 1ª ed. de 1973.
  Bibliografia.
  ISBN 978-85-316-0314-3

  1. Comportamento humano 2. Comunicação 3. Psicologia do movimento I. Beavin, Janet Helmick. II. Jackson, Donald de Avila, 1920-1968. III. Título.

07-2073                                                                 CDD-152.384

Índices para catálogo sistemático:
1. Comunicação humana : Padrões, patologias e
paradoxos : Psicologia 152.384

Direitos de tradução para a língua portuguesa
adquiridos com exclusividade pela
EDITORA PENSAMENTO-CULTRIX LTDA.
Rua Dr. Mário Vicente, 368 – 04270-000 – São Paulo, SP
Fone: (11) 2066-9000 – Fax: (11) 2066-9008
E-mail: atendimento@editoracultrix.com.br
http://www.editoracultrix.com.br
que se reserva a propriedade literária desta tradução.
Foi feito o depósito legal.

Impressão e acabamento: *Orgrafic Gráfica e Editora*

A GREGORY BATESON
AMIGO E MENTOR

# ÍNDICE

AGRADECIMENTOS 11
INTRODUÇÃO 13

**Capítulo 1** — O Quadro de Referência 17
  1.1 Introdução 17
  1.2 A Noção de Função e Relação 20
  1.3 Informação e Retroalimentação 25
  1.4 Redundância 29
  1.5 Metacomunicação e o Conceito de Cálculo 35
  1.6 Conclusões 38
    1.61 O Conceito de Caixa Escura 39
    1.62 Consciência e Inconsciência 40
    1.63 Presente *versus* Passado 40
    1.64 Efeito *versus* Causa 41
    1.65 A Circularidade dos Padrões de Comunicação 41
    1.66 A Relatividade de "Normal" e "Anormal" 42

**Capítulo 2** — Alguns Axiomas Conjeturais de Comunicação 44
  2.1 Introdução 44
  2.2 A Impossibilidade de Não Comunicar 44
    2.21 Todo o Comportamento é Comunicação 44
    2.22 Unidades de Comunicação (Mensagem, Interação, Padrão) 46
    2.23 As Tentativas Esquizofrênicas de *Não* Comunicar 46
    2.24 Definição do Axioma 47
  2.3 O Conteúdo e Níveis de Relação de Comunicação 47
    2.31 Aspectos de "Relatório" e "Ordem" 47
    2.32 Dados e Instruções no Trabalho de Computador 48
    2.33 Comunicação e Metacomunicação 49
    2.34 Definição do Axioma 50

2.4 A Pontuação da Seqüência de Eventos — 50
    2.41 A Pontuação Organiza as Seqüências de Comportamento — 50
    2.42 Diferentes "Realidades" Devidas a Diferente Pontuação — 51
    2.43 As Séries Oscilantes, Infinitas, de Bolzano — 53
    2.44 Definição do Axioma — 54
2.5 Comunicação Digital e Analógica — 55
    2.51 Em Organismos Naturais e Artificiais (Feitos pelo Homem) — 55
    2.52 Na Comunicação Humana — 56
    2.53 O Uso Exclusivamente Humano de Ambos os Modos — 58
    2.54 Problemas de Tradução de um Modo no Outro — 59
    2.55 Definição do Axioma — 61
2.6 Interação Simétrica e Complementar — 62
    2.61 Cismogênese — 62
    2.62 Definição de Simetria e Complementaridade — 63
    2.63 Metacomplementaridade — 63
    2.64 Definição do Axioma — 64
2.7 Resumo — 64

*Capítulo 3* — COMUNICAÇÃO PATOLÓGICA — 66
3.1 Introdução — 66
.2 A Impossibilidade de Não Comunicar — 67
    3.21 Recusa de Comunicação na Esquizofrenia — 67
    3.22 O Seu Inverso — 68
    3.23 Implicações Mais Vastas — 68
        3.231 "Rejeição" de Comunicação — 69
        3.232 Aceitação da Comunicação — 69
        3.233 Desqualificação da Comunicação — 69
        3.234 O Sintoma como Comunicação — 72
3.3 A Estrutura dos Níveis de Comunicação (Conteúdo e Relação) — 73
    3.31 Confusão no Mesmo Nível — 74
    3.32 Discordância — 75
    3.33 Definição de Eu e Outro — 76
        3.331 Confirmação — 77
        3.332 Rejeição — 78
        3.333 Desconfirmação — 78
    3.34 Níveis de Percepção Interpessoal — 81

|  |  |
|---|---|
| 3.35 Impermeabilidade | 82 |
| 3.4 A Pontuação da Seqüência de Eventos | 84 |
| 3.41 Pontuação Discrepante | 85 |
| 3.42 Pontuação e Realidade | 86 |
| 3.43 Causa e Efeito | 87 |
| 3.44 Profecias Que Promovem Sua Própria Realização | 88 |
| 3.5 Erros na Tradução Entre Material Analógico e Digital | 89 |
| 3.51 A Ambigüidade da Comunicação Analógica | 89 |
| 3.52 A Comunicação Analógica Invoca Relação | 91 |
| 3.53 A Carência de "Não" em Comunicação Analógica | 91 |
| 3.531 Expressão de "Não" Através da Não-Ocorrência | 92 |
| 3.532 Ritual | 93 |
| 3.54 As Outras Funções de Verdade em Comunicação Analógica | 94 |
| 3.55 Sintomas Histéricos como Retraduções para o Analógico | 95 |
| 3.6 Patologias Potenciais da Interação Simétrica e Complementar | 96 |
| 3.61 Escalação Simétrica | 96 |
| 3.62 Complementaridade Rígida | 97 |
| 3.63 O Efeito Mutuamente Estabilizador dos Dois Modos | 98 |
| 3.64 Exemplos | 98 |
| 3.65 Conclusões | 105 |
| *Capítulo 4* — A Organização da Interação Humana | 107 |
| 4.1 Introdução | 107 |
| 4.2 Interação como Sistema | 108 |
| 4.21 O Tempo como Variável | 109 |
| 4.22 Definição de Um Sistema | 109 |
| 4.23 Meio e Subsistemas | 110 |
| 4.3 As Propriedades dos Sistemas Abertos | 112 |
| 4.31 Globalidade | 112 |
| 4.311 Não-Sumatividade | 113 |
| 4.312 Não-Unilateralidade | 114 |
| 4.32 Retroalimentação (*Feedback*) | 115 |
| 4.33 Eqüifinalidade | 115 |
| 4.4 Sistemas Interacionais em Desenvolvimento | 117 |

| | | |
|---|---|---|
| 4.41 | Relações em Desenvolvimento | 118 |
| | 4.411 Descrição *versus* Explicação | 118 |
| 4.42 | Limitação | 119 |
| 4.43 | Regras de Relação | 121 |
| 4.44 | A Família como Sistema | 122 |
| | 4.441 Globalidade | 122 |
| | 4.442 Não-Sumatividade | 123 |
| | 4.443 Retroalimentação e Homeostase | 126 |
| | 4.444 Calibração e Funções Escalonadas (*Step-Functions*) | 132 |
| 4.5 | Resumo | 133 |

*Capítulo 5* — Uma Abordagem Comunicacional da Peça "Quem Tem Medo de Virginia Woolf?" — 134

- 5.1 Introdução — 134
  - 5.11 Sinopse do Enredo — 135
- 5.2 A Interação como Sistema — 137
  - 5.21 Tempo e Ordem, Ação e Reação — 138
  - 5.22 Definição do Sistema — 138
  - 5.23 Sistemas e Subsistemas — 140
- 5.3 As Propriedades de um Sistema Aberto — 141
  - 5.31 Globalidade — 141
  - 5.32 Retroalimentação — 142
  - 5.33 Eqüifinalidade — 143
- 5.4 Um Sistema Interacional Permanente — 145
  - 5.41 O "Jogo" de George e Martha — 145
    - 5.411 O Estilo Deles — 152
  - 5.42 O Filho — 154
  - 5.43 Metacomunicação Entre George e Martha — 160
  - 5.44 Limitação na Comunicação — 164
  - 5.45 Resumo — 165
    - 5.451 Estabilidade — 166
    - 5.452 Calibração — 166
    - 5.453 Recalibração — 167

*Capítulo 6* — Comunicação Paradoxal — 168

- 6.1 A Natureza do Paradoxo — 168
  - 6.11 Definição — 169
  - 6.12 Os Três Tipos de Paradoxos — 170
- 6.2 Paradoxos Lógico-Matemáticos — 171
- 6.3 Definições Paradoxais — **173**

6.4 Paradoxos Pragmáticos 175
   6.41 Injunções Paradoxais 175
   6.42 Exemplos de Paradoxos Pragmáticos 176
   6.43 A Teoria da Dupla Vinculação 191
      6.431 Os Ingredientes de uma Dupla Vinculação 191
      6.432 A Patogenicidade da Dupla Vinculação 192
      6.433 Suas Ligações com a Esquizofrenia 194
      6.434 Injunções Contraditórias *versus* Injunções Paradoxais 195
      6.435 Efeitos das Duplas Vinculações sobre o Comportamento 197
   6.44 Predições Paradoxais 198
      6.441 O Anúncio do Diretor de Escola 199
      6.442 A Desvantagem do Pensamento Claro 200
      6.443 A Desvantagem de Confiar 202
      6.444 A Impossibilidade de Decisão 202
      6.445 Um Exemplo Prático 203
      6.446 Confiança — O Dilema do Prisioneiro 204
6.5 Resumo 207

*Capítulo 7* — Paradoxo em Psicoterapia 209

7.1 A Ilusão de Alternativas 209
   7.11 A Estória da Mulher de Bath 209
   7.12 Definição 210
7.2 O "Jogo Sem Fim" 211
   7.21 Três Soluções Possíveis 213
   7.22 Um Paradigma da Intervenção Psicoterapêutica 214
7.3 Prescrição do Sintoma 215
   7.31 O Sintoma como Comportamento Espontâneo 215
   7.32 Sobre a Remoção do Sintoma 217
   7.33 O Sintoma em seu Contexto Interpessoal 218
   7.34 Uma Breve Recapitulação 218
7.4 Duplas Vinculações Terapêuticas 219
7.5 Exemplos de Duplas Vinculações Terapêuticas 221
7.6 Paradoxo no Jogo, no Humor e na Criatividade 231

*Epílogo* — O Existencialismo e a Teoria de Comunicação
    Humana: Uma Perspectiva    234
    8.1 O Homem em Seu Nexo Existencial    234
    8.2 O Meio como Programa    235
    8.3 A Realidade Consubstanciada    236
    8.4 Níveis de Conhecimento, Premissas de Terceira Ordem    236
        8.41 Analogias de Premissas de Terceira Ordem    239
    8.5 Significado e Nada    241
    8.6 Mudança de Premissas de Terceira Ordem    243
        8.61 Analogias com a Teoria de Prova    244
        8.62 A Prova de Gödel    245
        8.63 O *Tractatus* de Wittgenstein e o Paradoxo Básico da Existência    246
    GLOSSÁRIO    249
    REFERÊNCIAS    254

# AGRADECIMENTOS

Os nossos agradecimentos especiais vão para muitos autores e editores que nos autorizaram a transcrever excertos de suas obras.

Chamamos a atenção para os seguintes copyrights específicos:

Para o material de *Who's Afraid of Virginia Woolf?*, de Edward Albee: "Copyright © 1962 by Edward Albee. Reprodução autorizada pelo autor e Atheneum Publishers. ADVERTÊNCIA: Profissionais e amadores são por este meio advertidos de que *Who's Afraid of Virginia Woolf?*, estando protegida no todo ou em parte pelas leis de copyright dos Estados Unidos, Império Britânico, incluindo o Domínio do Canadá, e todos os outros países signatários das Convenções de Berna e de Direitos Universais, está sujeita ao pagamento de direitos. Todos os direitos, incluindo profissionais, amadores, cinematográficos, recitativos, leituras públicas, rádio e televisão, e o direito de tradução para línguas estrangeiras, estão estritamente reservados. É dada particular ênfase à questão de recitais, para os quais deve ser obtida autorização por escrito do agente do autor. Todas as consultas devem ser endereçadas a William Morris Agency, 1740 Broadway, New York, N.Y., 10019".

Para os materiais da revista *Psychiatry*, cujos direitos estão reservados pela William Alanson White Psychiatric Foundation

Excertos de *Marriage Lines*, por Ogden Nash, por permissão de Little, Brown & Co., copyright 1940 by The Curtis Publishing Company.

O material de *Nineteen Eighty-Four*, por George Orwell, Harcourt, Brace & World, Inc. Copyright 1949 by Harcourt, Brace & Company, Inc. Reproduzido com autorização de Brandt & Brandt.

O conto *Subjugation of a Ghost* é, originalmente, de *Zen Flesh, Zen Bones*, de Paul Reps. Copyright 1957 Charles E. Tuttle Co., Rutland, Vt. e Tóquio, Japão.

Para as transcrições de uma crítica de Howard Taubman © 1962, by The New York Times Company. Reprodução autorizada.

## INTRODUÇÃO

Este livro ocupa-se dos efeitos pragmáticos (comportamentais) da comunicação humana, dedicando especial atenção aos distúrbios de comportamento. Numa época em que nem mesmo os códigos gramatical e sintático de comunicação verbal foram formalizados e em que se registra um ceticismo crescente sobre a possibilidade de vazar a semântica da comunicação humana numa estrutura global, abrangente, qualquer tentativa de sistematização da sua pragmática deve parecer uma prova de ignorância ou de presunção. Se, no atual estado de conhecimento, não existe sequer uma explicação adequada para a aquisição da linguagem natural, tanto mais remota deveria ser a esperança de aduzir as relações formais entre comunicação e comportamento.

Por outro lado, é óbvio que a comunicação é uma condição *sine qua non* da vida humana e da ordem social. É igualmente óbvio que, desde o início da sua existência, um ser humano está envolvido no complexo processo de aquisição das regras de comunicação, apenas com uma noção mínima daquilo em que consiste esse corpo de regras, esse *calculus* da comunicação humana.

Este livro não irá muito além dessa noção mínima. Não pretende ser mais do que uma tentativa de construção de um modelo e uma apresentação de alguns fatos que parecem apoiar tal modelo. A pragmática da comunicação humana é uma ciência em sua infância, escassamente capaz de ler e escrever o seu próprio nome, e está longe de ter elaborado uma linguagem própria e coerente. Em particular, a sua integração com muitos outros campos de atividade científica é uma coisa do futuro. Contudo, com esperança em tal integração futura, este livro dirige-se aos investigadores em todos aqueles campos onde se deparam com problemas de interação sistemática, em sua mais ampla acepção.

Poder-se-á argumentar que este livro ignora importantes estudos que estão diretamente relacionados com o seu tema. A escassez de referências explícitas à comunicação não-verbal pode ser uma dessas críticas, a ausência de referências à semântica geral pode ser outra. Mas este livro não pode ser mais do que uma introdução à pragmática da comunicação humana (uma área que, até agora, recebeu, notoriamente, reduzida atenção) e, portanto, não pode assinalar todas as afinidades existentes com outros campos de pesquisa sem ficar enciclopédico, no mau sentido da palavra. Pela mesma razão, teve de ser imposta uma limitação às referências a muitas outras obras sobre a teoria da comunicação humana, especialmente quando essas obras se restringem ao estudo da comunicação como fenômeno unilateral (do elocutor para o ouvinte) e ficam aquém do estudo da comunicação como um processo de *interação*.

As implicações interdisciplinares do tema estão refletidas na maneira da sua apresentação. Os exemplos e analogias foram escolhidos de uma vasta gama de assuntos, segundo nos pareciam aplicáveis, embora a preponderância ficasse no terreno da psicopatologia. Especialmente quando se recorreu à *matemática* para analogia, deve ficar claramente entendido que ela foi tão-só usada como uma *linguagem* que é notavelmente adequada à expressão de relações intricadas e que o seu uso não pretendeu subentender que consideramos os nossos dados prontos para quantificação. Inversamente, o uso bastante liberal de exemplos extraídos da literatura pode parecer cientificamente objetável para muitos leitores, pois demonstrar alguma coisa por referência aos frutos da imaginação artística talvez pareça uma prova deveras frágil. Contudo, não a prova mas a ilustração e elucidação de um ponto teórico, mediante a sua apresentação numa linguagem mais facilmente compreensível, foi o que se pretendeu com essas citações extraídas da literatura; não está implícito que elas provem coisa alguma em si (e por si) mesmas. Em resumo, esses exemplos e analogias são, pois, modelos de *definição* e não modelos preditivos (assertivos).

Em vários pontos deste livro, os conceitos básicos de uma variedade de outros campos requerem definições que serão desnecessárias para qualquer especialista nesse campo particular. Para preveni-lo, mas também para a conveniência do leitor comum, em geral, damos em seguida um breve resumo dos capítulos e suas seções.

O *Capítulo 1* tenta descrever o quadro de referência. Apresenta noções básicas como a função (s. 1.2*) e postula a existência de um código ainda não formalizado, um *cálculo* (s. 1.5) de comunicação humana cujas regras são observadas na comunicação bem sucedida mas que são violadas quando a comunicação é perturbada.

O *Capítulo 2* define alguns dos axiomas desse *cálculo* hipotético, enquanto que as patologias potenciais, implícitas nesses axiomas, são examinadas no *Capítulo 3*.

O *Capítulo 4* amplia essa teoria da comunicação ao nível organizacional ou estrutural, baseado num modelo de relações humanas como *sistemas*; assim, a maioria do capítulo dedica-se ao exame e aplicação dos princípios de Sistemas Gerais.

O *Capítulo 5* é pura exemplificação material dos sistemas, pretendendo insuflar alguma vida no caráter específico dessa teoria, a qual, em última instância, se interessa pelos efeitos imediatos dos seres humanos uns sobre os outros.

O *Capítulo 6* trata dos efeitos comportamentais do paradoxo. Isto requer uma definição do conceito (s. 6.1, 6.2 e 6.3), que pode ser omitida pelo leitor familiarizado com a literatura sobre antinomias e, especialmente, com o paradoxo russelliano. A Seção 6.4 apresenta o menos conhecido conceito de paradoxos pragmáticos, especialmente a teoria da Dupla Vinculação e a sua contribuição para o entendimento da comunicação esquizofrênica.

O *Capítulo 7* dedica-se aos efeitos terapêuticos do paradoxo. Excetuando as considerações teóricas nas seções 7.1 e 7.2, este capítulo foi especialmente escrito com vista à aplicação clínica dos padrões paradoxais de comunicação. O capítulo termina com uma breve excursão pelo papel do paradoxo no jogo, humor e criatividade (s. 7.6).

Um *Epílogo* que trata da comunicação do homem com a realidade, em sua mais ampla acepção, não pretende ser mais do que uma perspectiva geral, a traços largos. Postula que uma ordem, análoga à estrutura uniforme dos Tipos Lógicos, impregna a consciência humana de existência e determina a cognoscibilidade fundamental do seu universo.

---

(*) A subdivisão decimal dos capítulos foi introduzida não para confundir ou impressionar o leitor mas para indicar, claramente, a estrutura da organização de um capítulo e facilitar, dentro do livro, as remissões.

Quando o manuscrito estava sendo criticamente examinado por uma diversidade de especialistas, desde psiquiatras e biólogos até engenheiros eletricistas, tornou-se evidente que qualquer seção dada poderia ser considerada primitiva e rudimentar, por uns, e excessivamente especializada, por outros. Do mesmo modo, a inclusão de definições — tanto no texto como em notas de pé de página — poderia ser considerada ofensivamente inspirada por um complacente ar de superioridade para aqueles a quem o termo faz parte da linguagem profissional cotidiana, ao passo que, para o leitor comum, a falta de definições parece ter a irritante implicação de que "Se você não sabe o que isso quer dizer, nós não podemos perder tempo em explicar-lhe". Portanto, foi decidido incluir, no final do livro, um *Glossário* que contém apenas aqueles termos inexistentes nos dicionários comuns e que, além disso, não foram definidos no decorrer do texto.

Os autores querem expressar seus agradecimentos às muitas pessoas que leram todo ou partes do manuscrito e proporcionaram ajuda, estímulo e conselhos, especialmente aos Drs. Paul S. Achilles, John H. Weakland, Carlos E. Sluzki, A. Russell Lee, Richard Fisch e Arthur Bodin, todos colegas nossos no *Mental Research Institute*; aos Drs. Albert E. Scheflen, do *Eastern Pennsylvania Psychiatric Institute* e da *Temple University School of Medicine*, Karl H. Pribram, Ralph I. Jacobs e William C. Dement, da *Stanford University School of Medicine*; ao Eng.º Henry Longley, Engenheiro de Projetos dos *Western Development Laboratories* (Philco); ao médico e engenheiro, Dr. Noël P. Thompson, Chefe da Divisão de Eletrônica Médica da *Medical Research Foundation*, Palo Alto; e ao Dr. John P. Spiegel, do Centro de Pesquisas sobre a Personalidade da Universidade de Harvard. A responsabilidade pelas posições assumidas e pelos erros que possam ter sido cometidos cabe exclusivamente, é claro, aos autores.

Esta obra foi patrocinada pelo *National Institute of Mental Health* (Bolsa MH 07459-01), pela *Robert C. Wheeler Foundation*, o *James McKeen Cattell Fund* e a *National Association for Mental Health*, cujos auxílios são reconhecidos com gratidão.

Palo Alto, março de 1966

Capítulo I

## O QUADRO DE REFERÊNCIA

### 1.1

Consideremos as seguintes situações diversas:

A população de raposas de uma certa área do Canadá setentrional mostra uma notável periodicidade no aumento e declínio numéricos. Num ciclo de quatro anos, atinge um pico, declina até à quase extinção e, finalmente, começa subindo de novo. Se a atenção do biólogo se limitasse às raposas, esses ciclos permaneceriam inexplicáveis, pois nada existe na natureza da raposa ou de toda a espécie que justifique tais mudanças. Contudo, quando se leva em conta que as raposas vivem quase exclusivamente da caça ao coelho selvagem e que estes coelhos não têm, praticamente, outro inimigo natural, essa *relação entre* as duas espécies fornece uma explicação satisfatória para um fenômeno que, caso contrário, seria misterioso. Pois verifica-se que os coelhos têm um ciclo idêntico, mas com o recrudescimento e o declínio invertidos: quanto mais raposas há, mais coelhos são mortos por elas, de modo que, finalmente, o alimento torna-se escasso para as raposas. O seu número decresce, dando aos coelhos sobreviventes uma oportunidade de se multiplicarem e prosperarem na virtual ausência de suas inimigas, as raposas. A nova abundância de coelhos favorece a sobrevivência e recrudescimento da quantidade de raposas etc.

Um homem desmaia e é levado para o hospital. O médico que o examina observa o estado de inconsciência, a pressão sanguínea extremamente baixa e o quadro clínico de aguda intoxicação pelo álcool ou droga. Contudo, as análises não revelam vestígio algum de tais substâncias. O estado do paciente continua inexplicável até que ele recupera a consciência e revela ser um engenheiro de minas que acabara de regressar de dois anos de trabalho numa mina de cobre situada numa altitude de 15 000 pés, nos Andes. Está agora esclarecido que o estado do paciente não é uma doença no sentido habitual de uma deficiência orgânica ou nos tecidos mas, outrossim, o problema de adaptação de um organismo clinicamente saudável a um meio drasticamente alterado. Se a atenção do médico permanecesse exclusivamente concentrada no paciente e se apenas a ecologia do meio habitual do médico fosse levada em conta, o estado do homem continuaria sendo um mistério.

No jardim de uma casa de campo, à vista de quem transitar pelo passeio fronteiro, pode ser observado um homem barbudo, rastejando, agachando-se, espiando entre os arbustos e percorrendo as veredas em forma de oito, olhando constantemente por cima do ombro e grasnindo sem interrupção. Assim é como o etologista Konrad Lorenz descreve o seu necessário comportamento durante um dos experimentos de impressão (*imprinting*) com os seus patinhos, depois que se substituiu à mãe-pata. "Eu estava me felicitando", escreve Lorenz, "pela obediência e exatidão com que os meus patinhos me seguiam quando levantei os olhos, de súbito, e vi a cerca do jardim coroada por uma fila de rostos de uma palidez funérea: um grupo de turistas plantara-se ao longo da cerca e observava-me, de olhos arregalados". Os patos estavam ocultos pela grama alta e tudo o que os turistas viam era o meu comportamento totalmente inexplicável e, de fato, aparentemente louco. (96, pág. 43)

Estes exemplos aparentemente sem relação alguma entre si têm um denominador comum: um fenômeno permanece inexplicável enquanto o âmbito de observação não for suficientemente amplo para incluir o contexto em que o fenômeno ocorre. Quando não se apercebe das complexidades das relações entre um evento e a matriz em que ele acontece, entre um organismo e o seu meio, o observador ou depara-se com algo "misterioso" ou é induzido a atribuir ao seu objeto de estudo certas propriedades que o objeto não possui. Em comparação com a aceitação geral desse fato na biologia, as ciências do comportamento ainda parecem basear-se, em larga medida, numa visão monádica do indivíduo e no método tradicional de isolar variáveis. Isto torna-se particularmente óbvio quando o objeto de estudo é o comportamento perturbado. Se uma pessoa que manifesta um comportamento perturbado (psicopatologia) for isoladamente estudada, então a investigação deve se interessar pela *natureza* da condição e, num sentido mais lato, pela *natureza* da mente humana. Se os limites da investigação forem ampliados de modo a incluir os efeitos desse comportamento sobre outros, as reações destes àquele e o contexto em que tudo isso ocorre, o foco transfere-se da mônade artificialmente isolada para as *relações* entre as partes de um sistema muito mais vasto. Assim, o observador do comportamento humano passa de um estudo inferencial da mente para o estudo das manifestações observáveis da relação.

*O veículo dessas manifestações é comunicação.*

Queremos sugerir que o estudo da comunicação humana pode ser subdividido nas mesmas três áreas de sintaxe, semântica e pragmática estabelecidas por Morris (106) e adotadas por Carnap (33, pág. 9) para o estudo da semiótica (a teoria geral de sinais e linguagens). Aplicada à estrutura da comunicação humana, portanto, pode-se dizer que a primeira dessas três áreas abrange os problemas de transmissão de informação e é, então, o domínio primordial do teórico da informação. O seu interesse reside no problema de código, canais, capacidade, ruído, redundância e outras propriedades estatísticas da linguagem. Esses problemas são primariamente *sintáticos* e o teórico da informação não está interessado no significado dos símbolos da mensagem. O significado é o principal interesse da *semântica*. Conquanto seja perfeitamente possível transmitir séries de símbolos com exatidão sintática, eles permaneceriam desprovidos de significado se o emissor e o receptor não tivessem antecipadamente concordado sobre a sua significação. Neste sentido, toda a informação compartilhada pressupõe uma convenção semântica. Finalmente, a comunicação afeta o comportamento e este é o seu aspecto *pragmático*. Assim, embora seja possível uma nítida separação conceitual das três áreas, elas são, não obstante, interdependentes. Como assinalou George (55, pág. 41), "em muitos aspectos, é válido afirmar que a sintaxe é lógica matemática, que a semântica é filosofia, ou filosofia da ciência, e que a pragmática é psicologia, mas esses campos não são, realmente, todos distintos".

Este livro abordará as três áreas mas ocupar-se-á principalmente da pragmática, isto é, os efeitos comportamentais, da comunicação. A este respeito, deve ficar esclarecido desde o começo que os dois termos, comunicação e comportamento, são usados, virtualmente, como sinônimos. Pois os dados da pragmática são, não só, as palavras, suas configurações e significados, que constituem os dados da sintaxe e da semântica, mas também os seus concomitantes não-verbais e a linguagem do corpo. Ainda mais, nós acrescentaríamos às ações comportamentais pessoais as pistas de comunicação inerentes ao contexto em que ela ocorre. Assim, desde esta perspectiva da pragmática, todo o comportamento, não só a fala, é comunicação; e toda a comunicação — mesmo as pistas comunicacionais num contexto impessoal — afeta o comportamento.

Além disso, não estamos unicamente interessados, como a pragmática geralmente está, no efeito de um item de comunicação sobre o receptor mas também, inseparavelmente ligado àquele, no efeito da reação do receptor sobre o emissor. Assim, preferiremos focalizar menos as relações emissor-sinal ou receptor-sinal e mais *a relação emissor-receptor, tal como é mediada pela comunicação*.

Como esta abordagem comunicacional dos fenômenos do comportamento humano, normal e anormal, está baseada nas manifestações observáveis da *relação*, no mais amplo sentido, ela está, portanto, conceitualmente mais próxima da matemática do que da psicologia tradicional, visto que a matemática é a disciplina mais imediatamente interessada nas relações entre entidades — não na natureza destas. A psicologia, por outro lado, tem demonstrado, tradicionalmente, uma forte inclinação para uma concepção monádica do homem e, por conseguinte, para uma coisificação do que hoje se revela ser, cada vez mais, complexos padrões de relação e interação.

A afinidade das nossas hipóteses com a matemática será assinalada sempre que possível. Isto não deve desanimar o leitor que não possua conhecimentos especiais no campo, pois não terá de se defrontar com fórmulas ou qualquer outro simbolismo específico. Se bem que o comportamento humano possa, um dia, encontrar sua expressão adequada no simbolismo matemático, não é, definitivamente, a nossa intenção tentar uma tal quantificação. Não deixaremos, porém, de nos referir ao enorme acúmulo de trabalho realizado em certos ramos da matemática, sempre que esses resultados prometam fornecer uma linguagem útil para a descrição dos fenômenos da comunicação humana.

### 1.2

### A Noção de Função e Relação

A principal razão pela qual a matemática deve ser invocada para analogia ou como princípio explicativo reside na utilidade do conceito matemático de *função*. Para explicar isto, requer-se uma breve excursão na teoria do número.

Os filósofos da ciência parecem concordar em que o passo mais significativo no desenvolvimento do moderno pensamento matemático foi o surgimento gradual de um novo conceito de número, de Descartes até ao presente. Para os matemáticos gregos, os números eram grandezas concretas, reais, perceptíveis, entendidas como propriedades de objetos igualmente reais. Assim, a geometria dedicava-se à medição e a aritmética à contagem. Oswald Spengler, em seu lúcido capítulo "On the Meaning of Numbers" (146), mostra-nos não só como a noção de zero como um número era impensável mas também que as grandezas negativas não tinham lugar na realidade do mundo clássico: "As grandezas negativas não têm existência. A expressão $(-2) \times (-3) = +6$ não é algo perceptível nem uma representação de grandeza" (pág. 66). A idéia de que os números eram a expressão de grandezas permaneceu dominante durante dois mil anos e, como Spengler discorre:

> Em toda a história, até agora, não existe um segundo exemplo de uma cultura prestar a uma outra cultura há muito extinta uma tal reverência e submissão, em questões de ciência, como a que a nossa tem tributado à Clássica. Foi preciso muito tempo até encontrarmos coragem para raciocinar de acordo com o nosso próprio pensamento. Mas, embora o desejo de rivalizar com o Clássico estivesse constantemente presente, cada passo da tentativa nos levou, na realidade, cada vez mais longe do ideal imaginado. A história do conhecimento ocidental é, assim, a de uma *emancipação progressiva* do pensamento clássico, uma emancipação jamais voluntária mas imposta desde as profundezas do inconsciente. *E, assim, o desenvolvimento da nova matemática consiste numa longa, secreta e, finalmente, vitoriosa batalha contra a noção de grandeza.* (pág. 76)

Não é preciso entrar em detalhes sobre o modo como essa vitória foi alcançada. Bastará dizer que o acontecimento decisivo ocorreu em 1591, quando Vieta introduziu as notações com letras em vez de algarismos. Com isso, a idéia de números como grandezas distintas foi relegada para um lugar secundário e nasceu o poderoso conceito de *variável*, um conceito que, para o matemático grego da época clássica seria tão irreal quanto uma alucinação. Pois, em contraste com um número significativo de uma grandeza perceptível, as variáveis não possuem significado próprio; elas só são significativas em suas relações mútuas. Uma nova dimensão de informação foi obtida com a introdução de variáveis e assim se formava a nova matemática. A relação entre variáveis (usualmente, mas não necessariamente, expressa como uma equação) constitui o conceito de *função*. Citando uma vez mais Spengler, as funções

> não são números, no sentido plástico, mas sinais que representam uma ligação destituída de todas as características de grandeza, formato e significado singular, uma infinidade de posições possíveis de caráter análogo, um conjunto unificado e assim ganhando existência como um *número*. Toda a equação, embora escrita em nossa infeliz notação como uma pluralidade de termos, é realmente *um único* número, não sendo $x$, $y$, $z$ mais números do que $+$ e $=$ o são. (pág. 77)

Assim, por exemplo, a equação $y^2 = 4ax$, ao estabelecer uma relação específica entre x e y compreende todas as propriedades de uma curva. *

Existe um paralelismo sugestivo entre o surgimento do conceito matemático de função e o despertar da psicologia para o conceito de relação. Durante muito tempo — num certo sentido, desde Aristóteles — concebeu-se a mente como uma série de propriedades ou características com que um indivíduo estava dotado, em maior ou menor grau, de um modo muito parecido ao que servia para explicar o fato de ele ser gordo ou magro, ter cabelo ruivo ou loiro etc. O final do século passado assistiu ao começo da era experimental em psicologia e, com ela, a introdução de um vocabulário muito mais sofisticado que, no entanto, não era essencialmente diferente num sentido: ainda era formado de conceitos isolados e mais ou menos desconexos. A esses conceitos fazia-se referência como funções psíquicas, infelizmente — dado que não têm relação alguma com o conceito matemático de função, nem tal relação, de fato, era pretendida. Como sabemos, sensações, percepções, apercepções, atenção, memória e muitos outros conceitos eram definidos como tais funções, e uma quantidade enorme de trabalho foi e está sendo ainda realizada para estudá-las num isolamento artificial. Mas, por exemplo, Ashby demonstrou como o pressuposto de *memória* está diretamente relacionado com a natureza observável de um dado sistema. Sublinhou ele que, para um observador que está na posse de toda a informação necessária, qualquer referência ao passado (e, portanto, à existência de uma memória no sistema) é desnecessária. Ele poderá explicar o comportamento do sistema pelo seu estado *agora*. Ashby fornece o seguinte exemplo prático:

---

(*) Até que ponto o significado de números como grandezas pode ser falaz, mesmo quando têm, primordialmente, a *intenção* de significar grandezas concretas, por exemplo, na economia, é ilustrado num artigo recente de J. David Stern (149). Escrevendo sobre a dívida nacional, Stern demonstra que, examinada isoladamente e, portanto, em termos de grandeza absoluta, a dívida nacional dos Estados Unidos registrou um tremendo aumento de $257 bilhões em 1947 para $304 bilhões em 1962. Contudo, se colocada em seu contexto adequado, isto é, expressa em relação à renda pessoal líquida disponível, torna-se evidente que houve uma queda de 151% para 80% durante esse período. Leigos e políticos são especialmente propensos a essa particular falácia econômica, se bem que os teóricos econômicos há muito que levam unicamente em conta os sistemas de variáveis econômicas e não unidades isoladas ou absolutas.

(...) suponhamos que eu estou na casa de um amigo e, ao passar um carro lá fora, o cão da casa se precipita para um canto da sala e se agacha. Para mim, esse comportamento é desprovido de uma causa e inexplicável. Então o meu amigo diz: "Ele foi atropelado por um carro há seis meses". O comportamento está agora explicado por referência a um evento de seis meses atrás. Se dissermos que o cão mostra "memória", referimo-nos ao mesmo fato — que o seu comportamento pode ser explicado, não por referência ao seu estado agora mas ao que o seu estado era há seis meses. Se não tivermos cuidado, diremos que o cão "tem" memória e, depois, conceberemos o cão como *tendo* alguma *coisa*, tal como poderia ter uma mancha de pêlo preto. Poderemos ser então tentados a procurar essa coisa; e talvez se descubra que essa "coisa" possui algumas propriedades muito curiosas.

Evidentemente, a "memória" não é alguma coisa objetiva que um sistema possui ou não possui; é um conceito que o *observador* invoca para preencher a lacuna causada quando parte do sistema é inobservável. Quanto menos são as variáveis observáveis, mais o observador será forçado a encarar os eventos do passado como se desempenhassem um papel no comportamento do sistema. Assim, a "memória" no cérebro é apenas parcialmente objetiva. Não admira que as suas propriedades tenham sido, por vezes, consideradas incomuns ou mesmo paradoxais. É evidente que a questão requer um reexame completo desde os seus princípios básicos. .(5, pág. 117)

Tal como o interpretamos, este trecho não nega, de maneira alguma, os impressionantes progressos da pesquisa neurofisiológica sobre a armazenagem cerebral de informação. Obviamente, o estado do animal é diferente desde o acidente; deve ter ocorrido alguma mudança molecular, algum circuito deve ter sido recentemente estabelecido, enfim, "alguma coisa" que o cachorro "tem" agora. Mas Ashby discorda, claramente, do construto e de sua coisificação. Uma outra analogia, fornecida por Bateson (17), é a do desenvolvimento de um jogo de xadrez. Em qualquer ponto determinado, a situação do jogo só pode ser entendida pela configuração presente das peças no tabuleiro (sendo o xadrez um jogo com informação completa), sem qualquer registro ou "memória" dos movimentos passados. Mesmo que se interprete essa configuração como *sendo* a memória do jogo, ela é uma interpretação puramente atual e observável do termo.

Quando, finalmente, o vocabulário da psicologia experimental foi ampliado aos contextos interpessoais, a linguagem da psicologia ainda se manteve monádica. Conceitos tais como os de liderança, dependência, extroversão e introversão, aprendizagem e educação, além de muitos outros, passaram a ser objeto de estudo minucioso. O perigo, é claro, é que todos esses termos, se forem pensados e repetidos bastantes vezes, acabam assumindo uma pseudo-realidade própria e, finalmente, "liderança", o construto, converte-se em Liderança, uma quantidade mensurável na mente humana que é, ela própria, concebida como um fenômeno isolado. Consumada essa coisificação, deixa de ser reconhecido que o termo é apenas uma expressão abreviada de uma forma particular de relação em curso.

Todas as crianças aprendem na escola que o movimento é algo relativo, que só pode ser percebido em relação a um ponto de referência. O que não é percebido por todos é que esse mesmo princípio também é válido para, virtualmente, toda e qualquer percepção e, portanto, para a experiência humana de realidade. As pesquisas sensoriais e cerebrais provaram, de maneira concludente, que só podem ser percebidas relações e padrões de relações, e que estas constituem a essência da experiência. Assim, quando, por um engenhoso dispositivo, se impossibilita o movimento do olho, para que a mesma imagem continue sendo percebida pelas mesmas áreas da retina, uma clara percepção visual deixa de ser possível. Do mesmo modo, um som constante e inalterado é difícil de se perceber e pode até deixar de ser notado. E se quisermos explorar a resistência e contextura de uma superfície, não colocaremos apenas um dedo nessa superfície mas movê-lo-emos de um lado para o outro, pois se o dedo ficar imóvel num determinado ponto nenhuma informação útil será obtida, exceto, talvez, uma sensação de temperatura, a qual seria devida também à diferença relativa entre as temperaturas da superfície do objeto e do dedo. Estes exemplos poderiam ser facilmente multiplicados e todos apontariam o fato de que, de um modo ou outro, um processo de mudança, movimento ou exploração está envolvido em toda a percepção (132, pág. 173). Por outras palavras, uma relação é estabelecida, testada num âmbito tão vasto quanto uma dada contingência permita e, finalmente, obtém-se uma abstração que, sustentamos nós, é idêntica ao conceito matemático de função. Assim, não são as "coisas" mas as funções que constituem a essência das nossas percepções; e as funções, como vimos, não são grandezas isoladas mas "sinais representando uma ligação (...) uma infinidade de posições possíveis de caráter semelhante (...)" Mas, sendo assim, então não deveria causar mais surpresa que até a consciência de si mesmo do homem seja, essencialmente, uma consciência de funções, de relações em que ele está envolvido, por muito que ele, subseqüentemente, coisifique essa consciência. Todos esses fatos, diga-se de passagem, desde os distúrbios do sensorial até aos problemas de consciência de si próprio, estão corroborados pela extensa literatura atual sobre privação sensorial.

## 1.3

### Informação e Retroalimentação (Feedback)

Freud rompeu com muitas das coisificações da psicologia tradicional quando apresentou a sua teoria psicodinâmica do comportamento humano. Suas realizações não têm por que ser destacadas aqui. Um aspecto, porém, é de particular importância para o nosso tópico.

A teoria psicanalítica baseia-se num modelo conceitual em consonância com a epistemologia vigente na época de sua formulação. Postula que o comportamento é, primordialmente, o resultado de uma interação hipotética de forças intrapsíquicas; que essas forças obedecem estreitamente às leis da conservação e transformação da energia, na física, quando, para citar Norbert Wiener, falando sobre essa era, "o materialismo tinha, ao que parece, colocado a sua gramática em ordem e essa gramática era dominada pelo conceito de energia" (166, pág. 199). Em seu todo, a psicanálise clássica permaneceu, primordialmente, uma teoria de processos intrapsíquicos, de modo que, mesmo quando a interação com forças externas era evidente, consideravam-na secundária, como, por exemplo, no conceito de "ganho secundário".[1] De um modo geral, a interdependência entre o indivíduo e o seu meio continuou sendo um campo menosprezado da exploração psicanalítica e é precisamente aí que o conceito de *troca de informação*, isto é, de comunicação, torna-se indispensável. Há uma diferença decisiva entre o modelo psicodinâmico (psicanalítico), por uma parte, e qualquer conceitualização de interação organismo-meio, por outra, e essa diferença pode tornar-se mais clara à luz da seguinte analogia (12). Se o pé de um homem bater, enquanto passeia, numa pedra, a energia é transferida do pé para a pedra; esta será deslocada e, finalmente, voltará a parar numa posição que é totalmente determinada por

---

[1] Os "neofreudianos" atribuíram, é claro, muito maior ênfase à interação indivíduo-meio.

fatores tais como o montante de energia transferida, o formato e o peso da pedra, a natureza da superfície em que ela rola. Se, por outro lado, o homem der um pontapé num cão, em vez de na pedra, o animal poderá saltar e mordê-lo. Neste caso, a relação entre o pontapé e a mordida é de uma ordem diferente. É óbvio que o cão recebe a energia, para a sua reação, do seu próprio metabolismo e não do pontapé. Portanto, o que é transferido não é energia mas informação. Por outras palavras, o pontapé é um item de comportamento que comunica algo ao cão e este reage à comunicação com um outro item de comportamento-comunicação. Eis aí, essencialmente, a diferença entre a psicodinâmica freudiana e a teoria de comunicação, como princípios explicativos do comportamento humano. Como se vê, eles pertencem a diferentes ordens de complexidade; o primeiro não pode abranger o segundo nem o segundo pode ser derivado do primeiro: mantêm-se numa relação de descontinuidade conceitual.

Essa mudança conceitual de energia para informação é essencial para um desenvolvimento quase vertiginoso na filosofia da ciência, desde o final da II Guerra Mundial, e tem tido um impacto muito especial sobre o nosso conhecimento do homem. A compreensão de que a informação a respeito de um efeito, se for adequadamente retroalimentada ao órgão motor, garantirá a estabilidade deste e a sua adaptação à mudança ambiental, não só abriu as portas para a construção de máquinas de ordem superior (isto é, de erro controlado e orientadas para uma meta específica) e levou à postulação da cibernética como uma nova epistemologia mas também proporcionou vislumbres completamente novos do funcionamento de sistemas de interação muito complexos na biologia, psicologia, sociologia, economia e outros domínios. Conquanto o significado da cibernética não possa ser, de momento, pelo menos, avaliado, nem mesmo conjeturalmente, os princípios fundamentais envolvidos são surpreendentemente simples e examiná-los-emos aqui sucintamente.

Enquanto a ciência se preocupou com o estudo de relações lineares, unidirecionais e progressivas de causa-efeito, um certo número de fenômenos sumamente importantes manteve-se fora do imenso território conquistado pela ciência durante os últimos quatro séculos. Talvez seja uma excessiva mas útil simplificação dizer que esses fenômenos têm seu denominador comum nos conceitos aparentados de *crescimento* e *mudança*. Para incluir esses fenômenos numa visão unificada do mundo, a ciência teve de recorrer, desde o tempo dos antigos gregos, a conceitos diversamente definidos mas sempre nebulosos e incômodos, assentes na noção de que existe intenção ou propósito no curso dos acontecimentos e que o resultado final determina, "de algum modo", os passos que culminaram nele; ou então, esses fenômenos eram caracterizados por alguma forma de "vitalismo" e, portanto, excluídos da ciência. Assim, há cerca de 2 500 anos, o palco ficou montado para uma das grandes controvérsias epistemológicas, que continuou lavrando impetuosamente até aos nossos dias: a disputa entre determinismo e teleologia. Voltando, uma vez mais, ao estudo do homem, a psicanálise pertence, claramente, à escola determinista, ao passo que, por exemplo, a psicologia analítica de Jung assenta, em considerável medida, no pressuposto de uma "entelêquia" imanente no homem.

O advento da cibernética mudou tudo isso, a provar que os dois princípios podiam ser reunidos numa estrutura mais abrangente. Essa concepção tornou-se possível através da descoberta da retroalimentação (*feedback*). Uma cadeia em que o evento *a* gera o evento *b*, e *b* gera então *c*, e *c*, por sua vez, provoca *d* etc., teria as propriedades de um sistema linear determinístico. Se, porém, *d* conduzir de volta a *a*, o sistema é circular e funciona de um modo inteiramente diferente. Manifesta um comportamento que é, essencialmente, análogo ao daqueles fenômenos que tinham desafiado a análise em termos de um estrito determinismo linear.

Sabe-se que a retroalimentação é positiva ou negativa; esta última será mencionada mais freqüentemente neste livro, visto que caracteriza a homeostase (estado constante) e, portanto, desempenha um papel importante na realização e manutenção da estabilidade de relações. A retroalimentação positiva, por outro lado, conduz a mudanças, isto é, à perda de estabilidade ou equilíbrio. Em ambos os casos, parte do produto de um sistema é reintroduzida no sistema como informação sobre o produto resultante. A diferença está em que, no caso de retroalimentação negativa, essa informação é usada para diminuir o desvio do produto de um conjunto de normas ou tendências — daí o adjetivo "negativo" — enquanto que, no caso de retroalimentação positiva, a mesma informação atua como medida para ampliar o desvio do produto e, por conseguinte, é positiva em relação à tendência já existente para um ponto morto ou dirupção.

Embora o conceito de homeostase nas relações humanas seja abordado em maior detalhe na seção 4.4, deve ficar desde já claro que seria prematuro e inexato concluir, simplesmente, que a retroalimentação negativa é desejável e a retroalimentação positiva desintegradora. O nosso ponto principal é que os sistemas interpessoais — grupos de estranhos, pares conjugais, famílias, relações psicoterapêuticas ou até internacionais etc. — podem ser encarados como circuitos de retroalimentação, dado que o comportamento de cada pessoa afeta e é afetado pelo comportamento de cada uma das outras pessoas. A admissão (*input*) num tal sistema pode ser ampliada e redundar em mudança ou pode ser neutralizada para manter a estabilidade, segundo os mecanismos retroalimentadores sejam positivos ou negativos. Pelos estudos feitos com famílias que continham um membro esquizofrênico, poucas dúvidas restam de que a existência do doente é essencial para a estabilidade do sistema familiar e de que o sistema reagirá rápida e eficazmente a quaisquer tentativas internas ou externas para mudar a sua organização. Evidentemente, trata-se, nesse caso, de um tipo indesejável de estabilidade. Como as manifestações da vida se distinguem, evidentemente, pela estabilidade e a mudança, os mecanismos de retroalimentação positiva e negativa devem ocorrer nelas em formas específicas de interdependência ou complementaridade. Pribram (117) mostrou recentemente que a realização da estabilidade é propícia a novas sensibilidades e que novos mecanismos se diferenciam para enfrentá-las. Assim, a estabilidade não é um estéril "fim de linha" nem mesmo num meio relativamente constante mas, pelo contrário, nas conhecidas palavras de Claude Bernard, "a estabilidade do meio interno é a condição para a existência da vida livre".

A retroalimentação foi corretamente definida como o segredo da atividade natural. Os sistemas dotados de retroalimentação distinguem-se não só por um grau quantitativamente superior de complexidade; eles também são qualitativamente diferentes de tudo o que se situa no domínio da mecânica clássica. O seu estudo requer novas estruturas conceituais; sua lógica e epistemologia são descontínuas, em relação a alguns princípios tradicionais da análise científica, como a abordagem da "variável isolada" ou a crença laplaceana de que o completo conhecimento de todos os fatos, num determinado ponto do tempo, habilitará à previsão de todos os estados futuros. Os sistemas auto-reguladores — sistemas com retroalimentação — requerem uma filosofia própria, em que os conceitos de *modelo* e *informação* são tão essenciais quanto os de matéria e energia no começo do século atual. As pesquisas sobre esses sistemas são grandemente dificultadas, pelo menos de momento, pelo fato de que não existe uma linguagem científica suficientemente sofisticada para ser o veículo de sua explicação; e foi sugerido, por exemplo, por Wieser (167, pág. 33), que os próprios sistemas constituem a sua mais simples explicação.

## 1.4

### REDUNDÂNCIA

A nossa ênfase sobre a descontinuidade da teoria de sistemas e das tradicionais teorias monádicas ou lineares não deve ser interpretada como uma declaração de desespero. Se estamos sublinhando aqui as dificuldades conceituais é tão-só para assinalar que *novas* abordagens têm que ser descobertas, simplesmente porque os quadros tradicionais de referência são nitidamente inadequados. Nessa procura de novas abordagens, verificamos terem sido feitos progressos em outros campos que são de importância imediata para o estudo da comunicação humana; e essas isomorfias constituem o principal foco de exame neste capítulo. O homeostato de Ashby (4, págs. 93 e segs.) é um excelente e adequado exemplo e, portanto, será aqui mencionado, pelo menos, sucintamente. Esse dispositivo consiste em quatro subsistemas auto-reguladores idênticos que estão totalmente interligados, de modo que uma perturbação causada em qualquer deles afeta os outros e, por seu turno, é afetado pela reação destes. Isto significa que nenhum subsistema pode alcançar o seu próprio equilíbrio isolado dos demais e Ashby pôde provar um certo número de características "comportamentais" sumamente notáveis dessa máquina. Embora o circuito do homeostato seja muito simples, quando comparado com o cérebro humano ou mesmo com outros dispositivos fabricados pelo homem, ele é capaz de 390 625 combinações de valores paramétricos; ou, para dizer o mesmo em termos mais antropomórficos, possui aquele número de possíveis atitudes adaptativas a quaisquer mudanças que se operem em seu meio interno ou externo. O homeostato logra a sua estabilidade passando por uma exploração casual de todas as suas combinações, até ser alcançada a configuração interna apropriada. Isto é idêntico ao comportamento de tentativa-e-erro de muitos organismos sob tensão. No caso do homeostato, o tempo requerido para essa exploração pode variar entre segundos e horas.

É fácil perceber que, para organismos vivos, essa defasagem seria, quase invariavelmente, excessiva e constituiria um sério inconveniente para a sobrevivência. Ashby leva esse pensamento ao seu extremo lógico quando escreve:

> Se nós fôssemos como homeostatos, aguardando até que um campo nos desse, de um golpe, toda a nossa adaptação adulta, ficaríamos esperando eternamente. Mas o bebê não espera indefinidamente; pelo contrário, a probabilidade de que ele desenvolva uma completa adaptação adulta dentro de vinte anos está próxima da unidade. (4, pág. 136)

Passa então a mostrar-nos que, nos sistemas naturais, uma certa conservação da adaptação é conseguida. Isto significa que as antigas adaptações não são destruídas quando se encontram as novas e que a exploração não tem por que ser toda recomeçada, como se uma solução nunca tivesse sido concretizada antes.

O que tudo isto tem a ver com a pragmática da comunicação humana ficará mais claro depois das seguintes considerações. No homeostato, qualquer uma das 390 625 configurações internas tem, em qualquer altura, uma probabilidade igual de ser posta em execução, em virtude da interação dos quatro subsistemas. Assim, a ocorrência de uma dada configuração não tem efeito algum, em absoluto, sobre a ocorrência da configuração ou seqüência de configurações seguintes. De uma cadeia de eventos em que cada elemento tem, o tempo todo, uma probabilidade igual de ocorrência, diz-se que manifesta "casualidade". Nenhuma conclusão pode ser extraída dessa ocorrência fortuita nem pode ser feita qualquer previsão sobre a sua seqüência futura. Isto é outra maneira de dizer que não comporta informação alguma. Contudo, se um sistema como o homeostato for dotado da capacidade de armazenar adaptações prévias para uso futuro, então a probabilidade inerente nas seqüências de configurações internas sofrerá uma drástica mudança, no sentido de que certos agrupamentos de configurações tornar-se-ão repetitivos e, portanto, mais prováveis do que outros. Convém assinalar, neste ponto, que não é preciso atribuir qualquer significado a esses agrupamentos; a sua existência é a sua melhor explicação. Uma cadeia do tipo que acabamos de descrever é um dos conceitos mais fundamentais na teoria da informação e denomina-se um *processo estocástico*. Assim, o processo estocástico refere-se à legitimidade inerente numa seqüência de símbolos ou eventos, quer a seqüência seja tão simples quanto os resultados de tirar bolas brancas e pretas de uma caixa, ou tão complexa quanto os padrões específicos dos elementos tonais e orquestrais empregados por um compositor, o uso idiossincrásico de elementos da linguagem no estilo de um autor ou padrão, de grande importância diagnóstica, contido no gráfico de um eletroencefalograma. Segundo a teoria da informação, os processos estocásticos mostram *redundância* ou *limitação específica*, dois termos que podem ser usados intermutavelmente com o conceito de *padrão* que tem sido livremente empregado no acima exposto. Correndo o risco de excessiva redundância, sublinharemos uma vez mais que esses padrões não têm, nem precisam ter, qualquer significado explicativo ou simbólico. Isto não exclui, é claro, a possibilidade de que possam estar correlacionados com outras ocorrências, como, por exemplo, é o caso do eletroencefalograma e de algumas condições médicas.

A redundância foi extensamente estudada em duas das três áreas da comunicação humana, a sintaxe e a semântica; a obra pioneira de Shannon, Carnap e Bar-Hillel deve ser mencionada a esse respeito. Uma das conclusões que pode ser deduzida desses estudos é que cada um de nós possui uma enorme soma de conhecimentos sobre a legitimidade e a probabilidade estatística inerentes à sintaxe e à semântica das comunicações humanas. Psicologicamente, esse conhecimento é de uma espécie muito interessante, pois está quase totalmente fora da consciência humana. Ninguém, exceto um especialista em informação, talvez, pode indicar as probabilidades seqüenciais ou as ordens hierárquicas de letras e palavras numa dada linguagem; entretanto, todos nós somos capazes de localizar e corrigir um erro de impressão, substituir uma palavra em falta e fazer o desespero de um gago, completando para ele as suas frases. Mas conhecer uma linguagem e saber algo *sobre* uma linguagem são duas ordens de conhecimento muito diferentes. Assim, uma pessoa pode saber usar correta e fluentemente a sua língua materna e, no entanto, não possuir um conhecimento de gramática e de sintaxe, isto é, desconhecer as *regras* que ela respeita ao falar a sua língua. Se essa pessoa fosse aprender uma outra linguagem — exceto pela mesma aquisição empírica da sua língua materna — teria de aprender também, explicitamente, algo *sobre* linguagens. [2]

---

(2) Benjamin Whorf, o grande lingüista, assinalou repetidamente esse fenômeno, por exemplo, no capítulo "Science and Linguistics":

Passando agora aos problemas de redundância ou limitação específica na pragmática da comunicação humana, uma recapitulação da literatura mostra-nos ter sido, até hoje, publicado muito pouco sobre este assunto, especialmente no que diz respeito à pragmática como fenômenos *interacionais*. Queremos dizer com isto que a maioria dos estudos existentes parece limitar-se, principalmente, aos efeitos da pessoa A sobre a pessoa B, sem tomar igualmente em consideração que tudo o que B fizer influencia o movimento seguinte de A e que ambos são predominantemente influenciados pelo (e, por seu turno, influenciam o) contexto em que as suas interações ocorrem.

Não é difícil perceber que a redundância pragmática é essencialmente semelhante à redundância sintática e semântica. Também nesta esfera possuímos uma vasta soma de conhecimentos que nos habilitam a avaliar, influenciar e prever o comportamento. De fato, nessa área, somos particularmente suscetíveis a incoerências: o comportamento que está fora de contexto ou que manifesta certas outras espécies de casualidade ou carência de limitação específica imediatamente nos impressiona como muito mais inadequado do que os meros erros sintáticos ou semânticos na comunicação. E, no entanto, é nessa área que estamos particularmente inconscientes das regras que devem ser seguidas na comunicação bem sucedida ou violadas na comunicação perturbada. Somos constantemente afetados pela comunicação; como sugerimos antes, até a nossa consciência de nós próprios depende da comunicação. Isto foi convincentemente enunciado por Hora: "Para entender-se a si mesmo, o homem precisa ser entendido por um outro. Para ser entendido por um outro, ele precisa entender o outro" (65, pág. 237). Mas se o entendimento lingüístico se baseia nas regras da gramática, sintaxe, semântica etc., então quais são as regras para a espécie de entendimento proposto por Hora? Mais uma vez, parece que conhecemos essas regras sem saber que as conhecemos. Estamos em constante comunicação e, não obstante, somos quase completamente incapazes de *comunicar sobre comunicação*. Este problema será um dos temas principais do presente livro.

---

Os lingüistas científicos compreenderam há muito que a capacidade de falar uma linguagem fluentemente não confere, necessariamente, um conhecimento lingüístico da mesma, isto é, a compreensão dos seus fenômenos básicos e da sua estrutura e processos sistemáticos, tal como a habilidade para jogar bem o bilhar não confere nem exige ao jogador qualquer conhecimento das leis da mecânica que agem sobre a mesa do bilhar. (165, pág. 213)

A busca de um padrão, ou modelo, é a base de toda a investigação científica. Onde existir um padrão existe significado; esta máxima epistemológica também é válida para o estudo da interação humana. Tal estudo seria relativamente fácil se consistisse tão-só em interrogar aqueles que estão empenhados numa interação e em aprender deles, assim, que padrões eles habitualmente adotam ou, por outras palavras, que regras de comportamento estabeleceram entre eles. Uma aplicação comum dessa idéia é o questionário técnico. Contudo, uma vez compreendido que os enunciados não podem ser sempre aceitos pelo seu valor aparente, muito menos na presença da psicopatologia — que as pessoas podem muito bem *dizer* uma coisa e *significar* uma outra coisa — e, como acabamos de ver, que existem questões cujas respostas podem estar inteiramente fora do âmbito da nossa consciência, então a necessidade de diferentes abordagens torna-se óbvia. Em termos gerais, as regras de comportamento e interação de uma pessoa podem manifestar os mesmos graus de consciência que Freud postulou para os lapsos e erros: (1) podem estar claramente dentro da consciência de uma pessoa, em cujo caso o questionário e outras técnicas simples de pergunta-resposta podem ser usados; (2) uma pessoa pode estar inconsciente deles mas ser capaz de reconhecê-los quando lhe são assinalados; ou (3) podem estar tão longe da consciência da pessoa que mesmo sendo corretamente definidos e levados à sua atenção, ela seja ainda incapaz de percebê-los. Bateson aperfeiçoou esta analogia com a introdução de níveis de consciência e enunciou o problema em termos da nossa presente estrutura conceitual:

> (...) à medida que subimos na escala de ordens de aprendizagem, entramos em regiões cada vez mais abstratamente padronizadas, as quais estão cada vez menos sujeitas a uma inspeção consciente. Quanto mais abstratas — mais genéricas e formais são as premissas em que baseamos a nossa combinação de padrões — mais profundamente estes mergulham nos níveis psicológico ou neurológico e menos acessíveis são ao controle consciente.
> O *hábito* de dependência é muito menos perceptível para o indivíduo do que o fato de que, numa dada ocasião, ele obteve ajuda. •Isto também ele pode ser capaz de reconhecer mas reconhecer o mais complexo padrão seguinte, de que, tendo procurado ajuda, usualmente morde a mão que o alimentou, talvez seja excessivamente difícil para ele perscrutar na consciência. (16)

Felizmente para a nossa compreensão da interação humana, o quadro é diferente para um observador de fora. Ele é como alguém que se senta ao lado de um tabuleiro de xadrez sem entender as regras nem o objetivo do jogo que está se desenrolando à sua frente, entre dois parceiros. Representemos, neste modelo conceitual, a inconsciência dos "jogadores", na vida real, pela suposição simplificada de que o observador não fala nem entende a linguagem dos jogadores e, portanto, não pode pedir-lhes explicações. Logo se tornará claro para o observador que o comportamento dos parceiros revela vários graus de repetição, de redundância, dos quais algumas conclusões conjeturais podem ser deduzidas. Por exemplo, ele notará que, quase invariavelmente, um movimento de um jogador é seguido de um movimento do outro. Assim, será fácil deduzir desse comportamento que os jogadores estão obedecendo a uma regra de alternação dos lances. As regras que governam os movimentos de cada peça não podem ser tão facilmente inferidas, em parte por causa da complexidade dos movimentos e, também em parte, por causa das freqüências muito diferentes com que as várias peças são singularmente deslocadas. Por exemplo, será mais fácil inferir a regra subentendida nos lances dos bispos do que nos movimentos incomuns e pouco freqüentes das torres, que podem até não ocorrer durante um jogo. Note-se também que a torre envolve dois movimentos consecutivos pelo mesmo jogador e, por conseguinte, parece invalidar a regra de alternação de movimentos. Entretanto, a muito maior redundância da alternação de movimentos prevalecerá na formulação teórica do observador sobre a menor redundância dos movimentos das torres e, mesmo que a aparente contradição fique por resolver, as hipóteses formuladas até aqui não têm por que ser necessariamente abandonadas pelo observador. Do que precede podemos concluir que, após observar uma série de jogos, o espectador ficaria apto, com toda a probabilidade, a formular com um elevado grau de exatidão as regras do xadrez, incluindo o ponto final do jogo, o cheque-mate. Sublinhe-se que ele poderia chegar a esse resultado sem a possibilidade de pedir informações.

Significará tudo isto que o observador "explicou" o comportamento dos jogadores? Nós preferiríamos dizer que ele identificou um padrão complexo de redundâncias. [3] É claro, se ele

---

([3]) Semelhantes padrões complexos e padrões dentro de padrões, no nível interpessoal (numa série de entrevistas psicoterapêuticas) foram extensamente estudados por Scheflen (139). A sua obra pioneira demonstra não só que esses padrões existem mas também que são de uma natureza incrivelmente repetitiva e estruturada.

sentisse inclinação para isso, poderia atribuir um *significado* a cada peça e a cada regra do jogo. De fato, poderia criar uma elaborada mitologia sobre o jogo e seu significado mais "profundo" ou "real", incluindo versões fantasiosas sobre a origem do jogo, como tem, de fato, sido feito. Mas tudo isso é desnecessário para o estudo do próprio jogo e uma tal explicação ou mitologia teria com o xadrez a mesma relação da astrologia com a astronomia. [4]

Um exemplo final pode unificar a nossa discussão da redundância na pragmática da comunicação humana. Como o leitor deve saber, a programação de computadores consiste na ordenação de um número relativamente pequeno de regras (programa); essas regras guiam então o computador para um grande número de operações padronizadas e muito flexíveis. Acontece precisamente o oposto se, como sugerimos acima, observarmos a interação humana, no tocante à redundância. Partindo da observação do sistema particular em operação, tenta-se então postular as regras subjacentes no seu funcionamento, o seu "programa", na nossa analogia do computador.

1.5

A Metacomunicação e o Conceito de Cálculo

O corpo de conhecimentos adquirido pelo nosso observador hipotético, ao estudar a redundância pragmática do fenômeno comportamental "jogar xadrez", revela uma sugestiva analogia

---

[4] Que não existe uma relação necessária entre fato e explicação foi ilustrado num recente experimento por Bavelas (20): Foi dito a cada sujeito que ele estava participando numa investigação experimental de "formação de conceito" e recebia o mesmo cartão cinzento e áspero sobre o qual iria "formular conceitos". De cada par de sujeitos (vistos separada mas concorrentemente), dizia-se a um deles, oito em cada dez vezes ao acaso, que o que ele dissera sobre o cartão estava certo. As idéias do sujeito que era "recompensado" com uma freqüência de 80% mantinham-se num nível simples, ao passo que o sujeito que só era "recompensado" com uma freqüência de 50% desenvolvia complexas, abstrusas e sutis teorias sobre o cartão, levando em conta os mais insignificantes e minúsculos detalhes da composição do cartão. Quando os dois sujeitos eram reunidos e solicitados a discutir suas conclusões, o indivíduo com as idéias mais simples imediatamente sucumbia ao "brilhantismo" dos conceitos do outro e concordava em que este último analisara minuciosamente o cartão.

com o conceito matemático de cálculo. Um cálculo, segundo Boole (31, pág. 4) é "um método que assenta no emprego de símbolos, cujas leis de combinação são conhecidas e gerais, e cujos resultados admitem uma interpretação coerente". Nós já deixamos subentendido que uma tal representação formal é concebível na comunicação humana mas também foram evidenciadas algumas das dificuldades do discurso *sobre* esse cálculo. Quando os matemáticos deixam de usar a matemática como uma ferramenta de cálculo mas fazem dessa ferramenta o objeto de seu estudo — como acontece, por exemplo, quando põem em dúvida a coerência da aritmética como um sistema — usam uma linguagem que não faz parte da matemática mas é *sobre* a matemática. Segundo David Hilbert (64), essa linguagem tem o nome de metamatemática. A estrutura formal da matemática é um cálculo; a metamatemática é esse cálculo expresso. Nagel e Newman definiram a diferença entre os dois conceitos com admirável clareza:

> A importância do nosso problema de reconhecimento da distinção entre matemática e metamatemática não pode deixar de ser enfatizada. *O fato de não se respeitar essa distinção tem causado paradoxos e confusão.* O reconhecimento do seu significado possibilitou que se expusesse com nitidez luminosa a estrutura lógica do raciocínio matemático. O mérito da distinção é que acarreta uma cuidadosa codificação dos vários sinais que participam na elaboração de um cálculo formal, livre de pressupostos ocultos e de *irrelevantes associações de significado*. Além disso, requer definições exatas das operações e regras lógicas de construção e dedução matemáticas, muitas das quais os matemáticos *tinham aplicado sem estar explicitamente cônscios do que estavam usando*. (108, pág. 32; o grifo é nosso)

Quando deixamos de usar a comunicação para comunicar mas a empregamos para comunicar *sobre* comunicação, como inevitavelmente acontece na pesquisa de comunicação, então recorremos a conceitualizações que não são parte da comunicação mas *sobre* esta. Em analogia com a matemática, isso tem o nome de metacomunicação. Comparada com a metamatemática, a pesquisa em metacomunicação padece de duas significativas desvantagens. A primeira é que, no campo da comunicação humana ainda nada existe comparável com o sistema formal de um cálculo. Como será demonstrado daqui a pouco, essa dificuldade não anula a utilidade do conceito. A segunda dificuldade está intimamente relacionada com a primeira: enquanto que os matemáticos possuem duas linguagens (números e símbolos algébricos para expressar a matemática e a linguagem natural para as expressões da metamatemática), nós estamos limitados, em grande parte, à linguagem natural como veículo tanto da comunicação como da metacomunicação. Este problema surgirá repetidamente no decurso das nossas considerações.

Qual é, então, a utilidade da noção de um cálculo de comunicação humana, se as características específicas de semelhante cálculo são, reconhecidamente, uma coisa do distante futuro? Em nossa opinião, a sua utilidade imediata reside no fato de a própria noção fornecer um poderoso modelo da natureza e graus de abstração dos fenômenos que queremos identificar. Recapitulemos: estamos procurando redundâncias pragmáticas; sabemos que não serão grandezas simples ou qualidades estáticas mas padrões de interação análogos ao conceito matemático de função; e, finalmente, prevemos que esses padrões terão as características geralmente encontradas nos sistemas de erro controlado e orientados em função de um objetivo. Assim, se com estas premissas em mente explorarmos as cadeias de comunicação entre dois ou mais comunicantes, chegaremos a certos resultados que, seguramente, não podem ainda pretender que sejam um sistema formal mas que já são da mesma natureza dos axiomas e teoremas de um cálculo.

Na sua obra acima citada, Nagel e Newman descrevem a analogia entre um jogo como o xadrez e um cálculo matemático formalizado. Explicam eles como

> as peças e os quadrados do tabuleiro correspondem aos sinais elementares do cálculo; as posições legais das peças no tabuleiro, às fórmulas do cálculo; as posições iniciais das peças no tabuleiro aos axiomas ou fórmulas iniciais do cálculo; as posições subseqüentes das peças no tabuleiro às fórmulas derivadas dos axiomas (isto é, aos teoremas); e as regras do jogo às regras de inferência (ou derivação) para o cálculo. (108, pág. 35)

Os autores passam depois a mostrar como as configurações das peças no tabuleiro são "anódinas" em si, enquanto que os enunciados *sobre* essas configurações são muito significativos. Os enunciados dessa ordem de abstração foram descritos pelos autores acima mencionados da seguinte maneira:

> (...) os teoremas gerais do "meta-xadrez" podem ser estabelecidos, a prova dos quais envolve apenas um número finito de configurações admissíveis no tabuleiro. O teorema de "meta-xadrez" sobre o número de possíveis aberturas para as pedras brancas pode ser estabelecido dessa maneira; e assim pode ser formulado o teorema de "meta-xadrez" segundo o qual, se as brancas têm apenas dois cavalos e o rei e as pretas apenas o seu rei, é impossível às brancas forçar um mate contra as pretas. (108, pág. 35)

Citamos extensamente esta analogia porque ela ilustra o conceito de cálculo não só na metamatemática mas também na metacomunicação. Pois se ampliarmos a analogia de modo a incluir os dois jogadores, já não estamos estudando um jogo abstrato mas, outrossim, seqüências de interação humana que são estritamente governadas por um complexo conjunto de regras. A única diferença é que preferiríamos usar a expressão "formalmente indeterminável", em vez de "anódino", quando em referência a um item isolado de comportamento (um "lance", na analogia do jogo). Um tal item de comportamento, digamos, $a$, pode ser devido a um aumento de salário, ao conflito de Édipo, ao álcool ou a uma tempestade de granizo, e quaisquer argumentos sobre qual a razão que "realmente" se aplica tenderão a mostrar as mesmas qualidades de uma disputa escolástica sobre o sexo dos anjos. A menos que — e até que — a mente humana seja franqueada à inspeção de fora, as inferências e depoimentos pessoais são tudo o que temos, e ambas as coisas são notoriamente inidôneas. Contudo, se notarmos que o comportamento $a$ — sejam quais forem as suas "razões" — por um comunicante gera o comportamento $b, c, d$ ou $e$ no outro, ao mesmo tempo que exclui, evidentemente, os comportamentos $x, y$ e $z$, então pode ser postulado um teorema de metacomunicação. O que sugerimos aqui, pois, é que toda a interação é suscetível de definição em termos da analogia do jogo, isto é, como seqüências de "lances" estritamente governados por regras a cujo respeito não interessa saber se estão dentro ou fora da consciência dos comunicantes mas sobre as quais é possível formular enunciados *metacomunicacionais* significativos. Isto significaria que, como foi sugerido em 1.4, existe um cálculo ainda não interpretado da pragmática da comunicação humana cujas regras são observadas na comunicação bem sucedida e violadas na comunicação desordenada. A existência desse cálculo pode, na fase atual dos nossos conhecimentos, ser comparada a uma estrela cuja existência e posição foram postuladas pela astronomia teórica mas ainda não descoberta pelos observatórios.

### 1.6

### Conclusões

Se abordarmos a comunicação humana com os critérios acima em mente, numerosas mudanças conceituais se impõem. Estas serão agora sucintamente descritas, dentro do contexto da psicopatologia. Esta referência à psicopatologia não significa que esses pontos só tenham validade em tal contexto mas, simplesmente, que os consideramos particularmente evidentes e importantes nessa área.

1.61 — O CONCEITO DE CAIXA ESCURA (BLACK BOX)

Conquanto a existência da mente humana seja unicamente negada por pensadores particularmente radicais, a pesquisa dos fenômenos mentais, como é penosamente sabido de todos os investigadores nesse campo, é tremendamente difícil por causa da ausência de um ponto arquimedeano fora da mente. Muito mais do que quaisquer outras disciplinas, a psicologia e a psiquiatria são, fundamentalmente, auto-reflexivas: sujeito e objeto são idênticos e quaisquer hipóteses manifestam uma tendência inevitável para a autovalidação. A impossibilidade de ver a mente "em funcionamento" levou, em anos recentes, à adoção do conceito de Caixa Escura, inspirado no campo da telecomunicação. Aplicado originalmente a certos tipos de equipamento eletrônico capturado ao inimigo e que não podia ser aberto para estudo por causa da possibilidade da existência de cargas de destruição no seu interior, o conceito é mais geralmente aplicado ao fato de o equipamento eletrônico (*hardware*) ser hoje tão complexo que, por vezes, é mais conveniente esquecer a estrutura interna de um aparelho e concentrar o estudo nas relações específicas de *admissão e saída* (*input-output*). Se bem que seja verdade que essas relações podem permitir deduções ou inferências sobre o que "realmente" se passa dentro da caixa, o seu conhecimento não é essencial para o estudo da *função do dispositivo no sistema maior de que ele faz parte*. Este conceito, se aplicado aos problemas psicológicos e psiquiátricos, tem a vantagem heurística de que não é preciso recorrer a hipóteses intrapsíquicas inteiramente inverificáveis, e de que podemos limitar-nos às relações observáveis de admissão-saída, isto é, à *comunicação*. Tal abordagem caracteriza, acreditamos, uma importante tendência recente na psiquiatria, no sentido de considerar os sintomas como uma espécie de admissão no sistema familiar, em vez de serem uma expressão de conflito intrapsíquico.

## 1.62 — CONSCIÊNCIA E INCONSCIÊNCIA

Se nos interessarmos em observar o comportamento humano em termos da hipótese da Caixa Escura, veremos que a saída de uma Caixa Escura é a admissão de uma outra. A questão de saber se uma tal troca de informação é consciente ou inconsciente perde a importância suprema que possui num contexto psicodinâmico. Não se deve interpretar isto como significando que, no tocante às reações a um item específico de comportamento, não faz diferença alguma se esse comportamento é tido como consciente ou inconsciente, voluntário, involuntário ou sintomático. Se nos pisarem, faz muita diferença sabermos se o comportamento de quem nos pisou foi intencional ou inadvertido. Esse conhecimento, entretanto, baseia-se em *nossa* avaliação dos motivos da outra pessoa e, portanto, em suposições sobre o que se passa dentro da cabeça dela. E, é claro, se perguntássemos a quem nos pisou os motivos por que o fez, mesmo assim não poderíamos estar certos, porquanto o outro indivíduo poderia jurar que foi sem querer quando nos pisou deliberadamente ou até afirmar que tinha sido de propósito quando o seu comportamento fora acidental. Tudo isto nos devolve à atribuição de "significado", uma noção que é essencial à experiência subjetiva de comunicar com outros mas que concluímos ser objetivamente indeterminável para os fins de pesquisa em comunicação humana.

## 1.63 — PRESENTE *versus* PASSADO

Conquanto não padeça dúvidas que o comportamento é, pelo menos em parte, determinado pela experiência prévia, a busca de causas no passado carece, notoriamente, de idoneidade. Os comentários de Ashby sobre as peculiaridades da "memória" como um construto já foram assinalados antes (s. 1.2). Não só se baseia, principalmente, em provas subjetivas e, portanto, suscetíveis da mesma distorção que a exploração pretendia, hipoteticamente, eliminar mas tudo o que uma pessoa A relatar sobre o seu passado à pessoa B está inseparavelmente vinculado às relações existentes entre essas duas pessoas e é determinado por essas relações. Se, por outro lado, a comunicação entre o indivíduo e os outros significantes em sua vida for diretamente observada — como foi sugerido na analogia do xadrez e é feito na psicoterapia conjunta de casais ou de famílias inteiras — os padrões de comunicação que forem finalmente identificados são importantes, do ponto de vista diagnóstico, e permitem o planejamento da estratégia mais apropriada de intervenção terapêutica. Esta abordagem constitui, pois, uma exploração que visa mais à busca de um padrão "aqui e agora" do que de um significado simbólico, causas passadas ou motivação.

## 1.64 — EFEITO *versus* CAUSA

Vistas a esta luz, as causas possíveis ou hipotéticas do comportamento assumem uma importância secundária mas o efeito do comportamento surge como um critério de significação primordial na interação de indivíduos intimamente relacionados. Por exemplo, podemos ver repetidamente que um sintoma que se manteve refratário à psicoterapia, apesar da análise intensiva da sua gênese, revela subitamente o seu significado quando visto no contexto da interação marital em curso do indivíduo com o seu cônjuge. O sintoma pode então manifestar-se como uma limitação imposta, como um regra do seu particular "jogo" interacional,[5] em vez do resultado de um conflito não-resolvido entre hipotéticas forças intrapsíquicas. De um modo geral, achamos que um sintoma é um item de comportamento que se reveste de profundos efeitos, ao influenciar o meio circundante do paciente. Uma regra empírica pode ser enunciada a este respeito: Sempre que o *por quê?* de um item de comportamento permanece obscuro, a questão *para quê?* pode ainda fornecer uma resposta válida.

## 1.65 — A CIRCULARIDADE DOS PADRÕES DE COMUNICAÇÃO

> Todas as partes do organismo formam um círculo. Portanto, toda e qualquer parte é um princípio e um fim. — Hipócrates

Enquanto que nas cadeias lineares e progressivas é significativo falar sobre o princípio e o fim de uma cadeia, esses termos são desprovidos de significação em sistemas dotados de circuitos de retroalimentação. Não existe princípio e fim num círculo. Pensar em função de tais sistemas força-nos a abandonar a noção de que, por exemplo, o evento *a* ocorre primeiro e o evento *b*

---

(5) Nunca será demais enfatizar que, neste livro, o termo "jogo" não deve ser interpretado no sentido de qualquer conotação lúdica mas deriva da Teoria Matemática dos Jogos e refere-se a seqüências de comportamento que são governadas por regras.

é determinado pela ocorrência de *a*, visto que, pela mesma lógica defeituosa, poder-se-ia afirmar que o evento *b* precede *a*, dependendo donde escolhêssemos, arbitrariamente, romper a continuidade do círculo. Mas, como se verá no próximo capítulo, essa lógica defeituosa é constantemente usada pelos participantes individuais na interação humana, quando ambas as pessoas A e B pretendem estar apenas reagindo ao comportamento do parceiro, sem se aperceberem de que, por seu turno, influenciam também o parceiro pela sua reação. A mesma espécie de raciocínio se aplica a esta insolúvel controvérsia: A comunicação de uma determinada família é patológica porque um dos seus membros é psicótico, ou um dos seus membros é psicótico porque a comunicação é patológica?

1.66 — A RELATIVIDADE DE "NORMAL" E "ANORMAL"

As primeiras pesquisas psiquiátricas foram realizadas em hospitais mentais e visavam à classificação dos pacientes. Essa abordagem teve numerosos valores práticos, dos quais não foi um dos de somenos importância a descoberta de certas condições orgânicas, como a paralisia geral. A iniciativa prática seguinte foi a incorporação dessa diferenciação conceitual de normalidade e anormalidade na linguagem jurídica; daí os termos "sanidade" e "insanidade". Contudo, uma vez aceito o princípio de que, do ponto de vista comunicacional, um item de comportamento só pode ser estudado no contexto em que ele figura, os termos "sanidade" e "insanidade" perdem, praticamente, todo o seu significado como atributos dos indivíduos. Analogamente, toda a noção de "anormalidade" torna-se muito discutível, dado ser geralmente aceito, hoje em dia, que a condição do paciente não é estática mas varia com a situação interpessoal, assim como com as inclinações pessoais do observador. Além disso, quando os sintomas psiquiátricos são vistos como comportamento apropriado a uma interação em curso, surge um quadro de referência que é diametralmente oposto à concepção clássica da psiquiatria. Essa mudança de ênfase é de uma importância superlativa. Assim, a "esquizofrenia", vista como uma doença incurável e progressiva da mente de um indivíduo e a "esquizofrenia" vista como a *única* reação possível a um contexto absurdo ou insustentável de comunicação (uma reação que obedece e, portanto, perpetua as regras de tal contexto) são duas coisas inteiramente diferentes; e, no entanto, a diferença reside na incompatibilidade das duas estruturas conceituais, enquanto que o quadro clínico a que elas se aplicam é o mesmo em ambos os casos. As implicações para a etiologia e a terapia que decorrem desses diferentes pontos de vista também são sumamente discrepantes; daí resulta que o nosso interesse em examinar e salientar o ponto de vista da comunicação não é um mero exercício acadêmico.

Capítulo 2

# ALGUNS AXIOMAS CONJETURAIS DE COMUNICAÇÃO

## 2.1

### Introdução

As conclusões a que chegamos no primeiro capítulo salientaram, geralmente, a inaplicabilidade de muitas noções psiquiátricas tradicionais ao quadro de referência por nós proposto e, assim, parecerá, talvez, sobrar muito pouca coisa em que se possa basear o estudo da pragmática da comunicação humana. Queremos demonstrar agora que essa impressão é errônea. Contudo, para fazê-lo, temos de começar por algumas propriedades simples da comunicação que têm implicações interpessoais fundamentais. Ver-se-á que essas propriedades são da natureza dos axiomas, dentro do nosso cálculo hipotético de comunicação humana. Quando eles tiverem sido definidos, estaremos então em situação de examinar algumas de suas possíveis patologias, o que será feito no Capítulo 3.

## 2.2

### A Impossibilidade de Não Comunicar

2.21

Em primeiro lugar, temos uma propriedade do comportamento que dificilmente poderia ser mais básica e que, no entanto, é freqüentemente menosprezada: o comportamento não tem oposto. Por outras palavras, não existe um não-comportamento ou, ainda em termos mais simples, um indivíduo não pode *não* se comportar. Ora, se está aceito que todo o comportamento, numa situação interacional, [6] tem valor de mensagem, isto é, é comunicação, segue-se que, por muito que o indivíduo se esforce, é-lhe impossível *não* comunicar. Atividade ou inatividade, palavras ou silêncio, tudo possui um valor de mensagem; influenciam outros e estes outros, por sua vez, não podem *não* responder a essas comunicações e, portanto, também estão comunicando. Deve ficar claramente entendido que a mera ausência de falar ou de observar não constitui exceção ao que acabamos de dizer. O homem que num congestionado balcão de lanchonete olha diretamente em frente ou o passageiro de avião que se senta de olhos fechados estão ambos comunicando que não querem falar a ninguém nem que falem com eles; e, usualmente, os seus vizinhos "recebem a mensagem" e respondem adequadamente, deixando-os sozinhos. Isto, obviamente, é tanto um intercâmbio de comunicação como a mais animada das discussões. [7]

Tampouco podemos dizer que a "comunicação" só acontece quando é intencional, consciente ou bem sucedida, isto é, quando ocorre uma compreensão mútua. Se a mensagem enviada iguala a mensagem recebida é uma importante mas diferente ordem de

---

(6) Poderíamos acrescentar que um indivíduo, mesmo sozinho, tem a possibilidade de dialogar em fantasia, com as suas alucinações (15) ou com a vida (s. 8.3). Talvez essa "comunicação" interna obedeça a algumas das mesmas regras que governam a comunicação interpessoal; contudo, tais fenômenos inobserváveis estão fora do âmbito do significado que damos ao termo.

(7) Pesquisas muito interessantes neste campo foram realizadas por Luft (98), que estudou aquilo a que chama "privação de estímulo social". Reuniu dois estranhos numa sala, fê-los sentarem-se diante um do outro e instruiu-os "para que não falassem nem comunicassem um com o outro, de maneira alguma". As entrevistas subseqüentes revelaram a natureza altamente tensa dessa situação. Citando o autor:

> (...) ele tem à sua frente o outro indivíduo, com seu comportamento manifesto, embora mudo. Neste ponto, é postulado, tem lugar a verdadeira prova interpessoal e só parte da mesma pode ser realizada conscientemente. Por exemplo, como reage o outro sujeito ao primeiro indivíduo e às pequenas pistas não-verbais que este lhe envia? Haverá uma tentativa de compreender seu olhar interrogativo, ou será friamente ignorado? O outro sujeito exibirá pistas posturais de tensão, indicando a existência de alguma aflição ao confrontá-lo? Ficará cada vez mais à vontade, indicando alguma espécie de aceitação, ou o outro tratá-lo-á como se fosse uma coisa, algo que não existe? Estas e muitas outras espécies de comportamento facilmente discernível parecem ter lugar...

análise, pois que deve assentar, fundamentalmente, nas avaliações de dados específicos, introspectivos, relatados pelo sujeito, os quais preferimos negligenciar para a exposição de uma teoria comportamental da comunicação. Sobre a questão da incompreensão, o nosso interesse, dadas certas propriedades formais da comunicação, vai para o desenvolvimento de patologias afins, à margem das motivações ou intenções dos comunicantes (na verdade, a despeito das mesmas).

2.22

No que precede, o termo "comunicação" foi usado de duas maneiras: como título genérico do nosso estudo e como uma unidade vagamente definida de comportamento. Sejamos agora mais precisos. Continuaremos, é claro, a referir-nos ao aspecto pragmático da teoria de comunicação humana, simplesmente, como "comunicação". Quanto às várias unidades de comunicação (comportamento), procuramos selecionar termos que já são geralmente compreendidos. Uma unidade comunicacional isolada será chamada *mensagem* ou, quando não houver possibilidade de confusão, *uma* comunicação. A uma série de mensagens trocadas entre pessoas chamaremos *interação*. (Para os que anseiam por uma quantificação mais precisa, diremos apenas que a seqüência a que nos referimos pelo termo "interação" é maior do que uma mensagem mas não infinita.) Finalmente, nos Capítulos 4-7, acrescentaremos os *padrões de interação*, que constituem uma unidade de comunicação de nível ainda superior.

Além disso, mesmo a respeito da unidade mais simples possível, será óbvio que, uma vez aceito todo o comportamento como comunicação, não estaremos lidando com uma unidade de mensagem monofônica mas com um complexo fluido e multifacetado de numerosos modos de comportamento — verbais, tonais, posturais, contextuais, etc. — que, em seu conjunto, condicionam o significado de todos os outros. Os vários elementos desse complexo (considerado como um todo) são capazes de permutas muito variadas e de grande complexidade, que vão desde o congruente ao incongruente e paradoxal. O efeito pragmático dessas combinações, nas situações interpessoais, será de interesse aqui.

2.23

A impossibilidade de não comunicar é um fenômeno de interesse mais do que simplesmente teórico. Por exemplo, faz parte do "dilema" esquizofrênico. Se o comportamento esquizofrênico for observado pondo de lado considerações etiológicas, parecerá que o esquizofrênico tenta *não comunicar*. Mas como o disparate, o silêncio, o ensimesmamento, a imobilidade (silêncio postural) ou qualquer outra forma de renúncia ou negação é, em si, uma comunicação, o esquizofrênico defronta-se com a tarefa impossível de negar que está comunicando e, ao mesmo tempo, negar que a sua negação é uma comunicação. A compreensão desse dilema básico é uma chave para numerosos aspectos da comunicação esquizofrênica que, de outro modo, permaneceriam obscuros. Como qualquer comunicação, como veremos, implica um compromisso e, por conseguinte, define a concepção do emissor de suas relações com o receptor, podemos formular a hipótese de que o equizofrênico se comporta como se evitasse qualquer compromisso — não comunicando. Se é essa a sua finalidade, no sentido causal, é impossível provar, evidentemente; que esse é o efeito do comportamento esquizofrênico será abordado em maior detalhe na s. 3.2.

2.24

Em resumo, podemos postular um axioma metacomunicacional da pragmática da comunicação: *não se pode* não *comunicar*.

**2.3**

O Conteúdo e Níveis de Relação da Comunicação

2.31

Um outro axioma foi insinuado acima, quando sugerimos que qualquer comunicação implica um cometimento, um compromisso; e, por conseguinte, define a relação. Isto é outra maneira de dizer que uma comunicação não só transmite informação mas, ao mesmo tempo, impõe um comportamento. Segundo Bateson (132, págs. 179-81), essas duas operações acabaram sendo conhecidas como os aspectos de "relato" e de "ordem", respectivamente, de qualquer comunicação. Bateson exemplifica esses dois aspectos por meio de uma analogia fisiológica: Sejam A, B e C uma cadeia linear de neurônios. Então, o disparo do neurônio B é o "relato" que o neurônio A lhe enviou, ao disparar, e uma "ordem" enviada ao neurônio C para que dispare.

O aspecto "relato" de uma mensagem transmite informação e, portanto, é sinônimo, na comunicação humana, do *conteúdo* da mensagem. Pode ser sobre qualquer coisa que é comunicável, independentemente de essa informação particular ser verdadeira ou falsa, válida, inválida ou indeterminável. O aspecto "ordem", por outro lado, refere-se à espécie de mensagem e como deve ser considerada; portanto, em última instância, refere-se às *relações* entre os comunicantes. Todas estas definições de relações gravitam em torno de uma ou várias das seguintes asserções: "Isto é como eu me vejo... Isto é como eu vejo você... Isto é como eu vejo que você me vê..." etc., numa regressão teoricamente infinita. Assim, por exemplo, as mensagens "É importante soltar a embreagem gradual e suavemente" e "Solte a embreagem de golpe, e a transmissão pifará num abrir e fechar de olhos" têm, aproximadamente, o mesmo conteúdo de informação (aspecto de relato) mas definem, obviamente, relações muito diferentes. Para evitar qualquer incompreensão sobre o que se diz acima, queremos deixar bem claro que as relações só raramente são definidas de um modo deliberado e com plena consciência. De fato, parece que quanto mais espontânea e "saudável" é uma relação, mais o aspecto relacional da comunicação recua para um plano secundário. Inversamente, as relações "doentes" são caracterizadas por uma constante luta sobre a natureza das relações, tornando-se cada vez menos importante o aspecto de conteúdo da comunicação.

2.32

É muito interessante que antes de os cientistas behavioristas começarem a se interrogar sobre esses aspectos da comunicação humana, já os engenheiros de computação tinham deparado com o mesmo problema em seu trabalho. Tornou-se claro, para eles, que, quando se comunica com um organismo artificial, as comunicações tinham de apresentar os dois aspectos — o de relato e o de ordem. Por exemplo, se um computador vai multiplicar dois números, ter-lhe-á de ser alimentada essa informação (os dois números) *e* a informação sobre essa informação: a ordem de "multiplicar os números".

Ora, o que é importante para o nosso exame é a relação existente entre o conteúdo (relato) e a relação (ordem) da comunicação. Essencialmente, foi definida no parágrafo precedente, quando mencionamos que um computador necessita de *informação* (dados) e *informação sobre essa informação* (instruções). Assim, as instruções são, claramente, de um tipo lógico superior aos dados; são *metainformação*, visto que constituem informação *sobre* a informação, e qualquer confusão entre as duas acarretaria um resultado anódino.

2.33

Se revertermos agora à comunicação humana, vemos que a mesma relação existe entre os aspectos de relato e ordem: o primeiro transmite os "dados" da comunicação, o segundo como essa comunicação deve ser entendida. "Isto é uma ordem" ou "Estou só brincando" são exemplos verbais de tais comunicações sobre comunicação. A relação também pode ser expressa não-verbalmente, por um grito, um sorriso ou muitos outros meios. E a relação pode ser claramente entendida com base no contexto em que a comunicação ocorre, por exemplo, entre soldados uniformizados ou na arena de um circo.

O leitor terá notado que o aspecto relacional de uma comunicação, sendo uma comunicação sobre uma comunicação, é idêntico, naturalmente, ao conceito de metacomunicação desenvolvido no primeiro capítulo, onde ficou limitado à estrutura conceitual e à linguagem que o analista de comunicação deve empregar quando comunica sobre comunicação. Podemos ver agora que não só ele mas cada um de nós se defronta com esse problema. A capacidade de metacomunicar adequadamente é não só a condição *sine qua non* da comunicação bem sucedida mas está intimamente ligada ao grande problema da consciência do eu e dos outros. Este ponto será explicado em maior detalhe na s. 3.3. De momento, e a título de ilustração, queremos apenas mostrar que as mensagens podem ser interpretadas, especialmente na comunicação escrita, o que oferece pistas metacomunicacionais sumamente ambíguas. Conforme Cherry (34, pág. 120) acentua, a frase "Você acha que aquele chegará?" pode ter vários significados, segundo a palavra que for acentuada — uma indicação que a linguagem escrita usualmente não fornece. Um outro exemplo seria um letreiro num restaurante, dizendo: "Os clientes que acham os nossos empregados grosseiros deviam ver o gerente", uma frase que, pelo menos em teoria, pode ser entendida de duas maneiras inteiramente diferentes. As ambigüidades desse gênero não são as únicas complicações possíveis que resultam da estrutura de nível de toda a comunicação; considere-se, por exemplo, um letreiro que avise: "DESPREZE ESTE AVISO". Como veremos no capítulo sobre comunicação paradoxal, as confusões ou contaminações entre esses níveis — comunicação e metacomunicação — podem redundar em impasses idênticos, na estrutura, aos dos famosos paradoxos da lógica.

## 2.34

Por agora, resumamos apenas o que antecede num outro axioma do nosso cálculo conjetural: *Toda a comunicação tem um aspecto de conteúdo e um aspecto de comunicação tais que o segundo classifica o primeiro e é, portanto, uma metacomunicação.* [8]

## 2.4
### A Pontuação da Seqüência de Eventos

## 2.41

A próxima característica básica da comunicação que desejamos explorar diz respeito à interação — troca de mensagens — entre comunicantes. Para um observador externo, *uma série de comunicações pode ser vista como uma seqüência ininterrupta de trocas.* Contudo, os participantes na interação introduzem sempre o que, segundo Whorf (165), Bateson e Jackson designaram por "pontuação da seqüência de eventos". Dizem eles:

> O psicólogo E-R confina tipicamente a sua atenção a seqüências de permuta tão curtas que é impossível rotular um item de entrada como "estímulo" e um outro item como "reforço", enquanto se classifica o que o sujeito faz entre esses dois eventos como "resposta". Dentro da curta seqüência assim comprimida, é possível falar sobre a "psicologia" do sujeito. Em contraste, as seqüências de permuta que estamos examinando aqui são muito mais extensas e, portanto, têm a característica de que todos os itens na seqüência são, simultaneamente, estímulo, resposta e reforço. Um dado item do comportamento de A é um estímulo na medida em que é seguido de um item fornecido por B e esse por um outro item fornecido por A. Mas na medida em que o item de A está comprimido entre os dois itens que foram a contribuição de B, ele é uma resposta.

---

[8] Algo arbitrariamente, preferimos dizer que a relação classifica ou subsoma o aspecto de conteúdo, embora seja igualmente correto, em análise lógica, dizer que a classe é definida pelos seus membros e, portanto, o aspecto de conteúdo definiria o aspecto de relação. Como o nosso interesse primordial não é a troca de informação mas a pragmática da comunicação, usaremos o primeiro critério.

Analogamente, o item de A é um reforço na medida em que se segue a um item fornecido por B. As permutas em curso que estamos aqui analisando constituem, pois, uma cadeia de ligações triádicas sobrepostas, cada uma das quais é comparável a uma seqüência estímulo-resposta-reforço. Podemos tomar qualquer tríade da nossa permuta e vê-la como uma prova isolada num experimento de aprendizagem de estímulo-resposta.

Se observarmos desse ponto de vista os experimentos convencionais de aprendizagem, veremos imediatamente que as provas repetidas equivalem a uma diferenciação das relações entre os dois organismos envolvidos: o experimentador e o seu sujeito. A seqüência de provas é tão pontuada que parece ser sempre o experimentador quem fornece os "estímulos" e os "reforços", enquanto o sujeito fornece as "respostas". Estas palavras são aqui deliberadamente postas entre aspas porque as definições de papel só são criadas, de fato, pela disposição do organismo em aceitar o sistema de pontuação. A "realidade" das definições de papel é apenas da mesma ordem da realidade de um morcego num cartão de Rorschach: uma criação mais ou menos superdeterminada do processo perceptivo. O rato que disse: "Consegui treinar o meu experimentador. Sempre que eu aperto este botão, ele me dá comida", estava recusando aceitar a pontuação da seqüência que o experimentador procurava impor.

Também é verdade, porém, que numa longa seqüência de permuta, o organismo envolvido — especialmente no caso de pessoas — pontuará, de fato, a seqüência de modo a ficar manifesto que um ou outro tem a iniciativa, o domínio, a dependência etc. Isto é, estabelecerão entre eles padrões de permuta (sobre os quais poderão estar ou não de acordo) e esses padrões serão, de fato, as regras de contingência a respeito da troca de reforço. Conquanto os ratos sejam amáveis demais para reclassificar, alguns pacientes psiquiátricos não o são e criam traumas psicológicos para o terapeuta! (19, págs. 273-74)

Não está aqui em pauta se a pontuação da seqüência comunicacional é, de um modo geral, boa ou má, como deve ser imediatamente óbvio que a pontuação *organiza* os eventos comportamentais e, portanto, é vital para as interações em curso. Culturalmente, compartilhamos de muitas convenções de pontuação que, embora não mais nem menos rigorosas do que outras concepções dos mesmos eventos, servem para organizar comuns e importantes seqüências de interação. Por exemplo, a uma pessoa que se comporta de certa maneira num grupo chamamos-lhe "líder" e a uma outra "adepto", se bem que, se refletirmos, seja difícil dizer quem chegou primeiro ou onde estaria um sem o outro.

2.42

A discordância sobre como pontuar a seqüência de eventos está na raiz de incontáveis lutas em torno das relações. Suponhamos que um casal tem um problema marital, para o qual o marido contribui com um retraimento passivo, enquanto os 50 por cento da esposa são censuras e críticas irritantes. Ao explicar suas frustrações, o marido dirá que o seu retraimento é a sua *única defesa contra* as implicâncias da esposa, enquanto ela classificará essa explicação de uma grosseira e deliberada distorção do que "realmente" acontece em seu casamento, notadamente, que ela o critica *por causa da* passividade do marido. Despojadas de todos os elementos efêmeros e fortuitos, as suas brigas consistem numa troca monótona de mensagens: "Eu me retraio porque você implica" e "Eu implico porque você se retrai". Este tipo de interação já foi mencionado de passagem na s. 1.65. Representado graficamente, com um ponto inicial arbitrário, a interação do casal terá um aspecto mais ou menos assim:

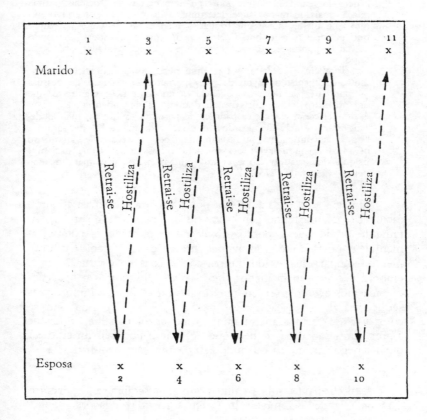

Podemos ver que o marido apenas percebe as tríades 2-3-4, 4-5-6, 6-7-8 etc., em que o seu comportamento (setas contínuas) é "meramente" uma resposta ao comportamento dela (setas tracejadas). Com a mulher, passa-se exatamente o inverso; ela pontua a seqüência de eventos nas tríades 1-2-3, 3-4-5, 5-6-7 etc. e vê-se como reagindo, tão-somente, ao comportamento do marido mas não o determinando Na psicoterapia conjunta, com casais, um dos cônjuges mostra-se freqüentemente impressionado pela intensidade do que, na psicoterapia tradicional, seria designado como uma "distorção da realidade" por ambas as partes. É muitas vezes difícil acreditar que os dois indivíduos pudessem ter opiniões tão divergentes sobre tantos elementos de uma experiência conjunta. No entanto, o problema reside, primordialmente, numa área já freqüentemente mencionada: a incapacidade de ambos para metacomunicarem sobre os padrões respectivos de sua interação. Essa interação é de uma natureza oscilatória sim-não-sim-não-sim, que teoricamente pode prosseguir *ad infinitum* e quase invariavelmente se faz acompanhar, como veremos adiante, pelas típicas acusações de maldade ou loucura.

Também as relações internacionais estão repletas de padrões análogos de interação; veja-se, por exemplo, a análise da corrida armamentista, por C. E. M. Joad:

> ( ... ) se, como eles sustentam, o melhor meio de preservar a paz é preparar a guerra, não fica muito claro por que todas as nações encaram o armamento de outras nações como uma ameaça à paz. Contudo, é assim que o encaram e, por conseguinte, são estimuladas a aumentar seus armamentos para suplantar os armamentos pelos quais se julgam ameaçadas ( ... ) Sendo esse aumento de armas considerado, por seu turno, uma ameaça pela nação A, cujo armamento alegadamente defensivo provocou aquele, a nação A usa esse aumento como pretexto para acumular ainda mais armamentos, com os quais se defenda contra a ameaça. Contudo, essa maior acumulação de armamentos é, por sua vez, interpretada pelas nações vizinhas como uma ameaça contra elas próprias e assim por diante ( ... ).
> (79, pág. 69)

## 2.43

Uma vez mais, a matemática fornece uma analogia descritiva: o conceito de "séries oscilantes infinitas". Conquanto a expressão fosse apresentada muito mais tarde, séries desse gênero foram estudadas pela primeira vez, de um modo lógico e coerente, pelo padre austríaco Bernard Bolzano, pouco antes de sua morte em 1848, quando, segundo parece, ele estava profundamente preocupado com o significado do infinito. As suas idéias foram publicadas a título póstumo, na forma de um pequeno livro intitulado *The Paradoxes of the Infinite* (30), que se tornou um clássico da literatura matemática. Nele, Bolzano estudou várias espécies de séries (S), das quais talvez a seguinte seja a mais simples:

$$S = a - a + a - a + a - a + a - a + a - a + a - \ldots$$

Para os nossos fins, pode-se considerar que esta série representa uma seqüência comunicacional de afirmações e negações da mensagem *a*. Ora, como Bolzano demonstrou, essa seqüência pode ser agrupada — ou, como nós diríamos, pontuada — de muitas maneiras diferentes mas aritmeticamente corretas.[9] O resultado é um limite diferente para a série, dependendo de como se prefira pontuar a seqüência de seus elementos, um resultado que deixou consternado muitos matemáticos, incluindo Leibnitz. Infelizmente, até onde nos é dado ver, a solução do paradoxo oferecida, finalmente, por Bolzano não traz qualquer ajuda para o análogo dilema comunicacional. Como Bateson sugere (17), o dilema surge da pontuação espúria da série, notadamente, da pretensão de que tem um começo e é esse, precisamente, o erro dos parceiros em tal situação.

## 2.44

Assim, acrescentemos um terceiro axioma metacomunicacional: *A natureza de uma relação está na contingência da pontuação das seqüências comunicacionais entre os comunicantes.*

---

(9) Os três possíveis agrupamentos ("pontuações") são:
$$S = (a - a) + (a - a) + (a - a) + (a - a) + \ldots$$
$$= O + O + O + \ldots$$
$$= O$$

Um outro modo de agrupar os elementos da seqüência seria:
$$S = a - (a - a) - (a - a) - (a - a) - (a - a) - \ldots$$
$$= a - O - O - O \ldots$$
$$= a$$

Ainda um outro modo seria:
$$S = a - (a - a + a - a + a - a + a - \ldots)$$

e, como os elementos contidos entre parênteses nada mais são do que a própria série, segue-se que:
$$S = a - S$$

Logo: $2S = a$, e $S = \dfrac{a}{2}$. (30, págs. 49-50)

## 2.5

### Comunicação Digital e Analógica

2.51

No sistema nervoso central, as unidades funcionais (neurônios) recebem as chamadas "cargas quânticas" de informação através dos elementos de conexão (sinapses). Quando chegam às sinapses, essas "cargas" geram potenciais excitatórios ou inibitórios pós-sinápticos que são totalizados pelo neurônio e provocam ou inibem o seu disparo. Essa parte específica da atividade neural, consistindo na ocorrência ou não-ocorrência do seu disparo, transmite, portanto, informação digital binária. O sistema humoral, por outro lado, não se baseia na digitalização da informação. Esse sistema comunica mediante a descarga de quantidades descontínuas de substâncias específicas na corrente sanguínea. Sabe-se também que os modos neural e humoral de comunicação intra-organísmica existem não só lado a lado mas que se complementam mutuamente e estão na contingência um do outro, muitas vezes através de processos sumamente complexos.

Os dois mesmos modos básicos de comunicação podem ser vistos em funcionamento no campo dos organismos fabricados pelo homem: [10] há computadores que utilizam o princípio do tudo-ou-nada das válvulas eletrônicas ou transistores e são chamados *digitais* porque, basicamente, são calculados para trabalhar com números dígitos; e há uma outra classe de máquinas que manipulam grandezas distintas e positivas — análogas dos dados — e que por isso se chamam *analógicas*. Nos computadores digi-

---

(10) É deveras interessante o fato de haver razões para acreditar que os engenheiros da informática chegaram a esse resultado de um modo totalmente independente do que os fisiologistas já sabiam na época, um fato que, por si só, fornece uma bela ilustração do postulado de Von Bertalanffy (25) de que os sistemas complexos têm sua própria legitimidade inerente que pode ser acompanhada através dos vários níveis sistêmicos, isto é, os níveis atômico, molecular, celular, organísmico, individual, social etc. Conta-se que, durante uma reunião interdisciplinar de cientistas interessados nos fenômenos de retroalimentação (provavelmente um dos simpósios da Fundação Josiah Macy), o grande histologista Von Bonin viu o diagrama de instalação de um dispositivo de leitura seletiva e disse imediatamente: "Mas isto é um diagrama da terceira camada do córtex visual!" Não podemos garantir a veracidade do episódio mas contamo-lo respaldados no provérbio italiano "Se non è vero, è ben trovato" (mesmo que não seja verdade, é uma estória bem bolada).

tais, os dados e as instruções são processados na forma de números, de modo que, amiúde, especialmente no caso das instruções, só existe uma correspondência arbitrária entre o item particular de informação e a sua expressão digital. Por outras palavras, a esses números são arbitrariamente atribuídos nomes de código que têm tão pouca semelhança com as grandezas reais quanto os números de telefone com os seus assinantes. Por outro lado, como já vimos, o princípio de analogia é a essência de toda a computação analógica. Assim como no sistema humoral dos organismos naturais os veículos de informação são certas substâncias e sua concentração na corrente sanguínea, também nos computadores análogos os dados assumem a forma de quantidades descontínuas e, no entanto, sempre positivas, por exemplo, a intensidade de correntes elétricas, o número de rotações de uma roda, o grau de deslocamento de componentes etc. O chamado mareômetro (um instrumento composto de réguas, rodízios e alavancas usado para calcular as marés em qualquer momento dado) pode ser considerado um simples computador análogo e, é claro, o homeostato de Ashby, mencionado no Capítulo 1, é um paradigma de uma máquina análoga, se bem que não calcule coisa alguma.

2.52

Na comunicação humana, podemos nos referir aos objetos — na mais ampla acepção da palavra — de duas maneiras inteiramente diferentes. Podem ser representados por uma semelhança, como num desenho, ou ser referidos por um nome. Assim, na frase escrita: "O gato apanhou o rato", os substantivos poderiam ser substituídos por desenhos; se a frase fosse falada, poderíamos apontar para o gato e o rato reais. Seria desnecessário acrescentar que isso seria um modo incomum de comunicação e, normalmente, usa-se o "nome" escrito ou falado, isto é, a palavra. Esses dois tipos de comunicação — um por semelhança auto-explicativa, o outro por uma palavra — também são equivalentes, é claro, aos conceitos de analógico e de digital, respectivamente. Sempre que se usa uma palavra para *denominar* alguma coisa, é evidente que a relação entre o nome e a coisa denominada é arbitrariamente estabelecida. As palavras são sinais arbitrários que se manipulam de acordo com a sintaxe lógica da linguagem. Não existe qualquer motivo particular para que as quatro letras "g-a-t-o" denotem um determinado animal. Em última análise, trata-se apenas de uma convenção semântica da nossa linguagem e, fora dessa convenção, não existe qualquer outra correlação entre uma palavra e a coisa que ela representa, com a possível mas insignificante exceção das palavras onomatopéicas. Como Bateson e Jackson sublinharam: "Nada existe particularmente como-cinco no número cinco; nada existe particularmente como-mesa na palavra 'mesa' " (19, pág. 271).

Na comunicação analógica, por outro lado, *existe* algo particularmente "como-coisa" naquilo que é usado para expressar a coisa. A comunicação analógica pode referir-se mais facilmente à coisa que representa. A diferença entre esses dois modos de comunicação talvez fique mais clara se compreendermos que por muito tempo que se fique escutando uma língua estrangeira no rádio, por exemplo, nenhuma compreensão da língua resultará disso, enquanto que alguma informação básica pode ser facilmente derivada da observação de uma linguagem de sinais ou dos chamados movimentos intencionais, mesmo quando usados por uma pessoa de uma cultura totalmente diferente. Sugerimos que a comunicação analógica tem suas raízes em períodos muito mais arcaicos da evolução e, portanto, é de muito maior validade geral do que o relativamente recente e muito mais abstrato modo digital de comunicação verbal.

O que é, pois, a comunicação analógica? A resposta é relativamente simples: virtualmente, é toda a comunicação não-verbal. Este termo, entretanto, é equívoco, porque está freqüentemente restringido aos movimentos corporais, apenas, ao comportamento conhecido como cinético. Nós sustentamos que o termo deve abranger postura, gestos, expressão facial, inflexão de voz, seqüência, ritmo e cadência das próprias palavras, e qualquer outra manifestação não-verbal de que o organismo seja capaz, assim como as pistas comunicacionais infalivelmente presentes em qualquer *contexto* em que uma interação ocorra. [11]

---

(11) A primacial significação comunicacional do contexto é esquecida com excessiva facilidade na análise da comunicação humana; entretanto, alguém que se pusesse a escovar os dentes numa rua movimentada, em vez de fazê-lo no seu banheiro, poderia ser rapidamente carregado para uma delegacia de polícia ou para um manicômio — para darmos apenas um exemplo dos efeitos pragmáticos da comunicação não-verbal.

2.53

O homem é o único organismo conhecido que usa os modos analógico e digital de comunicação. [12] A significação disso ainda é muito inadequadamente compreendida mas não pode ser subestimada. Por um lado, não é possível duvidar de que o homem comunica digitalmente. De fato, a maioria se não a totalidade de suas realizações civilizadas seria impensável sem que ele tivesse desenvolvido uma linguagem digital. Isto é particularmente importante para a partilha de informações sobre *objetos* e para a função de transmissão oportuna de conhecimentos. Entretanto, existe uma vasta área em que confiamos quase exclusivamente na comunicação analógica, com freqüência, sem mudanças apreciáveis na herança analógica que nos foi transmitida pelos nossos mamíferos ancestrais. Trata-se da área de *relações*. Baseado em Tinbergen (153) e Lorenz (96), assim como em suas próprias pesquisas, Bateson (8) demonstrou que as vocalizações, os movimentos intencionais e os sinais de humor dos animais são comunicações analógicas pelas quais eles definem a natureza de suas relações, em vez de fazerem declarações denotativas sobre objetos. Assim, para usarmos um de seus exemplos, quando eu abro a geladeira e o gato vem roçar nas minhas pernas, miando, isso não significa "Eu quero leite" — como um ser humano expressaria — mas invoca uma relação específica, "Seja mãe para mim", porque tal comportamento só é observado em crias, e relativamente a gatos adultos; nunca, porém, entre dois animais adultos. Inversamente, muitos amigos de animais domésticos estão convencidos de que os seus bichos de estimação "entendem" o que eles dizem. O que o animal entende, seria desnecessário dizer, não é certamente o significado das palavras mas a riqueza de comunicação analógica que acompanha a fala. Com efeito, sempre que a relação é o ponto central da comunicação, verificamos que a linguagem digital é quase anódina. Este não é apenas o caso entre animais e entre homem e animal mas em muitas outras contingências da vida humana, por exemplo, no namoro, amor, socorro, combate e, é claro, em todo o trato com crianças muito pequenas ou pacientes mentais gravemente perturbados. Crianças, loucos e animais sempre têm sido creditados com uma intuição particular a respeito da sinceridade ou insinceridade das

---

(12) Há razões para acreditar que as baleias e os golfinhos também podem usar a comunicação digital; mas as pesquisas nessa área ainda não são concludentes.

atitudes humanas, pois é fácil declarar alguma coisa verbalmente mas difícil transportar uma mentira para o domínio analógico.

Em resumo, se nos lembrarmos de que toda a comunicação tem um conteúdo e uma relação, podemos esperar concluir que os dois modos de comunicação não só existem lado a lado mas complementam-se em todas as mensagens. Também poderemos esperar concluir que o aspecto de conteúdo tem toda a probabilidade de ser transmitido digitalmente, ao passo que o aspecto relacional será predominantemente analógico em sua natureza.

2.54

Nessa correspondência reside a importância pragmática de certas diferenças entre os modos digital e analógico de comunicação que serão agora examinadas. Para tornar essas diferenças bem claras, podemos reverter aos modos digital e analógico tal como são representados nos sistemas artificiais de comunicação.

O desempenho, exatidão e versatilidade dos dois tipos de computadores — digitais e análogos — são muito diferentes. As analogias usadas em computadores análogos, em vez de grandezas reais, nunca podem ser mais do que aproximações dos valores reais e essa fonte onipresente de inexatidão é ainda mais aumentada durante o processo das próprias operações do computador. Rolamentos, caixas de engrenagem e transmissões nunca podem ser fabricados com perfeição absoluta, e mesmo quando as máquinas análogas confiam inteiramente em intensidades distintas de correntes elétricas, resistências elétricas, reóstatos etc., essas analogias ainda estão sujeitas a flutuações virtualmente incontroláveis. Uma máquina digital, por outra parte, funciona com toda perfeição se o espaço para armazenar dígitos não for limitado, tornando assim necessário arredondar quaisquer resultados que tenham mais dígitos do que a máquina pode suportar. Quem tiver usado uma régua de cálculo (um excelente exemplo de um computador análogo) sabe que poderá obter apenas um resultado aproximado, enquanto que qualquer calculadora de escritório fornecerá um resultado exato, desde que os dígitos requeridos não excedam o máximo que a calculadora pode operar.

À parte essa precisão perfeita, o computador dígito tem a enorme vantagem de ser não só uma máquina aritmética mas também *lógica*. McCulloch e Pitts (101) mostraram que as dezesseis funções verdadeiras do cálculo lógico podem ser representadas por combinações de órgãos tudo-ou-nada, pelo que, por exemplo, a soma de duas pulsações representará o "e" lógico e a exclusividade mútua de duas pulsações representa o "ou" lógico, uma pulsação que inibe o disparo de um elemento representa negação etc. Nada existe de comparável, mesmo remotamente, em computadores análogos. Como só operam com quantidades positivas e descontínuas, são incapazes de representar qualquer valor negativo, incluindo a própria negação, ou qualquer das outras funções de verdade.

Algumas das características dos computadores também se aplicam à comunicação humana: o material da mensagem dígita é de um grau muito mais elevado de complexidade, versatilidade e abstração do que o material analógico. Especificamente, verificamos que a comunicação análoga nada tem de comparável com a sintaxe lógica da linguagem digital. Isto significa que, na linguagem analógica, não existem equivalentes para elementos tão vitalmente importantes do discurso como "se... então", "ou... ou" e muitos outros, e que a expressão de conceitos abstratos é tão difícil, se não impossível, quanto na primitiva escrita pictográfica, em que cada conceito só podia ser representado pela sua semelhança física. Além disso, a linguagem analógica divide com o cálculo analógico a ausência da negativa simples, isto é, uma expressão para "não".

A título ilustrativo: há lágrimas de dor e lágrimas de júbilo, o punho fechado pode assinalar agressão ou contenção, um sorriso pode transmitir simpatia ou animosidade, as reticências podem ser interpretadas como tato ou como indiferença, e seria caso para perguntar se todas as mensagens analógicas não terão, talvez, essa curiosa qualidade ambígua, que nos lembra o *Gegensinn der Urworte* (sentido antitético das palavras primevas), de Freud. A comunicação analógica não tem qualificadores para indicar qual de dois significados discrepantes está subentendido nem quaisquer indicadores que permitam uma distinção entre passado, presente e futuro. [13] Esses qualificadores e indicadores

---

(13) O leitor já terá descoberto, por esta altura, como existe uma semelhança sugestiva entre os modos de comunicação analógico e dígito e os conceitos psicanalíticos de *processos primários e secundários*, respectivamente. Se a transpusermos do quadro de referência intrapsíquico para o interpessoal, a descrição freudiana do Id converte-se, virtualmente, numa definição da comunicação analógica:

existem, é claro, na comunicação dígita. Mas o que falta nesta é um vocabulário adequado para as contingências de relações. O homem, na sua necessidade de combinar essas duas linguagens, como emissor ou como receptor, deve *traduzir* constantemente uma para a outra e, ao fazê-lo, depara com dilemas muito curiosos, que abordaremos em maior detalhe no capítulo sobre comunicação patológica (s. 3.5). Pois na comunicação humana a dificuldade de tradução existe nos dois sentidos. Não só é impossível haver tradução do modo digital para o analógico sem grande perda de informação (ver s. 3.55 sobre a formação histérica de sintomas) mas o inverso também é extraordinariamente difícil: *falar sobre* relações requer uma tradução adequada do modo analógico para o dígito de comunicação. Finalmente, podemos imaginar problemas semelhantes quando os dois modos têm de coexistir, como Haley notou em seu excelente capítulo, "Marriage Therapy":

> Quando um homem e uma mulher decidem que a sua associação deve ser legalizada com uma cerimônia matrimonial, eles propõem-se um problema que continuará durante todo o casamento: agora que estão casados, permanecem juntos porque desejam ou porque devem? (60, pág. 119)

À luz do precedente, diríamos que, quando à parte mais analógica de suas relações (o comportamento de namoro) é adicionada a digitalização (o contrato matrimonial), uma definição não-ambígua de suas relações torna-se muito problemática.[14]

2.55

Em resumo: *Os seres humanos comunicam digital e analogicamente. A linguagem dígita é uma sintaxe lógica sumamente complexa e poderosa mas carente de adequada semântica no campo das relações, ao passo que a linguagem analógica possui a semântica mas não tem uma sintaxe adequada para a definição não-ambígua da natureza das relações.*

---

As leis da lógica — sobretudo, a lei da contradição — não são válidas para os processos do id. Existem *impulsos contraditórios lado a lado, sem se neutralizarem mutuamente nem se repelirem.* (...) Nada existe no id que possa ser comparado à negação e causa-nos espanto encontrar nele uma exceção à asserção dos filósofos de que o espaço e o tempo são formas necessárias dos nossos atos mentais. (49, pág. 104; o grifo é nosso)

(14) Pelos mesmos motivos, é possível sugerir que o divórcio seria sentido como algo muito mais definitivo se o usualmente seco e desinteressante ato legal de obtenção da sentença final fosse implementado por alguma forma de ritual analógico de separação final.

## 2.6
### Interação Simétrica e Complementar

**2.61**

Em 1935, Bateson (6) descreveu um fenômeno interacional por ele observado na tribo Iatmul da Nova Guiné e do qual, em seu livro *Naven* (10), publicado um ano depois, se ocupou em maior detalhe. Deu a esse fenômeno o nome de *cismogênese* e definiu-o como um *processo de diferenciação nas normas de comportamento individual resultante da interação cumulativa entre indivíduos*. Em 1939, Richardson (125) aplicou esse conceito às suas análises da guerra e da política externa; desde 1952 que Bateson e outros vêm demonstrando a sua utilidade no campo da pesquisa psiquiátrica (Cf. 157, págs. 7-17; também 143). Esse conceito que, como vimos, tem um valor heurístico que excede os limites de qualquer disciplina, singularmente considerada, foi elaborado por Bateson em *Naven* da seguinte maneira:

> Quando a nossa disciplina é definida em função das reações de um indivíduo às reações de outros indivíduos, torna-se imediatamente evidente que devemos considerar as relações entre dois indivíduos como suscetíveis de alteração, de tempos em tempos, mesmo sem qualquer perturbação de origem externa. Temos de considerar não só as reações de A ao comportamento de B mas devemos examinar também como essas reações afetam o comportamento ulterior de B e o efeito deste em A.
>
> É imediatamente óbvio que muitos sistemas de relações, entre indivíduos ou grupos de indivíduos, contêm uma tendência para a mudança progressiva. Se, por exemplo, um dos padrões de comportamento cultural, considerado apropriado no indivíduo A, for culturalmente classificado como um padrão imperativo, enquanto que se espera de B que reaja ao mesmo no que é culturalmente considerado submissão, é provável que essa submissão encoraje a afirmação e que esta afirmação exija ainda mais submissão. Temos, assim, um estado de coisas progressivo e, a menos que outros fatores estejam presentes para restringir os excessos de comportamento imperativo e submisso, A tornar-se-á necessariamente mais imperativo e B cada vez mais submisso; e essa mudança progressiva ocorrerá quer A e B sejam indivíduos independentes ou membros de grupos complementares.
>
> As mudanças progressivas desse gênero podem ser descritas como cismogênese *complementar*. Mas existe um outro padrão de relações entre indivíduos ou grupos de indivíduos que contêm igualmente os germes da mudança progressiva. Se, por exemplo, encontramos a jactância como padrão cultural de comportamento num grupo e o outro grupo responde a isso com jactância, pode-se desenvolver uma situação competitiva em que as atitudes jactanciosas

redundam em novas jactâncias e assim por diante. A este tipo de mudança progressiva poderemos chamar cismogênese *simétrica*. (10, págs. 176-77)

## 2.62

Os dois padrões que acabam de ser descritos passaram a ser usados sem referência ao processo cismogenético e, atualmente, são citados apenas como interação simétrica e complementar. Podem ser descritos como relações baseadas na igualdade ou na diferença. No primeiro caso, os parceiros tendem a refletir o comportamento um do outro e por isso é que a sua interação pode chamar-se *simétrica*. Fraqueza ou força, bondade ou maldade, não são aqui pertinentes, pois a igualdade pode ser mantida em qualquer dessas áreas. No segundo caso, o comportamento de um parceiro complementa o do outro, formando uma espécie diferente de Gestalt comportamental, e dá-se-lhe o nome de *complementar*. Assim, a interação simétrica é caracterizada pela igualdade e a minimização da diferença; a interação complementar baseia-se na maximalização da diferença.

Existem duas posições diferentes numa relação complementar. Um parceiro ocupa o que tem sido diversamente descrito como a posição superior, primária ou "de cima" e o outro a correspondente posição inferior, secundária ou "de baixo". Estes termos são muito úteis, desde que equiparados a "bom" ou "mau", "forte" ou "fraco". Uma relação complementar pode ser estabelecida pelo contexto social ou cultural (como no caso de mãe e filho, médico e paciente, professor e aluno) ou pode ser o estilo de relação idiossincrásica de uma determinada díade. Num ou outro caso, é importante enfatizar a natureza conjugada da relação, em que comportamentos dessemelhantes mas ajustados se provocam mutuamente. Um parceiro não impõe uma relação complementar ao outro mas, antes, comporta-se de maneira que pressupõe o comportamento do outro, enquanto que, ao mesmo tempo, fornece razões para tal comportamento: as respectivas definições de relação (s. 2.3) encaixam-se.

## 2.63

Um terceiro tipo de relações foi sugerido: a "metacomplementaridade", em que A deixa ou força B a encarregar-se dele; pelo mesmo raciocínio, poderíamos também acrescentar a "pseudo-simetria", em que A deixa ou força B a ser simétrico. Esta regressão potencialmente infinita pode, entretanto, ser evitada se recordarmos a distinção anteriormente feita (s. 1.4) entre a observação de redundâncias comportamentais e suas explicações inferidas, na forma de mitologias; isto é, estamos interessados em *como* o par se comporta sem ser distraído por *por quê* (eles crêem) assim se conduzem. Entretanto, se os indivíduos envolvidos se aproveitam dos níveis múltiplos de comunicação (s. 2.22) para expressar diferentes padrões em diferentes níveis, podem surgir resultados paradoxais de significativa importância pragmática (s. 5.41; 6.42, ex. 3; 7.5, ex. 2d).

2.64

As patologias potenciais (escalada em simetria e rigidez em complementaridade) desses modos de comunicação serão abordadas no próximo capítulo. De momento, podemos enunciar simplesmente o nosso último axioma conjetural: *Todas as permutas comunicacionais ou são simétricas ou complementares, segundo se baseiem na igualdade ou na diferença.*

### 2.7

Resumo

Quanto aos axiomas acima, em geral, algumas limitações devem ser aqui enfatizadas de novo. Primeiro, convém que fique claro terem sido propostos conjeturalmente, algo informalmente definidos e certamente a título mais preliminar do que exaustivo. Segundo, são entre eles muito heterogêneos, na medida em que os extraímos de uma vasta gama de observações sobre os fenômenos da comunicação. Foram unificados não pelas suas origens mas pela sua importância *pragmática,* a qual, por seu turno, assenta não tanto em seus particulares quanto em sua referência mais *interpessoal* do que monádica. Birdwhistell foi ainda mais longe, ao sugerir que

> um indivíduo não comunica; ele se envolve em comunicação ou torna-se parte da comunicação. Pode movimentar-se ou fazer ruídos (...) mas não comunica. De um modo paralelo, ele pode ver, pode ouvir, cheirar, provar ou sentir — mas não comunica. Por outras palavras, ele não origina a comunicação; participa dela. Portanto, a comunicação como sistema não deve ser entendida como um simples modelo de ação e reação, por mais complexamente que seja descrito. Como sistema, tem de ser compreendido no nível transacional. (28, pág. 104)

Assim, a impossibilidade de não comunicar faz com que todas as situações de duas-ou-mais-pessoas sejam *interpessoais*, comunicativas; o aspecto de relação de tal comunicação especifica ainda mais esse mesmo ponto. A importância pragmática, interpessoal, dos modos digital e analógico não reside no seu hipotético isomorfismo com o conteúdo e a relação mas na inevitável e significativa ambigüidade que tanto o emissor como o receptor enfrentam nos problemas de tradução de um modo para o outro. A descrição dos problemas de pontuação assenta, precisamente, na metamorfose latente do modelo clássico de ação--reação. Finalmente, o paradigma simetria-complementaridade é, talvez, o que mais se aproxima do conceito matemático de *função*, sendo as posições dos indivíduos, meramente, variáveis com uma infinidade de valores possíveis cujo significado não é absoluto mas, outrossim, se manifesta unicamente em relação de reciprocidade.

Capítulo 3

COMUNICAÇÃO PATOLÓGICA

3.1

INTRODUÇÃO

Cada um dos axiomas que acabamos de descrever subentende, como corolários, certas patologias inerentes que serão agora analisadas. Em nossa opinião, os efeitos pragmáticos desses axiomas podem ser melhor ilustrados se os relacionarmos com as perturbações que podem ocorrer na comunicação. Isto é, dados certos princípios de comunicação, examinaremos de que maneira e com que conseqüências esses princípios podem ser distorcidos. Ver-se-á que as conseqüências de tais fenômenos para o comportamento correspondem, freqüentemente, a várias psicopatologias individuais, de modo que, além de exemplificarmos a nossa teoria, estaremos também sugerindo uma outra estrutura dentro da qual poderemos observar o comportamento habitualmente tido por sintomático de doença mental. (As patologias de cada axioma serão consideradas na mesma seqüência do Capítulo 2, exceto no caso de algumas sobreposições inevitáveis, à medida que o nosso material vai ficando rapidamente mais complexo. [15])

---

(15) As transcrições de permutas verbais simplificam consideravelmente o material mas são, por essa mesma razão, basicamente insatisfatórias, porque transmitem pouco mais do que conteúdo lexical e estão desprovidas da maior parte do material analógico, como a inflexão de voz, a velocidade da fala, sua cadência e suas pausas, as tonalidades emocionais contidas no riso, no suspirar etc. Para uma análise semelhante de exemplos de interação, apresentada em forma escrita e gravada, cf. Watzlawick (157).

## 3.2

### A Impossibilidade de Não Comunicar

Já mencionamos antes (s. 2.23) o dilema do esquizofrênico, quando assinalamos que esses pacientes se comportam como se tentassem negar que estão comunicando e, depois, acham necessário negar também que a sua negativa seja, em si mesma, uma comunicação. Mas é igualmente possível que o paciente pareça *querer* comunicar sem que aceite, porém, o compromisso inerente a toda a comunicação. Por exemplo, uma jovem esquizofrênica apresentou-se no consultório de um psiquiatra para a sua primeira entrevista e anunciou jovialmente: "A minha mãe teve de casar e agora aqui estou". Foram necessárias semanas para elucidar os muitos significados que ela condensara naquela frase, significados que eram, ao mesmo tempo, desclassificados pelo seu formato críptico e pela exibição de aparente bom humor e vivacidade. A abertura dela, como se veria, tinha o propósito de informar o analista de que:

(1) ela era o fruto de uma gravidez ilegítima;
(2) esse fato causara, fosse como fosse, a sua psicose;
(3) "teve de casar", referindo-se à natureza precipitada do casamento de sua mãe, tanto podia significar que a mãe não era a culpada, porque a pressão social a forçara a aceitar o casamento, ou que a mãe tinha se ressentido da natureza forçada da situação e atribuía a culpa à existência dessa filha;
(4) "aqui" significava tanto o gabinete do psiquiatra como a existência da paciente no mundo; e, assim, subentendia-se que, por um lado, a mãe acabara fazendo dela uma "louca", enquanto que, por outro lado, ela tinha de ser eternamente grata à sua mãe, que pecara e sofrera tanto para pô-la no mundo.

### 3.21

"Esquizofrenês" é, pois, uma linguagem que deixa ao ouvinte fazer a escolha entre muitos significados possíveis, os quais são não só diferentes mas podem até ser mutuamente incompatíveis. Assim, torna-se possível negar qualquer ou todos os aspectos de uma mensagem. Se instada a esclarecer o que quisera dizer com a sua declaração, a paciente acima talvez respondesse, apenas, num tom displicente: "Oh, não sei. Devo estar maluca". Se lhe fosse pedida uma elucidação de qualquer dos aspectos da frase, ela poderia responder: "Oh, não, não foi isso o que eu quis dizer, absolutamente..." Mas, apesar de condensada de molde a impedir um reconhecimento imediato, a declaração da moça é uma descrição lógica e coerente da situação paradoxal em que ela se encontra e o próprio comentário *"devo estar maluca"* pode ser inteiramente adequado, tendo em vista a soma de auto-sugestão necessária para adaptar-se a esse universo paradoxal. Para uma análise detalhada da negação de comunicação em esquizofrenia, remetemos o leitor para Haley (60, págs. 89-99), onde é apresentada uma analogia sugestiva com os subgrupos clínicos da esquizofrenia.

### 3.22

A situação inversa existe em *Through the Looking Glass*, onde a comunicação direta e clara de Alice é corrompida pela "lavagem cerebral" das duas Rainhas, a Vermelha e a Branca. Alegam elas que Alice está tentando negar alguma coisa e atribuem isso ao seu estado mental:

— Tenho a certeza de que não foi essa a minha intenção — ia começar Alice; mas a Rainha interrompeu-a, impaciente.
— Ah, é justamente disso que eu me queixo! Devias ter uma intenção! Para que julgas tu que pode servir uma criança sem qualquer intenção? Até uma anedota deve ter intenção... e uma criança é mais importante do que uma anedota, assim espero. Não podes negar isso, mesmo que o tentasses de mãos juntas.
— Eu não nego coisas com as minhas mãos — objetou Alice.
— Ninguém disse que o fizesses — replicou a Rainha Vermelha.
— Eu disse que não poderias, mesmo que o tentasses.
— Ela está naquele estado de espírito — comentou a Rainha Branca — em que quer negar qualquer coisa, seja o que for... só que não sabe o que negar!
— Um temperamento perverso e deveras irritante — comentou a Rainha Vermelha. E então fez-se um silêncio incômodo por um minuto ou dois.

Não podemos deixar de nos maravilhar com a profundidade da intuição do autor sobre os efeitos pragmáticos desse gênero de comunicação ilógica, visto que, após um pouco mais dessa lavagem cerebral, ele deixou que Alice desmaiasse.

### 3.23

Contudo, o fenômeno em questão não está limitado aos contos de fadas nem à esquizofrenia. Tem implicações muito mais vastas para a interação humana. É concebível que a tentativa de não comunicar exista em qualquer outro contexto em que o compromisso inerente a toda a comunicação queira ser evitado. Uma situação típica desse gênero é o encontro de dois estranhos, um dos quais quer meter conversa e o outro não, por exemplo, dois passageiros de avião sentados um ao lado do outro. [16] Seja A o passageiro que não quer falar. Há duas coisas que ele não pode fazer: fisicamente, não pode abandonar o campo e também não pode *não* comunicar. A pragmática deste contexto comunicacional está, pois, reduzida a muito poucas reações possíveis:

### 3.231 "Rejeição" de Comunicação

O Passageiro A pode deixar claro ao passageiro B, mais ou menos indelicadamente, que não está interessado em conversa. Como, pelas regras do bom comportamento, isso é censurável, exigirá coragem e criará um silêncio algo tenso e embaraçoso, pelo que a relação com B não foi, de fato, evitada.

### 3.232 Aceitação de Comunicação

O passageiro A pode ceder e aceitar a conversa. Com toda a probabilidade, odiar-se-á e odiará a outra pessoa pela sua própria fraqueza, mas isto não nos interessa. O que é significativo é que ele se aperceberá depressa da sabedoria da regra do Exército, "No caso de captura, dê apenas o nome, posto e número de série", pois o passageiro B pode não estar disposto a parar a meio caminho; pode estar decidido a apurar tudo sobre A, incluindo seus pensamentos, sentimentos e convicções. E se A tiver começado a responder, achará cada vez mais difícil parar, um fato que é muito conhecido dos especialistas em "lavagem cerebral".

### 3.233 Desqualificação da Comunicação

A poderá se defender por meio da importante técnica de desqualificação, isto é, poderá comunicar de um modo que invalida a sua própria comunicação ou a do outro. As desqualificações abrangem uma vasta gama de fenômenos comunicacionais, como as declarações contraditórias, as incoerências, as mudanças bruscas de assunto, as tangencializações, as frases incompletas, as interpretações errôneas, o estilo obscuro ou os maneirismos de fala, as interpretações literais de metáforas e as interpretações

---

(16) Queremos sublinhar, uma vez mais, que para os fins da nossa análise comunicacional as *motivações* respectivas dos dois indivíduos não vêm ao caso.

metafóricas de comentários literais etc.[17] Um esplêndido exemplo desse tipo de comunicação é dado na cena de abertura do filme *Lolita*, quando Quilty, ameaçado por Humbert, de pistola em punho, entra num paroxismo de tagarelice verbal e não-verbal, enquanto o seu rival tenta em vão transmitir-lhe a sua mensagem: "Escute aqui, homem, eu vou dar-lhe um tiro!" (O conceito de motivação é de pouco préstimo para decidir se isso era puro pânico ou uma ardilosa defesa.) Um outro exemplo é a deliciosa peça de absurdo lógico, por Lewis Carroll, que é o poema lido pelo Coelho Branco:

> They told me you had been to her,
> And mentioned me to him:
> She gave me a good character,
> But said I could not swim.
>
> He sent them word I had not gone
> (We knew it to be true):
> If she should push the matter on,
> What would become of you?
>
> I gave her one, they gave him two,
> You gave us three or more;
> They all returned from him to you,
> Though they were mine before. *

E assim por diante, em mais três estrofes. Se compararmos isto agora com um excerto de uma entrevista com um indivíduo voluntário normal que está, obviamente, embaraçado em responder a uma pergunta que lhe é feita pelo entrevistador mas acha que *deve* responder, verificaremos que a sua comunicação é sugestivamente semelhante, tanto em sua forma como na pobreza do seu conteúdo:

---

(17) Internacionalmente, os italianos lideram o campo com a sua inimitável resposta "*ma...*" que, estritamente falando, significa "mas", embora possa ser usada como exclamação para expressar dúvida, concordância, discordância, perplexidade, indiferença, censura, desprezo, cólera, resignação, sarcasmo, negação e talvez uma dúzia mais de coisas e, portanto, em última análise, nada — no que diz respeito ao conteúdo.

(*) Limito-me a dar uma tradução *literal* do poema: "Eles disseram-me que você tinha estado com ela/ E mencionou-me a ele:/ Ela atribuiu-me um bom caráter,/ Mas disse que eu não podia nadar./ Ele comunicou-lhes que eu não tinha ido/ (Nós sabíamos ser verdade):/ Se ela levasse a questão por diante,/ O que seria de você?/ Eu dei-lhe a ela um, eles deram-lhe a ele dois,/ Você deu-nos três ou mais;/ Todos voltaram dele para você,/ Embora fossem meus antes" (N. do T.).

> Entrevistador: Como vão as coisas, Sr. R., com os seus pais vivendo na mesma cidade que o senhor e sua família?
> Sr. R.: Bem, nós tentamos... hum, quer dizer, muito pessoalmente... hum, eu prefiro que Mary [sua esposa] tome a iniciativa, em vez de eu tomar a iniciativa ou coisa assim. Gosto de os ver mas procuro mostrar que não levo isso muito a peito, ficar correndo para lá ou que eles venham... eles sabem isso muito bem... oh, foi sempre assim, antes de Mary e eu nos conhecermos, e era um fato perfeitamente aceito — em nossa família, eu era filho único — e eles sempre preferiram, tanto quanto possível, sempre, ah, não interferir. Eu não acho que exista... em todo o caso eu acho que existe sempre um... uma corrente latente em qualquer família, não interessa se é a nossa família ou qualquer família. E é uma coisa que Mary e eu sentimos quando nós ...nós somos ambos um tanto perfeccionistas. E, ah, de fato, somos muito... nós somos... somos re... rígidos nessas coisas... esperamos isso dos filhos e achamos que se temos de meter o nariz... quer dizer, se, ah, podemos interferir com os parentes da mulher e ela com os do marido, achamos nós... já vimos outros com esse problema e nós... é uma coisa que a minha família sempre evitou mas, ah... e, hum, o caso aqui... Bom, eu não diria que somos arredios, hum... insociáveis com os velhos. (157, págs. 20-21)

Não é surpreendente que este tipo de comunicação seja aquele a que recorre qualquer pessoa apanhada numa situação em que se sente obrigada a comunicar mas, ao mesmo tempo, quer evitar o compromisso inerente a toda comunicação. Do ponto de vista comunicacional não existe, portanto, uma diferença essencial entre o comportamento de um indivíduo chamado normal que caiu nas mãos de um entrevistador experiente e o de um indivíduo mentalmente perturbado que se defronta com idêntico dilema: não pode abandonar o campo, não pode *não* comunicar mas, presumivelmente, por razões pessoais e íntimas, receia ou tem relutância em comunicar. Num caso ou outro, o resultado provável será um tagarelar desconexo, exceto que, no caso do paciente mental, o entrevistador, se for um psicólogo de profundidade com pendores simbólicos, será propenso a encarar tais manifestações exclusivamente em termos de inconsciente, ao passo que, para o paciente, essas comunicações podem ser uma boa maneira de manter satisfeito o seu entrevistador mediante a arte sutil de nada dizer dizendo alguma coisa. Analogamente, uma análise em termos de "deterioração cognitiva" ou "irracionalidade" ignora a necessária consideração do *contexto* numa avaliação de tais comunicações.[18] Assinalemos, uma vez mais, o fato de que, na extremidade clínica do espectro comportamental, a comunicação "maluca" não é, necessariamente, uma manifestação de mente enferma e pode ser a única reação possível a um contexto absurdo ou insustentável de comunicação.

3.234 *O Sintoma Como Comunicação*

Finalmente, há uma quarta resposta que o passageiro A pode usar para defender-se da loquacidade de B: pode fingir sono, surdez, embriaguez, ignorância do idioma de B ou qualquer outro defeito ou incapacidade que torne a comunicação justificadamente impossível. Portanto, em todos esses casos, a mensagem é a mesma, notadamente: "*Eu* não me importaria de falar consigo mas algo mais forte do que eu, pelo qual não posso ser responsabilizado, impede-me." Esta invocação de poderes ou razões superiores ao controle da pessoa ainda tem um busílis: A sabe que, realmente, está fazendo trapaça. Mas o "truque" torna-se perfeito, uma vez que a pessoa *se convenceu* de que está à mercê de forças acima do seu controle e, por conseguinte, se libertou tanto da censura dos outros significantes como dos seus próprios rebates de consciência. Isto, contudo, é apenas um modo mais complicado de dizer que ele tem um sintoma (psiconeurótico, psicossomático ou psicótico). Margaret Mead, ao descrever a diferença entre as personalidades americana e russa, observou que um americano poderia usar a desculpa de uma dor de cabeça para evitar ir a uma festa, mas o russo *teria* realmente a dor de cabeça. Em psiquiatria, Fromm-Reichmann, num artigo pouco conhecido, assinalou o uso de sintomas catatônicos como comunicação (51) e, em 1954, Jackson indicou a utilidade do uso pelo paciente de sintomas histéricos na comunicação com sua família (67). Para estudos minuciosos dos sintomas como comunicação, remetemos o leitor para Szasz (151) e Artiss (3).

Poderá parecer que esta definição comunicacional de um sintoma contém uma suposição discutível, a de que uma pessoa pode se convencer a si mesma dessa maneira. Em vez do argumento pouco convincente de que a experiência clínica cotidiana corrobora essa suposição, preferimos mencionar os experimentos de McGinnies sobre "defesa perceptual" (102). Um sujeito é

---

(18) A este respeito, remetemos o leitor para uma análise comunicacional do conceito psicanalítico de "transferência", que pode ser considerado a única resposta possível a uma situação sumamente impossível. Cf. Jackson e Haley (76), que também é analisado em s. 7.5, exemplo 2.

colocado diante de um taquistoscópio, um dispositivo mediante o qual as palavras podem ser visíveis por brevíssimos períodos de tempo num pequeno visor. O limiar do sujeito é determinado por algumas palavras de teste e, depois, ele é instruído a relatar ao experimentador tudo o que vir ou pensar que viu em cada exposição subseqüente. A lista de palavras usadas no experimento compõe-se de palavras neutras e "críticas", isto é, palavras com carga emocional, por exemplo, estupro, imundície, prostituta. Uma comparação entre o desempenho do sujeito com palavras neutras e palavras críticas mostra, significativamente, limiares mais elevados de reconhecimento para as segundas, quer dizer, ele "vê" menos desses vocábulos. Mas isto significa que, a fim de apresentar mais falhas nas palavras socialmente consideradas tabus, o sujeito tem que identificá-las primeiro como tais e depois, de algum modo, convencer-se de que é incapaz de as ler. Assim, ele se poupa o embaraço que representaria recitá-las em voz alta para o experimentador. (A este respeito, convém mencionar que, de um modo geral, os testes psicológicos devem levar em conta o contexto comunicacional desses testes. Não padece dúvida, por exemplo, que deve fazer muita diferença para o sujeito e seu desempenho se ele tem de comunicar com um velho e autoritário professor, com um robô ou com uma loura esplendorosa. De fato, as recentes e meticulosas investigações de Rosenthal sobre as inclinações do experimentador (por exemplo, 130) confirmaram que uma comunicação complexa e sumamente eficaz, se bem que ainda não especificável, transpira até nos experimentos rigidamente controlados.)

Recapitulemos. A teoria da comunicação concebe um sintoma como uma mensagem não-verbal: Não sou eu quem não quer (ou quer) fazer isto; é algo fora do meu controle; por exemplo, os meus nervos, a minha ansiedade, a minha doença, a minha vista deficiente, o álcool, o modo como fui criado, os comunistas ou a minha mulher.

## 3.3

A Estrutura dos Níveis de Comunicação

(Conteúdo e Relação)

Um casal em terapia conjugal conjunta relatou o seguinte incidente. O marido, quando estava sozinho em casa, recebeu um telefonema interurbano de um amigo que o informou estar chegando àquela região para passar alguns dias. O marido imediatamente convidou o amigo para ficar hospedado em sua casa, sabendo que sua esposa também teria prazer em recebê-lo e que, portanto, teria feito a mesma coisa. Contudo, quando a esposa chegou em casa irrompeu uma acerba discussão entre os dois por causa do convite feito pelo marido ao amigo. Quando o problema foi explorado na sessão terapêutica, tanto o marido como a esposa concordaram em que convidar o amigo era a coisa mais apropriada e natural a fazer. Ficaram perplexos ao ver que, por um lado, concordavam e, no entanto, "fosse como fosse", discordavam sobre o que parecia ser a mesma questão.

3.31

Na realidade, havia dois pontos envolvidos na disputa. Um envolvia o curso apropriado de ação numa questão prática, isto é, o convite, e podia ser comunicado digitalmente; o outro dizia respeito às relações entre os comunicantes — a questão de quem tinha o direito de tomar a iniciativa sem consultar o outro — e não podia ser facilmente resolvido em termos digitais, porquanto pressupunha a capacidade do marido e da mulher para *falar sobre* suas relações. Na tentativa de resolver o desacordo, esse casal cometeu um equívoco muito comum em sua comunicação: discordava no nível metacomunicacional (relação) mas tentou resolver o desacordo no nível de conteúdo, onde ele não existia, o que os levou a pseudodesacordos. Um outro marido, também observado em terapia conjunta, conseguiu descobrir por si mesmo e definir em suas próprias palavras a diferença entre os níveis de conteúdo e de relação. Ele e sua esposa tinham muitas e violentas altercações simétricas, usualmente baseadas na questão de quem estava certo a respeito de algum assunto de conteúdo trivial. Um dia, ela conseguiu provar-lhe concludentemente que ele estava fatualmente errado e o marido retorquiu: "Bom, você pode ter razão, mas está errada *porque está discutindo comigo.*" Qualquer psicoterapeuta está familiarizado com estas confusões entre os aspectos de conteúdo e de relação de uma questão, especialmente em comunicação marital, e com a enorme dificuldade de diminuir a confusão. Enquanto que para o terapeuta a monótona redundância de pseudodesacordos entre maridos e esposas torna-se evidente com bastante rapidez, os protagonistas, usualmente, vêem-nos isoladamente e como se fossem totalmente novos, apenas porque as questões práticas e objetivas envolvidas podem ser tiradas de uma vasta gama de atividades, desde os programas da TV até ao creme dental e o sexo. Esta situação foi magistralmente descrita por Koestler:

> As relações de família pertencem a um plano onde as regras comuns de raciocínio e conduta não se aplicam. São um labirinto de tensões, brigas e reconciliações, cuja lógica é autocontraditória, cuja ética promana de uma confortável selva e cujos valores e critérios são distorcidos como o espaço curvo de um universo contido em si mesmo. É um universo saturado de recordações — *mas recordações das quais não são extraídas lições; saturadas de um passado que não fornece orientação para o futuro. Pois, nesse universo, depois de cada crise e reconciliação, o tempo sempre começa* de novo, e a história está sempre no ano zero. (86, pág. 218; o grifo é nosso.)

3.32

O fenômeno de desacordo fornece um bom quadro de referência para o estudo dos distúrbios de comunicação devidos à confusão entre conteúdo e relação. O desacordo pode surgir no nível de conteúdo ou no de relação e as duas formas dependem uma da outra. Por exemplo, o desacordo sobre o valor de verdade da declaração "O urânio tem 92 elétrons" só pode ser resolvido, evidentemente, recorrendo a uma prova objetiva, por exemplo, um compêndio de química, mas isso não só prova que o átomo de urânio tem, de fato, 92 elétrons mas que um dos contestantes estava certo e o outro errado. Desses dois resultados, o primeiro resolve o desacordo no nível de conteúdo e o outro cria um problema de relação. Ora, obviamente, para resolver esse novo problema, os dois indivíduos não podem continuar falando sobre átomos; têm de começar a falar sobre eles próprios e suas relações. Para tanto, devem chegar a uma definição de suas relações como simétricas ou complementares; por exemplo, o que estava errado pode admirar o outro por seus conhecimentos superiores ou ressentir a sua superioridade e resolver "ir à forra" na próxima ocasião possível, a fim de restabelecer a igualdade. [19] É claro, se ele não puder esperar pela próxima ocasião, poderá usar a abordagem "A lógica que vá para o diabo" e tentar ficar por cima afirmando que o número 92 foi um erro de imprensa ou que um cientista seu amigo acabou de provar que o número de elétrons é realmente insignificante etc. Um belo exemplo dessa técnica é fornecido pelos ideólogos partidários da Rússia

---

[19] Uma ou outra dessas possibilidades poderá ser apropriada ou inapropriada, "boa" ou "má", dependendo das relações envolvidas.

e da China com suas interpretações sutis do que Marx "realmente" disse, a fim de demonstrarem que os maus marxistas são os outros. Em tais debates, as palavras podem acabar perdendo seus derradeiros vestígios de significado de conteúdo e converter-se exclusivamente em instrumentos de "ascendente pessoal", [20] como foi expresso com admirável clareza por Humpty Dumpty:

— Não sei o que você entende por 'glória' — disse Alice.
Humpty Dumpty sorriu desdenhosamente.
— É claro que não sabes... enquanto ou não te disser. Eu quis dizer 'há um belo e demolidor argumento para ti'!
— Mas 'glória' não significa 'um belo e demolidor argumento'! — objetou Alice.
— Quando *eu* uso uma palavra — disse Humpty Dumpty, num tom de desprezo, — eu quero dizer o que eu decidi que a palavra significa... nem mais nem menos.
— A questão é — disse Alice — se você *pode* fazer com que as palavras signifiquem coisas tão diferentes.
— A questão é — replicou Humpty Dumpty — *quem é que vai mandar*, eu ou as palavras. Só isso. (O último grifo é nosso.)

3.33 — DEFINIÇÃO DE EU E OUTRO

Suponhamos, agora, que a mesma declaração sobre urânio é feita por um físico a outro. Uma espécie muito diferente de interação poderá resultar, visto que a resposta do outro será, muito provavelmente, de irritação, choque ou sarcasmo — "Eu sei que você está pensando que eu sou um completo idiota, mas acontece que eu andei estudando durante alguns anos..." ou coisa parecida. O que é diferente nesta interação é o fato de que não existe desacordo no nível de conteúdo. O valor de verdade da afirmação não é contestado; de fato, a afirmação não transmite, realmente, informação alguma, porquanto o que ela diz, no nível de conteúdo, é conhecido de ambos os parceiros. É este fato — a concordância no nível de conteúdo — que remete, claramente, o desacordo para o nível de relação, por outras palavras, para o domínio da metacomunicação. Aí, contudo, o desacordo equivale a algo que é pragmaticamente mais importante do que a discordância no nível de conteúdo. Como já vimos, as pessoas, no nível de relação, não comunicam sobre fatos situados fora de suas relações mas oferecem-se mutuamente definições

---

[20] S. Potter, que pode ser creditado pela introdução da expressão, fornece muitas ilustrações perspicazes e divertidas desse ponto (116).

dessa relação e, por implicação, delas próprias.[21] Como já foi mencionado em s. 2.3, essas definições têm sua própria hierarquia de complexidade. Assim, para tomarmos um ponto de partida arbitrário, a pessoa P pode oferecer à outra, O, uma definição de eu. P poderá fazê-lo em uma ou outra de muitas maneiras possíveis, mas seja o que for e como for que ele comunique no nível de conteúdo, o protótipo da sua metacomunicação será "Isto é como eu vejo a mim próprio."[22] Está na natureza da comunicação humana que existam agora três respostas de O à autodefinição de P e todas as três são de grande importância para a pragmática da comunicação humana.

### 3.331 Confirmação

O pode aceitar (confirmar) a definição de eu de P. Segundo entendemos, essa confirmação por O do conceito de eu de P é, provavelmente, o maior fator que, por si só, assegura o desenvolvimento e a estabilidade mentais que se destacaram, até este momento, do nosso estudo de comunicação. Por muito surpreendente que isso possa parecer, sem esse efeito de autoconfirmação a comunicação humana dificilmente evoluiria além das fronteiras muito limitadas das permutas indispensáveis à proteção e sobrevivência; não haveria motivos para a comunicação pela mera comunicação. Entretanto, a experiência cotidiana não deixa margem para dúvidas de que uma grande parcela das nossas comunicações é dedicada, precisamente, a esse propósito. A vasta gama de emoções que os indivíduos sentem em relação uns aos outros — desde o amor ao ódio — provavelmente não existiria e viveríamos num mundo desprovido de tudo, exceto as atividades mais utilitárias, um mundo vazio de beleza, poesia, jogo e humor.

---

(21) Cf. Cumming:

Eu propus que grande parte daquilo a que Langer se referiu como "a pura expressão de idéias" ou atividade simbólica em si é, em pessoas normais, a função de constante reconstrução do conceito de eu, de oferecimento desse conceito de eu a outros para ratificação e de aceitação ou rejeição das ofertas conceituais de eu dos outros.

Além disso, pressupus que o conceito de eu tem de ser continuamente reconstruído se quisermos existir como pessoas e não como objetos; e, principalmente, o conceito de eu é reconstruído em atividade comunicativa. (35, pág. 113).

(22) Realmente, isto deve ser lido assim: "Eis como eu vejo a mim próprio *em relação com você nesta situação*", mas nós omitiremos no que se segue a parte grifada, por uma questão de simplicidade.

Parece que, à parte a mera troca de informação, o homem *tem* de comunicar com outros para ganhar consciência do seu próprio eu e a verificação experimental desse pressuposto intuitivo está sendo cada vez mais fornecida pelas pesquisas sobre privação sensorial, mostrando que o homem é incapaz de manter a sua estabilidade emocional durante períodos prolongados em comunicação exclusiva consigo mesmo. Cremos que o que os existencialistas definem como o *encontro* pertence aqui, assim como qualquer outra forma de crescente consciência do eu que ocorra em resultado da consecução de relações com um outro indivíduo. Escreve Martin Buber:

> Na sociedade humana, em todos os seus níveis, as pessoas confirmam-se entre si de um modo prático, nesta ou naquela medida, em suas qualidades e capacidades pessoais, e uma sociedade pode ser considerada humana na medida em que os seus membros se confirmam reciprocamente (...).
> A base da vida do homem com o homem é dupla e é una: o desejo de todos os homens de serem confirmados pelo que são, mesmo pelo que podem vir a ser, pelos demais homens; e a capacidade inata do homem de confirmar os seus semelhantes dessa maneira. Que essa capacidade está tão incomensuravelmente postergada constitui a verdadeira fraqueza e discutibilidade da raça humana; a humanidade real só existe onde essa capacidade se revela. (32, págs. 101-2.)

### 3.332 Rejeição

A segunda resposta possível de O, diante da definição de eu de P, é rejeitá-la. Contudo, a rejeição, por muito penosa que seja, pressupõe, pelo menos, o reconhecimento limitado do que está sendo rejeitado e, portanto, não nega, necessariamente, a realidade do conceito de eu de P. De fato, certas formas de rejeição podem ser até construtivas, como é, por exemplo, o caso da recusa do psiquiatra em aceitar a definição de eu de um paciente, na situação de transferência, em que o paciente pode, tipicamente, tentar impor o seu "jogo de relações" ao terapeuta. Neste ponto, remetemos o leitor para dois autores que, dentro de suas próprias estruturas conceituais, escreveram extensamente sobre o assunto, Berne (23, 24) e Haley (60).

### 3.333 Desconfirmação

A terceira possibilidade é, provavelmente, a mais importante, tanto do ponto de vista pragmático como psicopatológico. É o fenômeno de desconfirmação, o qual, como veremos, difere muito da rejeição frontal da definição de eu do outro. Baseamo-nos aqui, em parte, no material apresentado por Laing (88), do

*Tavistock Institute of Human Relations*, de Londres, em aditamento às nossas próprias conclusões no campo da comunicação esquizofrênica. Laing cita William James, que certa vez escreveu: "Não podia ser inventada uma punição mais diabólica, mesmo que tal coisa fosse fisicamente possível, do que soltar um indivíduo na sociedade e permanecer absolutamente ignorado por todos os membros dessa sociedade" (88, pág. 89). Não resta dúvida de que uma tal situação levaria à "perda do eu", que nada mais é do que uma tradução do termo "alienação". A desconfirmação, tal como a encontramos na comunicação patológica, deixa de se interessar pela verdade ou falsidade — se acaso tais critérios existem — da definição de eu de P mas, pelo contrário, nega a realidade de P como fonte de tal definição. Por outras palavras, enquanto que a rejeição equivale à mensagem "Você está errado", a desconfirmação diz, com efeito, "Você não existe". Ou, para usarmos termos mais rigorosos, se a confirmação e rejeição do eu do outro fossem igualadas, em lógica formal, aos conceitos de verdade e falsidade, respectivamente, então a desconfirmação corresponderia ao conceito de indecisão, o qual, como se sabe, é de uma diferente ordem lógica. [23]

---

(23) Por vezes — raramente, admite-se — a indecisão literal pode desempenhar um papel destacado numa relação, como se pode ver pela seguinte transcrição de uma sessão de terapia conjunta. O casal em questão procurara ajuda por causa de as suas brigas, às vezes violentas, os deixarem profundamente preocupados sobre o seu fracasso mútuo como esposos. Estavam casados há vinte e um anos. O marido era um eminente homem de negócios. No início desta entrevista, a esposa tinha acabado de comentar que, em todos esses anos de matrimônio, ela nunca soubera a quantas andava com o marido.

> Psiquiatra: De modo que a senhora está dizendo nunca ter obtido do seu marido as pistas de que necessitava para saber se estava tendo um bom desempenho.
> Esposa: Exato.
> Psiquiatra: Dan critica-a quando a senhora precisa de crítica, quer dizer, positiva ou negativa?
> Marido: Eu raramente a critico...
> Esposa (sobrepondo-se): Ele raramente critica.
> Psiquiatra: Bom, como... como é que sabem se...
> Esposa (interrompendo): Ele elogia. (Risada breve.) Isso é que me deixa por conta... Se eu cozinho alguma coisa e a deixo queimar... bem, ele diz, realmente "está uma beleza". Se eu faço alguma coisa superbacana... bom, ele diz "está uma beleza". Eu já lhe disse que assim nunca sei se alguma coisa que eu faço ou digo está bem ou não... Não sei se ele está me criticando ou elogiando. Porque ele pensa que elogiando-me

Citando Laing:

> O padrão característico de família que surgiu do estudo de famílias de esquizofrênicos não envolve tanto uma criança sujeita a uma completa negligência ou mesmo a óbvios traumas quanto uma criança cuja autenticidade foi submetida a uma sutil mas persistente mutilação, muitas vezes de maneira inteiramente inadvertida. (pág. 91)
> A conseqüência básica disso é que (...) quando não interessa como [uma pessoa] sente ou como atua, quando não interessa que significado ela dá à sua situação, os seus sentimentos ficam privados de validade, os seus atos despojados de motivos, intenções e conseqüências, a situação fica destituída de significado para ela, de modo que a pessoa é totalmente mistificada e alienada. (págs. 135-6)

E agora um exemplo específico que foi publicado em grande detalhe em outro lugar (78). Foi extraído de uma sessão de psicoterapia conjunta com uma família inteira, composta dos pais, um filho de vinte e cinco anos, Dave (que foi diagnosticado oficialmente como esquizofrênico, pela primeira vez, aos vinte anos, durante o seu serviço militar, e vivera daí em diante em casa até cerca de um ano antes dessa entrevista, quando fora hospitalizado) e um filho de dezoito anos, Charles. Quando a discussão se centrou em como as visitas de fim de semana do paciente enervavam a família, o psiquiatra sublinhou que parecia como se Dave fosse solicitado a suportar o intolerável fardo da solicitude de toda a família. Assim, Dave tornou-se o único indicador de como as coisas corriam, bem ou mal, no fim de semana. Surpreendentemente, o paciente abordou imediatamente esse ponto:

1. Dave: Bem, eu sinto que, às vezes, os meus pais, e Charles também, são muito sensíveis ao modo como eu possa me sentir, talvez ostensivamente sensíveis ao modo como eu me sinto, porque eu... eu não bagunço tudo quando chego em casa nem a faço ir pelos ares ou...
2. Mãe: Hum. Dave, você tem sido assim desde que recebeu o carro... mas *antes* era o que fazia.
3. Dave: Bem, eu sei que fazia...

---

eu sou incentivada a fazer melhor e quando eu mereço um elogio, ele... está sempre me elogiando, é isso... de modo que eu perdi o valor do elogio.
Psiquiatra: Quer dizer, então, que não sabe a quantas anda com alguém que elogia sempre...
Esposa (interrompendo): Não, eu não sei se ele está me censurando ou se realmente me elogia de verdade.

O que torna este exemplo tão interessante é que, embora ambos os esposos estejam, evidentemente, cônscios do padrão em que se encontram enredados, essa consciência não os ajuda em nada a fazer alguma coisa para se libertarem.

4. Mãe (sobrepondo-se): Sim, mas mesmo assim... recentemente, as duas últimas vezes depois que recebeu o carro.
5. Dave: Tá bom, OK, seja como for, ah (suspira) ...eu gostaria que eu não tivesse de ser desse jeito, eu acho que seria bom se eu pudesse me divertir ou coisa parecida... (suspira; pausa)
6. Psiquiatra: Você sabe que mudou a sua história a meio caminho, quando a sua mãe é amável com você. O que é compreensível mas, na sua posição, você, simplesmente, não pode permitir-se fazê-lo.
7. Dave: Hum.
8. Psiquiatra: Isso faz você ficar ainda mais desligado.
9. Mãe: Mas o que foi que ele mudou?
10. Psiquiatra: Bem, eu *não posso* ler na mente dele, de modo que não sei o que é que ele ia dizer, precisamente... Tenho uma idéia geral, creio, baseada na experiência...
11. Dave (interrompendo): Bom, é simplesmente a história de que eu sou o doente da família e isso dá a todos os demais... uma chance de bancarem os bons samaritanos e de animar o pobre Dave, *quer o estado de espírito de Dave esteja necessariamente embaixo ou não*. É o que isso significa, às vezes, creio eu. Por outras palavras, eu não posso ser outra coisa senão eu mesmo e *se as pessoas não gostam de mim como elas são — ah, como eu sou*... então eu aprecio quando elas me falam ou dizem alguma coisa, é o que isso quer dizer. (78, pág. 89)

O *lapsus linguae* do paciente elucida o seu dilema: "Eu não posso ser outra coisa senão eu mesmo" foi o que ele disse mas a questão fica, eu mesmo é "Eu" ou "eles"? Chamar a isso, simplesmente, uma prova de "débeis fronteiras do ego" ou coisa parecida é ignorar o fato interacional de desconfirmação que acabamos de apresentar, não só no relato de Dave sobre as suas visitas de fim de semana mas também pela imediata desconfirmação da mãe *no presente exemplo* (declarações 1-5) sobre a validade da impressão de Dave. À luz da desconfirmação presente e relatada do seu eu, o lapso do paciente surge em um novo aspecto.

3.34 — NÍVEIS DE PERCEPÇÃO INTERPESSOAL

Finalmente, estamos prontos a retornar à hierarquia de mensagens que se observa quando as comunicações são analisadas no nível de relações. Vimos que a definição de eu de P ("Isto é, como eu vejo a mim próprio") pode encontrar uma das três respostas possíveis de O: confirmação, rejeição ou desconfirmação. (Esta classificação, é claro, é virtualmente a mesma que se usou nas seções 3.231-3.233). Ora, essas três respostas têm um denominador comum, isto é, através de qualquer uma delas O comunica: "Isto é como eu estou vendo você".[24]

Portanto, há no discurso, no nível metacomunicacional, uma mensagem de P para O: "Isto é como eu vejo a mim próprio". Segue-se uma mensagem de O para P: "Isto é como eu estou vendo você". A esta mensagem P responderá com uma mensagem afirmando, entre outras coisas, "Isto é como eu vejo que você está me vendo" e O, por sua vez, com a mensagem, "Isto é como eu vejo que você está vendo que eu o vejo". Como já foi sugerido, esta regressão é teoricamente infinita, enquanto que, para fins práticos, deve-se pressupor que é impossível tratar com mensagens de uma ordem de abstração superior à última mencionada. Ora, convém notar que qualquer uma dessas mensagens pode estar sujeita pelo recipiente à mesma confirmação, rejeição ou desconfirmação acima descrita e que o mesmo é válido, é claro, para a definição de eu de O e o subseqüente discurso metacomunicacional simultâneo com P. Isto leva a contextos comunicacionais cuja complexidade facilmente fará a imaginação vacilar mas que, no entanto, têm conseqüências pragmáticas muito específicas.

3.35 — IMPERMEABILIDADE

Ainda não se sabe muita coisa sobre essas conseqüências mas pesquisas muito promissoras nessa área estão sendo realizadas por Laing, Phillipson e Lee, que nos autorizaram a citar aqui alguns dos seus resultados de um estudo inédito (93).[25] A desconfirmação do eu pelo outro é, principalmente, o resultado de um desconhecimento peculiar das percepções interpessoais, chamada impermeabilidade e definida por Lee da seguinte maneira:

---

(24) À primeira vista, esta fórmula pode não parecer ajustada ao conceito de desconfirmação que acabamos de descrever. Contudo, em última análise, até a mensagem "Para mim, você não existe como uma entidade particular" equivale a "Isto é como eu estou vendo você: Você não existe". O fato de isto ser paradoxal não significa que não possa ocorrer, como será estudado em detalhe no Capítulo 6.

(25) Demasiado recente para ser incluído nesta apresentação, os autores acima publicaram suas conclusões sobre o assunto em forma de livro: R. D. Laing, H. Phillipson e A. R. Lee, *Interpersonal Perception. A Theory and Method of Research*, Nova Iorque, Springer Publishing Company, 1966. A plena estrutura teórica e um imaginativo método de quantificação foram elaborados nessa obra sumamente original.

O que nos interessa é o aspecto de consciência e inconsciência. Para que ocorra uma interação adequada e fácil, cada parte deve registrar o ponto de vista da outra. Como a percepção interpessoal se desenvolve em muitos níveis, também a impermeabilidade pode ocorrer em muitos níveis. Pois para cada nível de percepção existe um comparável e análogo nível de impercepção ou impermeabilidade possível. Sempre que existe uma falta de consciência precisa, ou impermeabilidade, as partes numa díade relacionam-se em torno de pseudoquestões... Alcançam uma suposta harmonia que não existe ou argumentam sobre discordâncias hipotéticas que tampouco existem. É isto que eu considero ser a situação característica na família do esquizofrênico: ela está constantemente edificando relações harmoniosas nas areias movediças de pseudo-acordos ou então tem violentas discussões na base de pseudodesacordos.

Lee passa então a mostrar que a impermeabilidade pode existir no primeiro nível da hierarquia, isto é, à mensagem de P, "Isto é como vejo a mim próprio", O responde "Isto é como eu vejo você", de um modo que não é congruente com a definição de eu de P. Então, P pode concluir que O não o compreende (ou aprecia, ou ama), enquanto que O, por outro lado, pode supor que P sente-se compreendido (ou apreciado, ou amado) por ele (O). Neste caso, O não discorda de P mas ignora ou interpreta mal a mensagem de P e, assim, é coerente com a nossa definição de desconfirmação. Pode-se dizer que existe uma impermeabilidade de segundo nível quando P não registra que a sua mensagem não chegou a O; isto é, P não transmite acuradamente "Isto é como eu vejo que você me vê [neste caso, me interpreta mal]." Portanto, neste nível, ocorre uma impermeabilidade à impermeabilidade.

Com base em seus estudos de famílias com um membro esquizofrênico, Lee descreve uma importante conclusão sobre a pragmática deste tipo de comunicação:

O padrão típico é que a impermeabilidade parental existe no nível N.º 1, enquanto que a impermeabilidade do esquizofrênico existe no nível N.º 2. Isto é, tipicamente, o pai ou a mãe não registra o ponto de vista do filho, enquanto que o filho não registra que o seu ponto de vista não foi (e talvez não possa ser) registrado.

Mais freqüentemente, o pai ou a mãe parece manter-se impermeável ao ponto de vista do filho por achar que o mesmo não lhe é lisonjeiro ou porque não se ajusta ao seu sistema de valores. Isto é, o pai (ou mãe) insiste em que a criança acredita no que ele (ou ela) acha que o filho "deve" acreditar. Este, por seu turno, não reconhece isso. Acredita que a sua mensagem foi transmitida e compreendida, e atua nessa conformidade. Numa tal situação, ele será fatalmente confundido pela interação subseqüente. Sente-se como se estivesse continuamente esbarrando de encontro a uma invisível mas sólida parede de vidro. Isto resulta numa sensação contínua de mistificação, que leva à consternação e, finalmente, ao desespero. Em última análise, ele sente que a vida não faz sentido algum.

Uma tal criança esquizofrênica, durante a psicoterapia, apercebeu-se finalmente desse estado de coisas e formulou o seu dilema desta maneira: "Sempre que eu discordo da minha mãe, ela parece dizer para si mesma, 'Oh, eu sei o que estás dizendo alto mas sei que não é o que *realmente* pensas no íntimo'. E então trata de esquecer o que eu acabei de dizer."

Uma rica variedade de ilustrações clínicas de impermeabilidade no nível de relações, tal como acabamos de descrever, pode ser lida em Laing e Esterson (90). Um exemplo é dado na Figura 1.

FIGURA 1

"IMPERMEABILIDADE" NUMA FAMÍLIA ESQUIZOFRÊNICA [26]

| ALGUMAS ATRIBUIÇÕES FEITAS PELOS PAIS SOBRE O PACIENTE | ATRIBUIÇÕES DO PACIENTE SOBRE SI PRÓPRIO |
|---|---|
| Sempre satisfeito. | Freqüentemente deprimido e assustado. |
| O seu eu real é animado e jovial. | Mantém uma fachada. |
| Não há desarmonia na família. | Desarmonia tão completa que é impossível dizer coisa alguma aos pais. |
| Nunca lhe fizeram restrições severas. | Pelo sarcasmo, rogos, ridículo, tentaram governar todos os aspectos importantes de sua vida. |
| Pensa pela própria cabeça. | Certo, num determinado sentido, mas ainda muito aterrorizado pelo pai para confiar-lhe os seus reais sentimentos; ainda se sente controlado por ele. |

## 3.4

A Pontuação da Seqüência de Eventos

> Ele riu porque pensou que não eram capazes de atingi-lo. Não podia imaginar que eles estavam se exercitando em como não atingi-lo. — BRECHT.

---

[26] Adaptado de Laing e Esterson (90, pág. 188).

Alguns exemplos das complicações potenciais inerentes nesse fenômeno já foram apresentados no capítulo precedente. Mostram que as discrepâncias não resolvidas na pontuação das seqüências comunicacionais podem redundar diretamente em impasses interacionais em que, finalmente, as acusações mútuas de loucura ou maldade são proferidas.

3.41

As discrepâncias na pontuação de seqüências de eventos ocorrem, é claro, em todos aqueles casos em que, pelo menos, um dos comunicantes não possui a mesma soma de informação do outro mas não o sabe. Um simples exemplo de tal seqüência seria o seguinte: P escreve uma carta a O, propondo um empreendimento conjunto e convidando O a participar. O responde afirmativamente mas a carta perde-se no correio. Decorrido algum tempo, P conclui que O ignorou o seu convite e resolve, por sua vez, desprezá-lo. O, por outro lado, sente-se ofendido porque a sua resposta foi ignorada e também decide não voltar a ter contatos com P. A partir desse ponto, a hostilidade silenciosa pode durar para sempre, a menos que eles decidam investigar o que aconteceu às suas comunicações, isto é, a menos que comecem metacomunicando. Só então eles descobrirão que P não sabia que O tinha respondido, ao passo que O ignorava que a sua resposta nunca chegara às mãos de P. Como se pode ver neste exemplo, um evento fortuito exterior interferiu com a congruência da pontuação.

Um dos autores experimentou esse fenômeno de pontuação discrepante quando, certa vez, se candidatou a assistente de um instituto de pesquisas psiquiátricas. Na hora marcada, ele apresentou-se no gabinete do diretor para a sua entrevista e a seguinte conversa teve lugar com a recepcionista:

> Visitante: Boa tarde, tenho uma entrevista marcada com o Dr. H. O meu nome é Watzlawick [VAHT-sla-vick].
> Recepcionista: Eu não disse que era.
> Visitante (colhido de surpresa e algo irritado): Mas eu estou dizendo que *é*.
> Recepcionista (perplexa): Então por que disse que não era?
> Visitante: Mas eu *disse* que era!

Neste ponto, o visitante já tinha a "certeza" de estar sendo alvo de alguma piada incompreensível mas desrespeitosa, ao passo que a recepcionista decidira que o visitante deveria ser um novo paciente psicótico do Dr. H. Finalmente, tornou-se claro que, em vez de "O meu nome é Watzlawick" a recepcionista entendera "O meu nome não é eslávico" [is *not* Slavic], o que, de fato, ela nunca dissera que fosse. É interessante ver como até neste breve diálogo, num contexto bastante impessoal, a pontuação discrepante, aqui devida a um equívoco verbal, levou imediatamente a suposições mútuas de ruindade e de loucura.

3.42

De um modo geral, é gratuito supor não só que o outro tem o mesmo montante de informação quanto o próprio mas também que o outro deve extrair as mesmas conclusões dessa informação. Os especialistas em comunicação calcularam que uma pessoa recebe dez mil impressões sensoriais (exteroceptivas e proprioceptivas) por segundo. Portanto, uma drástica seleção é obviamente necessária para impedir que os centros cerebrais superiores sejam inundados de informações não-pertinentes. Mas a decisão sobre o que é essencial e o que é não-pertinente varia, evidentemente, de indivíduo para indivíduo e parece ser determinada por critérios que se situam, em grande parte, fora da consciência individual. Com toda a probabilidade, a realidade é feita por nós ou, nas palavras de Hamlet, "nada existe bom ou mau, mas o pensamento assim o decidirá". Podemos apenas especular que, na raiz desses conflitos de pontuação, reside a convicção firmemente estabelecida e usualmente incontestada de que só existe *uma* realidade, o mundo tal como *eu* o vejo, e de que qualquer idéia diferente da minha deve ser devida à irracionalidade ou má vontade do outro. E chega de especulação. O que nós podemos *observar*, virtualmente em todos os casos de comunicação patológica, é que existem círculos viciosos que não podem ser interrompidos a menos que (e até que) a própria comunicação se converta no sujeito de comunicação, por outras palavras, até que os comunicantes estejam aptos a metacomunicar.[27] Mas, para fazê-lo, eles têm de *sair* do círculo e esta necessidade de sair de uma dada contingência para resolvê-la será um tema que se repetirá em partes subseqüentes deste livro.

---

[27] Tal metacomunicação não tem por que ser necessariamente verbal, nem deve ser vagamente equiparada a introvisão (*insight*) (cf. s. 7.32).

## 3.43 — CAUSA E EFEITO

Observamos tipicamente nesses casos de pontuação discrepante um conflito sobre o que é causa e o que é efeito quando, de fato, nem um nem outro desses conceitos é aplicável por causa da circularidade da interação em curso. Voltando uma vez mais ao exemplo de Joad (s. 2.42), podemos ver que a nação A arma-se *por causa* de se julgar ameaçada pela nação B (isto é, A considera o seu próprio comportamento o efeito do comportamento de B), enquanto que a nação B chama ao armamento de A a *causa* de suas próprias medidas "defensivas". Richardson assinala o que, essencialmente, é o mesmo problema quando descreve a corrida armamentista que começou a se intensificar por volta de 1912:

> Os preparativos bélicos da Entente e da Aliança estavam incrementando. A explicação usual era então, e talvez ainda seja, que os motivos das duas partes eram inteiramente diferentes, pois nós estávamos unicamente fazendo o que era certo, adequado e necessário à nossa própria defesa, enquanto que eles estavam perturbando a paz, ao entregarem-se a planos delirantes e ambições extravagantes. Há muitos contrastes distintos nessa afirmação genérica. Primeiro, que a conduta deles era moralmente perversa, a nossa moralmente correta. Seria difícil dizer qualquer coisa sobre uma disputa tão nacional que o mundo, como um todo, aceitasse. Mas foi alegado um outro contraste a cujo respeito existe alguma esperança de acordo geral. Foi afirmado que, nos anos 1912-14, *os motivos deles estavam fixados e eram independentes do nosso comportamento, ao passo que os nossos motivos eram uma resposta ao comportamento deles e variavam de acordo com aquele.* (125, pág. 1244; o grifo é nosso)

Do ponto de vista pragmático, há pouca ou nenhuma diferença entre as interações de nações ou de indivíduos, uma vez que a pontuação discrepante tenha levado a diferentes idéias de realidade, incluindo a natureza das relações; e, portanto, a conflitos internacionais ou interpessoais. O exemplo seguinte mostra o mesmo padrão funcionando no nível interpessoal:

> Marido (ao terapeuta): A minha longa experiência ensinou-me que, se eu quiser paz em casa, não devo interferir com o modo como ela quer as coisas.
> Esposa: Isso *não* é verdade... Eu gostaria que você demonstrasse um pouco mais de iniciativa e, pelo menos, tomasse alguma decisão uma vez por outra, porque...
> Marido (interrompendo): Você nunca me deixou fazer isso!
> Esposa: Seria um prazer deixar... só que, se eu deixar, nunca irá acontecer coisa alguma; e depois, é claro, eu é que terei de cuidar de tudo em cima da hora.

Marido (ao terapeuta): Está vendo? Não se pode cuidar das coisas e quando elas surgem... elas têm de ser planejadas e organizadas com uma semana de antecedência.

Esposa (irritada): Dê-me *um só* exemplo, nos últimos anos, em que você tenha feito alguma coisa.

Marido: Acho que não posso... porque é melhor para todos, incluindo as crianças, que eu deixe você levar as coisas ao seu jeito. Descobri isso logo no início do nosso casamento.

Esposa: Você nunca se portou de outra maneira. Desde o primeiro dia você sempre foi assim... sempre jogou tudo para cima de mim!

Marido: Pelo amor de Deus, agora escute aqui (pausa e, depois, dirigindo-se ao psicoterapeuta)... Acho que o que ela quer dizer agora é que eu sempre lhe pergunto o que *ela* queria... como "onde é que gostaria de ir esta noite?" ou "o que gostaria de fazer neste fim de semana?" e, em vez de perceber que eu quero ser gentil com ela, fica ainda por cima furiosa comigo...

Esposa (ao terapeuta): Sim, o que ele ainda não entendeu é que, se a gente recebe esse "*tudo* o que você quiser, meu bem, para mim está bom", mês após mês, começa a sentir que *nada* do que queremos faz a menor diferença para ele...

O mesmo mecanismo está contido num exemplo relatado por Laing e Esterson, envolvendo uma menina esquizofrênica e sua mãe. Pouco antes da sua hospitalização, a filha tentara agredir fisicamente a mãe, de maneira muito pouco eficiente.

Filha: Bem, por que foi que eu a ataquei? Talvez estivesse procurando algo, algo que me faltava... afeição, sim, talvez fosse avidez de afeição.

Mãe: Você nunca aceitaria nada desse gênero. Você sempre achou que isso era pieguice.

Filha: Bom, alguma vez me ofereceu afeição? Quando é que foi carinhosa comigo?

Mãe: Por exemplo, quando eu queria dar-lhe um beijo, você respondia sempre, 'Não seja piegas'.

Filha: *Mas eu não me lembro de você ter me deixado nunca beijá-la.* (90, págs. 20-21)

## 3.44

Isto leva-nos ao importante conceito de *profecia que promove a sua própria realização*, a qual, do ponto de vista interacional, talvez seja o mais interessante fenômeno na área da pontuação. Uma profecia que promove a sua própria realização (*self-fulfilling prophecy*) pode ser considerada o equivalente comunicacional da "petição de princípio". É o comportamento que provoca nos outros a reação à qual o comportamento seria uma reação adequada. Por exemplo, uma pessoa que atua de acordo com a premissa "ninguém gosta de mim" comportar-se-á de uma maneira desconfiada, defensiva ou agressiva, à qual os outros, pressumivelmente, reagem de modo antipático, assim corroborando a premissa inicial. Para fins da pragmática da comunicação humana, é inteiramente não-pertinente, uma vez mais, perguntar *por quê* a pessoa tem semelhante premissa, como é que ela é gerada e até que ponto ela estará inconsciente disso. Pragmaticamente, podemos observar que o comportamento interpessoal de um tal indivíduo mostra esse tipo de redundância e que tem um efeito complementar nos outros, forçando-os a adotar certas atitudes específicas. O que há de típico na seqüência e a torna um problema de pontuação é que o indivíduo em questão só se concebe reagindo a essas atitudes e não provocando-as.

### 3.5

Erros na "Tradução" Entre Material Analógico e Digital

Ao tentarmos descrever esses erros, vem-nos à mente um episódio do romance de Daniele Varé, *The Gate of Happy Sparrows*. O protagonista, um europeu que vive em Pequim na década de vinte, recebe lições de escrita mandarim de um professor chinês e é solicitado a traduzir uma frase composta de três caracteres que ele corretamente decifrou como os signos para "rotundo", "sentado" e "água". Na sua tentativa de combinar esses conceitos numa frase afirmativa (em linguagem digital, como nós diríamos), ele decide-se por "Alguém está tomando um banho de assento", para manifesto desdém do eminente professor, pois a frase é uma referência particularmente poética ao pôr do sol no mar.

### 3.51

Tal como à escrita chinesa, também ao material da mensagem analógica faltam, como já se mencionou, muitos dos elementos que abrangem a morfologia e a sintaxe da linguagem digital. Assim, ao traduzirem-se mensagens analógicas para digitais, esses elementos têm de ser fornecidos e inseridos pelo tradutor, assim como na interpretação dos sonhos a estrutura digital tem de ser introduzida, mais ou menos intuitivamente, nas imagens caleidoscópicas do sonho.

Como vimos, o material da mensagem analógica é sumamente antitético; presta-se a interpretações digitais muito diferentes e, com freqüência, incompatíveis. Assim, não só é difícil ao emissor verbalizar as suas próprias comunicações analógicas mas, se surgir uma controvérsia interpessoal sobre o significado de um item particular de comunicação analógica, um parceiro ou outro introduzirá, no processo de tradução para o modo digital, a espécie de digitalização em conformidade com a *sua* concepção da natureza das relações. A entrega de um presente, por exemplo, é um item de comunicação analógica, indubitavelmente. Contudo, dependendo da idéia do receptor sobre as suas relações com o emissor, ele poderá interpretar o presente recebido como uma prova de afeto, um suborno ou uma restituição. Muitos maridos ficam consternados ao verem-se suspeitos de alguma culpa inconfessada quando, rompendo as regras do jogo matrimonial, oferecem espontaneamente à esposa um ramo de flores.

Qual é o significado digital de empalidecer, tremer, suar frio ou gaguejar, quando tais manifestações são exibidas por uma pessoa sob interrogatório? Poderá ser, em última análise, prova de sua culpa ou poderá ser, meramente, o comportamento de uma pessoa inocente ao passar pelo pesadelo de a considerarem suspeita de um crime e aperceber-se de que o seu medo pode ser interpretado como culpa. A psicoterapia interessa-se, indubitavelmente, pela digitalização correta e corretiva do analógico; de fato, o êxito ou fracasso de qualquer interpretação dependerá tanto da capacidade do psicoterapeuta para traduzir de um modo ao outro como da disposição do paciente para trocar a sua própria digitalização por outras mais adequadas e menos penosas. Para a discussão desses problemas na comunicação esquizofrênica, nas relações doutor-paciente e numa grande variedade de fenômenos sociais e culturais, ver Rioch (127, 128).

Mesmo quando a tradução parece ser adequada, a comunicação digital no nível de *relações* pode manter-se curiosamente inconvincente. Este fato é caricaturado no seguinte *cartoon* de "Minduim":

## 3.52

Num relatório inédito, Bateson formulou a hipótese de que um outro dos equívocos básicos que ocorrem quando se traduz de um para outro modo de comunicação é a suposição de que uma mensagem analógica é, por sua natureza, afirmativa ou denotativa, tal como o são as mensagens digitais. Contudo, há boas razões para crer que assim não acontece. Escreve ele:

> Quando um povo ou uma nação faz um gesto ameaçador, a outra parte poderá concluir que "ele é forte" ou "ele lutará", mas isto não figurava na mensagem original. Com efeito, a própria mensagem é não-indicativa e poderá ser considerada melhor como análoga a uma *proposta* ou uma *questão*, no mundo digital.

A este respeito, convirá recordar que todas as mensagens analógicas são *invocações de relações* e que, portanto, são propostas relativas às regras futuras da relação, para usarmos outra das definições de Bateson. Pelo meu comportamento, sugere Bateson, eu posso mencionar ou propor amor, ódio, combate etc., mas compete à outra parte atribuir um futuro valor de verdade, positivo ou negativo, às minhas proposições. Isto, seria desnecessário acrescentar, é a origem de inúmeros conflitos de relações.

## 3.53

A linguagem digital, conforme se explicou no capítulo precedente, tem uma sintaxe lógica e, portanto, é eminentemente adequada à comunicação no nível de conteúdo. Mas na tradução de material analógico em digital torna-se necessário introduzir as funções da verdade lógica, que estão ausentes no modo analógico. Essa ausência torna-se sumamente saliente no caso da negação, onde equivale à falta do digital "não". Por outras palavras, enquanto que é fácil transmitir a mensagem analógica "Eu vou agredi-lo", é extremamente difícil assinalar "Eu *não* o agredirei", assim como é difícil, se não impossível, introduzir negativas nos computadores análogos.

No romance de Koestler, *Arrival and Departure*, o protagonista, um jovem que se evadiu da sua pátria ocupada pelos nazistas e cujo rosto foi desfigurado pelas torturas, apaixona-se por uma bela moça. Ele não alimenta esperanças de que os seus sentimentos sejam retribuídos e tudo o que deseja é estar junto dela e acariciar-lhe os cabelos. Ela resiste a esses inocentes avanços, assim despertando o desespero e a paixão do rapaz, até que ele, um dia, a subjuga pela força.

Ela jazia voltada para a parede, a cabeça numa posição estranhamente torcida, como a cabeça de uma boneca com o pescoço quebrado. E agora, enfim, ele podia acariciar-lhe os cabelos, ternamente, suavemente, como sempre quisera fazer. Então, deu-se conta de que ela estava chorando, os ombros sacudidos por soluços secos e mudos. Ele continuou acariciando-lhe os cabelos e os ombros, e murmurou:

— Você não queria ouvir-me, entende...

Ela pôs-se subitamente rígida, interrompendo os soluços:

— O que foi que disse?

— Eu disse que tudo o que queria era que você não fosse embora e me deixasse acariciar-lhe os cabelos e dar-lhe sorvetes... Realmente, era tudo o que eu queria.

Os ombros dela estremeceram numa risada ligeiramente histérica.

— Meu Deus, você é o maior idiota que eu já vi.

— Está zangada comigo? Não se zangue. Eu não queria fazer-lhe mal, palavra.

Ela ergueu os joelhos, encolhendo-se toda para afastar-se dele, o corpo encaracolado contra a parede.

— Deixe-me, deixe-me sozinha. Por favor, vá embora e deixe-me sossegada por algum tempo. — Chorava de novo, desta vez mais serenamente.

Ele desliou do sofá, agachando-se no tapete como antes, mas pegou uma das mãos dela, que jazia molemente sobre a almofada. Era u'a mão sem vida, úmida, escaldando de febre.

— Você sabe — disse ele, encorajado pelo fato de ela não ter retirado a mão — quando eu era criança, tínhamos em casa um gato preto com quem eu sempre desejara brincar mas o bicho ficava muito assustado e sempre fugia de mim. Um dia, com toda a espécie de ardis, consegui atraí-lo para o meu quarto mas o gato escondeu-se debaixo do armário e não queria sair. Então eu empurrei o armário, desviando-o da parede, e fiquei cada vez mais furioso porque o bicho não se deixava acariciar e escapou para debaixo da mesa. Então eu virei a mesa, espatifei dois quadros que havia na parede, pus o quarto de pernas para o ar e persegui o gato com uma cadeira. Então a minha mãe entrou no quarto e perguntou que diabo estava eu fazendo. Respondi-lhe que só queria acariciar aquele estúpido gato, e levei uma surra terrível. Mas eu estava dizendo a verdade... (85, págs. 40-41)

Neste caso, o desespero de ser rejeitado e incapaz de provar que *não* pretendia fazer mal leva à mais desenfreada violência.

## 3.531

Ora, se observarmos o comportamento animal para tais contingências, como Bateson fez, verifica-se que a única solução para este problema de assinalar a negação reside, primeiro, em demonstrar ou propor a ação a ser negada e, depois, em não levá-la até à sua conclusão. Este comportamento interessante e só aparentemente "irracional" pode ser observado não só na interação animal mas também no nível humano.

Observamos um padrão muito interessante de comunicação para o estabelecimento de verdadeiras relações entre seres humanos e golfinhos. Conquanto isso possa constituir um ritual desenvolvido "privadamente" por apenas dois dos animais, mesmo assim fornece um excelente exemplo da comunicação analógica do "não". Os animais tinham obviamente concluído que a mão é uma das mais importantes e vulneráveis partes do corpo humano. Cada um deles procurava estabelecer contato com um estranho abocanhando-lhe uma das mãos e apertando-a delicadamente entre as mandíbulas, que têm dentes afiados e são suficientemente poderosas para decepar a mão de um golpe. Se o humano se submetia a isso, o golfinho parecia aceitar essa atitude como uma mensagem de completa confiança. O seu movimento seguinte era retribuir a confiança demonstrada colocando a porção ventral dianteira do seu corpo (a *sua* parte mais vulnerável, mais ou menos equivalente, em localização, à garganta humana) sobre a mão, perna ou pé do homem, dessarte assinalando também a sua confiança nas intenções amigáveis do ser humano. Este procedimento, entretanto, está obviamente repleto, a cada passo, de possíveis equívocos.

Num nível poético, uma forma essencialmente semelhante de relações, aqui entre o homem e o transcendente, é expressa nos versos iniciais da Primeira Elegia de Duino, de Rilke, onde a beleza é sentida como a negação da inerente e sempre possível destruição:

> Quem, se eu chorar, ouvir-me-á entre as ordens angélicas?
> E mesmo se um deles, subitamente, me apertasse
> Contra o seu coração, eu estiolaria no arrimo de sua existência
> Mais forte. Pois a Beleza nada mais é do que o começo
> Do Terror que ainda somos capazes de suportar
> E *adoramo-lo tanto porque ele, serenamente,*
> *Desdenha de destruir-nos.* (126, pág. 21; o grifo é nosso)

## 3.532

Conforme o exemplo do golfinho sugere, o *ritual* pode ser o processo intermediário entre a comunicação analógica e a digital, simulando o material da mensagem mas de um modo repetitivo e estilizado que paira entre o analógico e o simbólico. Assim, podemos observar que os animais, como os gatos, estabelecem rotineiramente uma relação complementar mas não-violenta através do seguinte ritual. O animal "inferior" (usualmente, o mais jovem ou o que está fora do seu próprio território) joga-se de barriga para cima, expondo a sua veia jugular, que é colhida nas mandíbulas do outro gato com inteira impunidade. Este método de estabelecer a relação "Eu não o atacarei" parece ser entendida por ambos; o que é ainda mais interessante, tem sido observado que esse código também é bem sucedido entre espécies (por exemplo, gatos e cães). Os materiais analógicos são freqüentemente formalizados nos rituais das sociedades humanas e, quando canonizados, acercam-se da comunicação simbólica ou digital, revelando uma curiosa sobreposição.

No plano patológico, parece que o mesmo mecanismo atua no masoquismo sexual. A mensagem "Eu *não* destruirei você" só seria convincente (e só mitiga, pelo menos temporariamente, o profundo medo de terrível punição do masoquista) por meio de uma negação analógica inerente ao ritual de humilhação e castigo que o indivíduo sabe ficar certamente aquém do terror imaginado.

3.54

Os que estão familiarizados com a lógica simbólica já terão se apercebido, nesta altura, que é provavelmente desnecessário demonstrar a ausência de *todas* as funções lógicas de verdade no material analógico, excetuando algumas de importância decisiva. A função lógica de verdade chamada *alternação* (o *ou* não-exclusivo), interpretada no sentido de "ou um ou ambos", está igualmente ausente da linguagem analógica. Conquanto seja fácil transmitir o significado "um ou outro, ou ambos", em linguagem digital, não é imediatamente óbvio como essa relação lógica poderia ser inserida no material analógico; é muito provável que não possa. Os lógicos simbólicos (por exemplo, 119, págs. 9-12) sublinharam que, para representar todas as principais funções de verdade (negação, conjunção, alternação, implicação e equivalência), duas — a negação e a alternação (ou, analogamente, a negação e a conjunção) — são suficientes e necessárias para representar as restantes três. De acordo com esse raciocínio, embora quase nada saibamos de específico sobre a importância pragmática da ausência das outras funções de verdade no material analógico, podemos concluir que, como nada mais são do que variações de "não" e "ou", não escaparão a dificuldades idênticas de tradução.

Bateson e Jackson formularam a hipótese da importância da codificação analógica *versus* digital, na formação de sintomas histéricos. Segundo esses autores, ocorre um processo inverso daquele que temos estado a analisar — uma espécie de retradução do material já digitalizado da mensagem para o modo analógico:

> Um problema inverso — mas muito mais complexo — se manifesta a respeito da histeria. Sem dúvida, essa palavra cobre uma vasta gama de padrões formais mas parece que, pelo menos, alguns casos envolvem erros de tradução do digital para o analógico. Despojar o material digital dos seus indicadores de tipo lógico acarreta a errônea formação de sintomas. A "dor de cabeça" verbal que foi inventada como desculpa convencional para não desempenhar alguma tarefa pode tornar-se subjetivamente real e ser dotada de grandezas reais na dimensão dor. (19, pág. 282)

Se tivermos presente que a primeira conseqüência de uma desintegração na comunicação é, usualmente, uma perda parcial da capacidade de metacomunicar digitalmente sobre as contingências da relação, esse "retorno ao analógico" parece constituir uma plausível solução de compromisso.[28] A natureza simbólica dos sintomas de conversão e, geralmente, a sua afinidade com o simbolismo dos sonhos, foi percebida desde os tempos de Liébault, Bernheim e Charcot. E o que é um símbolo senão a representação, em grandezas reais, de algo que é, essencialmente, uma função abstrata, um aspecto de uma relação, tal como foi definida na s. 1.2? C. G. Jung mostra-nos, ao longo de toda a sua obra, que o símbolo aparece onde ainda não é possível aquilo a que chamaríamos "digitalização". Mas parece-nos que a simbolização também ocorre onde a digitalização *deixa de ser* possível e que isto acontece, tipicamente, quando uma relação ameaça invadir áreas socialmente ou moralmente consideradas tabus, como o incesto.

---

[28] Além disso, há pouca diferença entre o comportamento dos indivíduos e das nações. Quando surge uma séria tensão entre dois países, o passo habitual é romper as relações diplomáticas e, conseqüentemente, recorrer a comunicações analógicas como mobilizações, concentrações de tropas e outras mensagens analógicas da mesma espécie. O que há de tão absurdo nesse procedimento é que a comunicação digital (procedimento diplomático) rompe-se no exato momento em que é mais desesperadamente necessária do que nunca. O "telefone vermelho" entre Washington e Moscou pode ser profilático, a esse respeito, se bem que a sua lógica oficial consista apenas em acelerar as comunicações em tempos de crise.

## 3.6

### PATOLOGIAS POTENCIAIS DA INTERAÇÃO SIMÉTRICA E COMPLEMENTAR

Para evitar um freqüente equívoco, convirá sublinhar enfaticamente que a simetria e a complementaridade em comunicação não são intrinsecamente "boas" ou "más", "normais" ou "anormais" etc. Os dois conceitos referem-se, simplesmente, a duas categorias básicas em que todas as permutas comunicacionais podem ser divididas. Ambas têm funções importantes e do que se conhece sobre relações saudáveis poderemos concluir que ambas devem estar presentes, embora em mútua alternação ou operação em diferentes áreas. Como tentaremos mostrar, isto significa que cada padrão pode estabilizar o outro, sempre que um desequilíbrio ocorre em um deles; e também que não só é possível mas necessário aos dois parceiros relacionarem-se simetricamente em algumas áreas e complementarmente em outras.

#### 3.61 — ESCALAÇÃO SIMÉTRICA

Como qualquer outro padrão de comunicação, esses dois também têm suas patologias potenciais, que serão primeiro descritas e depois ilustradas com material clínico. Já sugerimos que, numa relação simétrica, existe um perigo sempre presente de competitividade. Como pode ser observado nos indivíduos e nas nações, a igualdade parece ser mais tranqüilizadora se uns puderem ser um pouco "mais iguais" do que outros, para usarmos a famosa frase de Orwell. Essa tendência explica a típica qualidade de escalada da interação simétrica, uma vez que a sua estabilidade se perca e ocorra um desequilíbrio, por exemplo, disputas e brigas entre indivíduos ou guerras entre nações. Nos conflitos maritais, por exemplo, é fácil observar como os esposos passam por um padrão de escalada da frustração, até que param, finalmente, em virtude de uma pura exaustão física ou emocional, e mantêm uma trégua instável até estarem suficientemente refeitos para o assalto seguinte. Assim, na interação simétrica, a patologia caracteriza-se por uma guerra mais ou menos aberta, ou *cisma*, no sentido de Lidz. (95)

Numa relação simétrica saudável, os parceiros são capazes de se aceitarem mutuamente tais quais são, o que leva ao respeito recíproco e à confiança no respeito do outro, e equivale à confirmação realista e mútua de seus respectivos eus. Se e quando uma relação simétrica se desintegra, observamos habitualmente a rejeição, mais do que a desconfirmação, do eu do outro.

## 3.62 — COMPLEMENTARIDADE RÍGIDA

Nas relações complementares pode haver a mesma confirmação recíproca, salutar e positiva. Por outra parte, as patologias das relações complementares são muito diferentes e tendem a equivaler mais a desconfirmações do que a rejeições do eu do outro. Portanto, são mais importantes de um ponto de vista patológico do que as lutas mais ou menos abertas nas relações simétricas.

Surge um problema típico, numa relação complementar, quando P pede que O confirme uma definição do eu de P que diverge da maneira como O vê P. Isto coloca O num dilema muito peculiar: ele deve mudar a sua própria definição de eu, convertendo-a numa que complemente e, por conseguinte, apóie a de P, visto ser da natureza das relações complementares que uma definição de eu só possa ser mantida pela do parceiro que desempenha o papel complementar específico. Afinal de contas, não pode haver mãe sem filho. Mas os padrões da relação mãe--filho mudam com o tempo. O mesmo padrão que é biológica e emocionalmente vital durante uma fase inicial da vida da criança torna-se uma séria desvantagem para o seu desenvolvimento ulterior, se não se permitir que mudanças adequadas ocorram nessa relação. Assim, dependendo do contexto, o mesmo padrão pode ser eminentemente confirmativo do eu, numa dada altura, e desconfirmativo numa fase subseqüente (ou prematura) da história natural de uma relação. Por causa do seu maior aparato psiquiátrico, as patologias das relações complementares têm recebido mais atenção na literatura do que as suas contrapartes simétricas. A psicanálise refere-se-lhes como sadomasoquistas e encara-as como a ligação mais ou menos fortuita entre dois indivíduos cujas respectivas formações divergentes de caráter se adaptam mutuamente. Entre os estudos mais recentes e mais orientados para a interação contam-se o conceito de assimetria marital, de Lidz (95), o artigo de Scheflen sobre a "dupla repelente" (136) e o conceito de "conluio", na acepção de Laing (88). Nessas relações, observamos um crescente sentimento de frustração e desespero em um ou ambos os parceiros. Queixas de sentimentos cada vez mais assustadores de auto-alienação e despersonalização, de abulia assim como irracionalidade compulsiva (*acting-out*), são freqüentemente expressas por indivíduos que, fora de seus lares (ou de qualquer outro modo na ausência de seus parceiros), são perfeitamente capazes de funcionar em termos satisfatórios e que, quando entrevistados individualmente, podem parecer muito bem ajustados. Este quadro muda dramaticamente, com freqüência, quando eles são vistos em conjunto com seus "complementos". A patologia de suas *relações* torna-se então evidente. Talvez o mais notável estudo da patologia das relações complementares seja o famoso artigo, "La folie à deux", escrito por dois psiquiatras franceses há cerca de um século. Até que ponto seria escassa a pretensão de originalidade em nossa abordagem do problema é documentado, por exemplo, pelo seguinte trecho desse artigo. Os autores descrevem primeiro o paciente e depois continuam:

> A descrição acima pertence à pessoa insana, o agente que provoca a situação de "délire à deux". O seu parceiro é uma pessoa muito mais complicada para definir e, no entanto, *uma cuidadosa pesquisa ensina-nos a reconhecer as leis que são obedecidas por esse segundo parceiro na insanidade comunicada...* Uma vez que o *contrato tácito* que vincula ambos os lunáticos está quase resolvido, o problema consiste não só em examinar a influência do insano no homem supostamente são *mas também o oposto*, a influência do indivíduo racional sobre o delirante, e mostrar como, através de compromissos mútuos, as diferenças entre eles são eliminadas. (92, pág. 4; o grifo é nosso)

3.63

Como já mencionamos sucintamente no início desta seção, os padrões de relações simétricas e complementares podem estabilizar-se mutuamente e as mudanças de um para o outro padrão e deste para aquele são importantes mecanismos homeostáticos. Isto acarreta uma implicação terapêutica, notadamente que, pelo menos em teoria, a mudança terapêutica pode ser provocada muito diretamente, pela introdução de simetria na complementaridade ou vice-versa, durante o tratamento. Dizemos prudentemente "pelo menos em teoria", porquanto é bem sabido como é difícil induzir, na prática, qualquer espécie de mudança em sistemas rigidamente definidos, cujos participantes, segundo parece, "preferem suportar aqueles males que temos do que fugir para outros sobre os quais nada sabemos".

3.64

Para explicar o que precede, eis três excertos das chamadas Entrevistas Estruturadas de Família (159). Todos os três são em resposta à pergunta-padrão do entrevistador aos esposos: "Como foi que, de todos os milhões de pessoas que há no mundo, vocês dois se uniram?" Convém deixar claro que a informação histórica real contida em tal depoimento é apenas de importância secundária, embora possa ser relativamente exata e retratar uma interação simétrica ou complementar que ocorreu nessa época. Mas não é essa informação histórica, freqüentemente desvirtuada por recordações seletivas e racionalizações, que se reveste de interesse aqui. Assim, ao considerarmos o primeiro casal, fere-nos a atenção a simetria da sua interação, ao responder à pergunta do entrevistador. A história do seu encontro, tal como foi por eles contada, é apenas a matéria-prima, por assim dizer, que eles manipulam de acordo com as regras do jogo conjugal de "ascendência". Para eles — e para nós — não é importante o que *aconteceu* mas, outrossim, *quem tem o direito de dizer o que e sobre o que ao outro*. Por outras palavras, o essencial não é o conteúdo mas o aspecto de relação da comunicação do casal.

(1) O primeiro excerto é um exemplo de típica permuta simétrica. [29]

*Transcrição*

Ent.: Como foi que, de todos os milhões de pessoas que há no mundo, vocês dois se uniram?
M: Nós... trabalhávamos ambos no mesmo lugar. A minha mulher trabalhava numa caixa registradora e eu reparava caixas registradoras e...
E: Trabalhávamos no mesmo edifício.



M: Ela trabalhava numa firma que tinha uma grande instalação e eu trabalhava ali a maior parte do tempo porque era uma grande instalação. E foi assim que nos conhecemos.

*Comentários*


M fala primeiro, oferecendo um resumo unilateral de toda a história, assim definindo o seu direito a fazê-lo.


E corrobora a mesma informação por sua próprias palavras, *não* se limitando a concordar com ele mas estabelecendo a simetria a respeito da sua discussão deste tópico.
M não acrescenta novas informações mas, simplesmente, repete por outras palavras a mesma frase tautológica com que começara. Assim, ele enfrenta simetricamente o comportamento de E, insistindo no seu direito de prestar essa informação; no nível de

---

(29) Nas transcrições, usamos as seguintes abreviaturas: M = Marido, E = Esposa, Ent = Entrevistador.

| Transcrição | Comentários |
|---|---|
| | relações, eles estão "esgrimindo pela última palavra". M tenta levar a melhor pelo caráter final da sua segunda frase. |
| E: Fomos apresentados por algumas das outras moças minhas colegas. (Pausa) | E não se dá por vencida; ela modifica a informação de M, reafirmando o seu direito de participar igualmente na discussão. Embora este novo lance seja uma interpretação tão passiva quanto "Trabalhávamos no mesmo edifício" (na medida em que nem uma nem outra define quem tomou a iniciativa), E estabelece-se como "um pouco mais igual" ao referir-se às "outras moças", um grupo a que ela obviamente pertencia, não M. Esta pausa põe fim ao primeiro ciclo de permuta simétrica sem encerrar a questão. |
| M: De fato, conhecemo-nos numa festa, quer dizer, começamos a andar juntos quando fomos a uma festa que foi dada por um dos patrões mas já nos tínhamos visto antes, no trabalho. | Embora um tanto atenuada e condescendente, é uma reformulação que não deixa a definição de E ficar de pé. |
| E: Nós nunca nos encontramos antes dessa noite. (Risada breve) | Isto é uma negação direta, não apenas uma reformulação, indicando talvez que a disputa está começando sua escalada. (Observe-se, contudo, que "encontramos" é uma palavra muito ambígua neste contexto — poderia significar muitas coisas, desde "nossos olhos se encontraram" até "fomos apresentados formalmente" — de modo que a contradição de E, em relação ao que M disse, está desqualificada; isto é, ela não poderia, se indagada, ser obrigada a confirmar o que disse. A sua risada também a habilita a "dizer alguma coisa sem que realmente o diga".) |
| M (entredentes): Hum. (Longa pausa) | Cede um pouco ao concordar com ela — abertamente; mas "hum" tem uma variedade de significados possíveis e foi pronunciado aqui num tom quase inaudível, sem qualquer convicção ou ênfase, de modo que o resultado é |

| *Transcrição* | *Comentários* |
|---|---|
| | muito vago. Ainda mais: a declaração prévia foi tão vaga que não ficou claro o que um acordo com ela possa significar. Em qualquer dos casos, ele não vai mais além nem apresenta uma outra versão de sua autoria. Assim chegam ao final de outro *round*, também assinalado por uma pausa que parece ser o sinal de que atingiram o ponto de perigo (de aberta contradição e conflito) e estão preparados para terminar a discussão, mesmo sem encerrarem o aspecto de conteúdo. |
| Ent.: Mas, ainda assim, eu tenho imagem de dúzias de pessoas ou talvez mais circulando em torno; como foi, então, que vocês dois ou toda essa gente se reuniram? | O entrevistador interveio para que a discussão prossiga. |

| *Transcrição* | *Comentários* |
|---|---|
| M: Ela era uma das mais bonitas. (Riso breve) (Pausa) | M faz um vigoroso movimento "ascendente"; esse elogio duvidoso coloca-a em comparação com as outras, sendo M o juiz. |
| E (mais depressa): Eu não sei, a principal razão por que eu comecei a sair com ele foi porque as moças... ele tinha falado com algumas das outras moças antes de falar comigo e elas contaram-me que ele estava interessado em mim e planejaram mais ou menos essa festa, e foi aí que nos conhecemos. | Ela contrabalança a condescendência de M com a sua própria versão: ela só se interessou por ele porque M estava inicialmente interessado nela. (O assunto em torno do qual a sua simetria estava definida transferiu-se de quem é a versão do encontro que deve ser contada para ficar agora neste ponto: quem levou o troféu, por assim dizer, em seu namoro.) |
| M: Na realidade, a festa não foi planejada para isso... | Uma rejeição frontal da definição dela. |
| E (interrompendo): Não, mas estava combinado que nos encontraríamos na festa. Quer dizer, uma apresentação formal. Em pessoa. (Risada breve) Tínhamos trabalhado juntos mas eu não tinha o hábito de... bom, eu era uma entre sessenta moças trabalhando lá, e dez ou doze | Depois de concordar com a correção de M, ela repete o que tinha acabado de dizer. A sua formulação não-pessoal foi enfraquecida e ela baseia-se agora numa autodefinição direta ("Eu sou este tipo de pessoa..."), modo inatacável de estabelecer a igualdade. |

| Transcrição | Comentários |
|---|---|
| homens, e eu não tinha o costume de... | |
| M: (sobrepondo-se) Ela era, sem dúvida, retraída... o tipo de moça tímida, no que diz respeito a acamaradar com... hum, com homens estranhos, sim, mas as outras moças sabiam disso. (Pausa) E eu paquerei uma porção delas (risada breve). Nada de sério, acho eu, mas... (suspiro) era a minha natureza, simplesmente, acho eu. | Ele dá uma resposta simétrica baseada na *sua* natureza e assim termina mais um "assalto". |

Este casal procurou assistência porque temia que suas constantes briguinhas pudessem prejudicar os filhos. Como poderia ser quase previsto através do excerto acima, eles também mencionaram dificuldades em suas relações sexuais, nas quais, é claro, a incapacidade de ambos para relacionarem-se complementarmente se fez sentir de modo particular.

(2) O casal do próximo exemplo participou num projeto de pesquisa que envolveu famílias escolhidas ao acaso. Foi geralmente pressentido pelos investigadores que esse casal estava emocionalmente distanciado e que a esposa manifestava uma boa dose de depressão. A sua interação é tipicamente complementar, com o marido na posição "de cima" e a esposa na "de baixo". Mas, como já foi explicado no capítulo anterior, esses termos não devem ser tomados como indicadores de força ou fraqueza relativas. Obviamente, a amnésia e impotência dessa mulher possibilitaram ao marido não só desempenhar o papel do macho forte e realista mas também são os fatores contra os quais a força e o realismo dele se mostram inteiramente impotentes. Assim, estamos de novo diante do impacto interpessoal de qualquer sintoma emocional, em sua mais ampla acepção.

O excerto inicia-se um pouco depois de o entrevistador ter formulado a pergunta-padrão sobre o modo como se conheceram e depois de o marido ter explicado que ela viera trabalhar para um escritório vizinho do seu.

M: E... escuta, quando foi que você começou a trabalhar lá?
E: Nós... eu não faço id...
M (interrompendo): Parece-me que foi por volta... ora, deixa ver, eu comecei em outubro do ano anterior... e você, provavelmente, entrou em... fevereiro, hum, janeiro ou fevereiro...

talvez em fevereiro ou março, porque o seu aniversário é em dezembro...
E: Hum, eu não me lembro sequer de...
M (interrompendo): Bom, então eu mandei-lhe flores, lembra? Quando... quando saímos juntos pela primeira vez. E nunca... nunca tínhamos ido juntos a lugar nenhum, não foi?
E (com uma risada curta): Não, eu fiquei muito surpreendida.
M: E nós apenas saímos juntos do escritório. Casamos mais ou menos um ano depois. Pouco mais de um ano.
Ent.: O que foi que...
M (interrompendo): Embora Jane deixasse a companhia pouco depois disso. Hum, eu acho que você não chegou a trabalhar lá mais de dois meses, foi?
E: Desculpe, você sabe, não me lembro de nada disso (uma risada curta), de há quanto tempo foi, quando é que saímos...
M (interrompendo): Sim, um par de meses, e depois você voltou a ensinar (E: Hum-hum...). Porque nós... ela achou, creio eu, que esse serviço de guerra não estava contribuindo tanto para o esforço de guerra quando ela pensava... quando foi trabalhar no escritório.
Ent.: Então você foi para uma escola?
E: Sim, eu já ensinara aí, antes (Entr.: Hum...) de ir trabalhar lá no escritório.
Ent.: E você manteve o contato sem interrupção. (M: Oh, sim) O que foi que, hum, além do fato de sua esposa ser obviamente atraente, o que mais você pensa que têm em comum?
M: Absolutamente nada. (Gargalhada) Nunca tivemos... não tínhamos nem... (Respira fundo). (Pausa)

(3) O terceiro exemplo é extraído da entrevista de um casal clinicamente normal que se ofereceu voluntariamente para o mesmo tipo de entrevista. Podemos observar, neste exemplo, como eles conseguem manter uma relação afetuosa, cordial e de mútuo apoio, mediante uma alternação flexível de permutas simétricas e complementares.[30] Assim, mesmo quando alguns detalhes de seus depoimentos podem ser interpretados, concebivelmente, como depreciativos, eles não parecem ameaçar a estabilidade de suas relações mútuas e a confirmação recíproca de seus papéis.

---

(30) Uma contingência comunicacional inteiramente diferente surge na área da interação simétrica e complementar se uma mensagem define as relações como simétricas *e* complementares, *ao mesmo tempo*. Essa é, provavelmente, a mais freqüente e importante maneira pela qual o paradoxo pode interferir na comunicação humana e os efeitos pragmáticos dessa forma de incoerência comunicacional serão examinados separadamente, portanto, no Capítulo 6.

| Transcrição | Comentários |
|---|---|
| Ent.: Como foi que, de todos os milhões de pessoas que há no mundo, vocês dois se uniram?<br>E: Como foi que nós...?<br>Ent.: ...se uniram.<br>E: Bem... | E começa tomando a iniciativa, definindo assim o seu direito a fazê-lo. |
| M (interrompendo): Bom, eu vou contar (E ri, M adere e ri também). | M toma a iniciativa, numa manobra altamente simétrica. Isto é suavizado pelo riso comum. |
| E: Bem, bem, deixa que eu conte. Realmente, eu estava trabalhando quando saí do ginásio, a Depressão estava no auge, de modo que arranjei um emprego como... ah, garçonete, acho que era assim que lhes chamavam então... | E retoma a iniciativa, repetindo exatamente a frase de M e depois fazendo um longo rodeio para definir a situação à sua maneira. |
| M: Num restaurante *drive-in*... | M ficou em apuros porque não queria que se pensasse que o trabalho de E implicava algo menos sério. M acode em auxílio de E para deixar bem claro onde é que ela trabalhava e, assim fazendo, define a situação à *sua* maneira. Até aqui, a interação é simétrica. |
| E: Sim, num restaurante *drive-in*, até que arranjei outro emprego. E ele estava trabalhando... | E aceita a definição de M e obedece à correção de conotação por ele indicada. Ela aceita a posição complementar "inferior". |
| M: Eu peguei-a. | Ascendência complementar. |
| E: Realmente, acho que foi isso. (Ambos riem) | Posição subserviente complementar (aceita a definição de M). |
| M: E é tudo. | Ascendência complementar. Assim, a anterior escalada simétrica foi cortada por uma mutação para a complementaridade e o encerramento é possível; M resume e o ciclo termina. |
| E: Mas como ele era tímido. Fazia o tipo acanhado e eu pensei, bem... | E muda para uma manobra ascendente a respeito de M tê-la "pegado". |
| M: Aquele já está no papo, foi o que ela pensou. Realmente não sei. | Posição complementar inferior.<br>Ele aceita a definição de tímido, isto é, que não só não foi ele o agressor mas que ela ainda é o juiz na matéria. (*Ela* pensou — Eu não sei.) |
| E: Foi o que eu senti...<br>M: E isso foi tudo... | |

| Transcrição | Comentários |
|---|---|
| E: ...ele era inofensivo, de modo que eu... eu fui para casa com ele. | |
| M (sobrepondo-se): O fato é que foi mais ou menos um desafio, porque eu saíra com um outro casal amigo no fim de semana e estivemos discutindo no regresso à cidade que já era boa altura de eu arranjar um namoro sério. | M leva a interpretação dela ainda mais longe e diz que não tinha namorada, que os seus amigos influíram em sua iniciativa etc. |
| E (Rindo): E, por acaso, eu apareci no momento exato... | Se bem que o *conteúdo* pareça autodepreciativo e, portanto, complementar inferior, neste contexto a frase de E reflete o comportamento de M em sua passividade; E muda para a simetria. (Note-se a necessidade de distinguir entre a motivação dela e o efeito interpessoal, de modo que a simetria possa basear-se na "inferioridade", assim como em outras formas de competição.) |
| M: Então paramos naquele restaurante *drive-in* para tomar uma cerveja ou coisa parecida (riem ambos) e ali estava ela. De modo que eu... ah... | M enuncia simetricamente ambas as descrições da situação, a sua e a de E, e o riso permite de novo o encerramento. |
| E: Foi assim mesmo. | E dá o remate final — como M fizera no fim do primeiro ciclo com "E isso foi tudo". |

3.65

Há dois pontos a enfatizar na análise dos exemplos precedentes. Primeiro, o conteúdo perde em importância quando se destacam os padrões comunicacionais. Um grupo de psiquiatras residentes classificou o casal do terceiro exemplo como muito mais "doente" do que os outros casais clinicamente perturbados. Investigada a situação, tornou-se óbvio que a base dos juízos desse casal tinha sido a relativa inaceitabilidade social do encontro e o manifesto "duelo" a respeito dos detalhes. Por outras palavras, seus juízos errôneos baseavam-se mais no conteúdo do que na interação do relato.

Mais importante, deve ser evidente que a nossa análise foi de sucessivas declarações. Nenhuma declaração isolada pode ser simétrica, ascendente complementar ou seja o que for. É a resposta do parceiro que se faz necessária, é claro, para a "classificação" de uma dada mensagem. Quer dizer, não está na natureza de qualquer das declarações como entidades individuais mas na relação entre duas ou mais respostas a definição das funções de comunicação.

Capítulo 4

A ORGANIZAÇÃO DA INTERAÇÃO HUMANA

4.1

Introdução

Os exemplos relativamente isolados que apresentamos no capítulo anterior serviram para indicar, específica e imediatamente, certas propriedades básicas e patologias da comunicação humana. São os elementos a partir dos quais se edifica a complexidade da comunicação humana. Ao voltarmo-nos agora para a organização da interação (tal como esta unidade de comunicação foi definida em s. 2.22), examinaremos a padronização das comunicações correntes e repetitivas, isto é, a *estrutura* dos processos de comunicação.

Este nível de análise estava implícito nas considerações anteriores, como a interação cumulativamente simétrica ou complementar (s. 2.6 e 3.6). Analogamente, as "profecias que promovem sua própria realização" (s. 3.44) abrangem mais do que a pontuação particular de uma seqüência comunicacional singularmente considerada; a repetição desse padrão de pontuação no decorrer do tempo e numa variedade de situações constitui um elemento vital. Assim, o conceito de padrão em comunicação pode ser entendido como representativo da repetição ou redundância [31] de eventos. Como existem certos padrões de padrões

---

[31] A importância da redundância e limitação específica para o nosso conceito de padrão foi analisada em detalhe na s. 1.4; só é preciso salientar aqui que um padrão é informação transmitida pela ocorrência de certos eventos e a *não*-ocorrência de outros eventos. Se todos os eventos possíveis de uma certa classe ocorrem ao acaso, não há padrão nem informação.

e, provavelmente, níveis ainda superiores de organização, não se pode demonstrar que essa hierarquia seja limitada. Contudo, de momento, a unidade de estudo será o nível mais elevado seguinte ao da nossa prévia discussão: a organização de mensagens seqüenciais, primeiro em termos gerais e, depois, com o exame específico dos sistemas interacionais em curso. Este capítulo é primordialmente teórico, deixando sobretudo para o Capítulo 5 o complexo problema de ilustrar tais fenômenos macroscópicos. Assim, estes dois capítulos têm, essencialmente, a mesma relação (primeiro, teoria e, depois, ilustração) existente entre os Capítulos 2 e 3.

## 4.2

### A Interação como um Sistema

A interação pode ser considerada um sistema e a teoria geral de sistemas proporciona-nos uma compreensão íntima da natureza dos sistemas interacionais. A Teoria Geral dos Sistemas é não só uma teoria dos sistemas biológico, econômico ou mecânico. Apesar da grande variedade de seus assuntos, essas teorias de sistemas particulares têm tantas concepções comuns que uma teoria mais universal foi desenvolvida para estruturar as semelhanças em isomorfias formais.[32] Um dos pioneiros nesse campo, Ludwig von Bertalanffy, descreve a teoria como "a formulação e derivação daqueles princípios que são válidos para os 'sistemas' em geral" (25, pág. 131). Von Bertalanffy também previu a preocupação dos que se retraem diante da nossa impaciência em tratar as relações humanas com uma teoria mais conhecida — o que não quer dizer mais adequada — para aplicação a sistemas não-humanos, notadamente, o computador, e assinalou a lógica defeituosa que informa essa preocupação:

> A isomorfia que mencionamos é uma conseqüência do fato de que, em certos aspectos, abstrações correspondentes e modelos conceituais podem ser aplicados a diferentes fenômenos. Somente em vista desses aspectos é que as leis do sistema se aplicarão. Isto não significa que os sistemas físicos, organismos e sociedades, sejam

---

[32] Como será notado, o nosso enfoque limita-se aqui a certos aspectos dos sistemas interacionais vigentes, especialmente as famílias. Para uma aplicação recente e global desse quadro de referência aos sistemas vivos em geral, ver a série de Miller (105), a qual assinala o aspecto integrativo e potencialmente fértil de uma tal abordagem.

todos o mesmo. Em princípio, é a mesma situação que se verifica quando a lei da gravitação se aplica à maçã de Newton, ao sistema planetário e ao fenômeno das marés. Isto significa que, em vista de alguns aspectos mais ou menos limitados, um certo sistema teórico, o da mecânica, tem validade para todos eles; e não significa que exista uma semelhança particular entre maçãs, planetas e oceanos, num grande número de outros aspectos. (26, pág. 75)

4.21

Antes de qualquer das propriedades especiais dos sistemas ser definida, devemos sublinhar que a óbvia e muito importante variável do tempo (com a sua companheira, a ordem) deve ser uma parte integrante da nossa unidade de estudo. As seqüências de comunicação, para usarmos as palavras de Frank, não são "unidades anônimas numa distribuição de freqüência" (45, pág. 510) mas a substância inseparável de um processo em curso, cuja ordem e inter-relações, ocorrendo durante um certo período de tempo, constituem o nosso interesse aqui. Como Lennard e Bernstein disseram:

> Um período de tempo está implícito num sistema. Pela sua própria natureza, um sistema consiste numa interação e isto significa que um processo seqüencial de ação e reação tem de ocorrer antes de podermos descrever qualquer estado do sistema ou qualquer mudança de estado. (94, págs. 13-14)

4.22 — DEFINIÇÃO DE UM SISTEMA

Inicialmente, podemos acompanhar Hall e Fagen ao definirem um sistema como "um conjunto de objetos com as relações entre os objetos e entre os atributos" (62, pág. 18), em que os *objetos* são os componentes ou partes do sistema, os *atributos* são as propriedades dos objetos e as *relações* dão "coesão ao sistema todo". Esses autores ainda sublinham que qualquer objeto é basicamente especificado pelos seus atributos. Assim, enquanto que os "objetos" podem ser indivíduos humanos, os atributos pelos quais eles são identificados são comportamentos comunicativos (em contraste, digamos, com os atributos intrapsíquicos). Os objetos dos sistemas interacionais são melhor descritos não como indivíduos mas como pessoas-comunicando-com--outras-pessoas. Ao destacar-se o termo "relação", pode ser consideravelmente reduzida a atual imprecisão e generalidade da definição acima. Admitindo que existe sempre alguma espécie de relação, por mais espúria que seja, entre quaisquer objetos, Hall e Fagen são da opinião de que as relações a ser consideradas no contexto de um dado conjunto de objetos dependem do problema em estudo, sendo incluídas as relações importantes ou interessantes e excluídas as relações triviais ou supérfluas. A decisão sobre quais são as relações importantes e quais as triviais compete à pessoa que trata do problema, isto é, a questão de trivialidade resulta ser relativa ao interesse da pessoa. (62, pág. 18)

Neste caso, o que é importante não é o conteúdo da comunicação *per se* mas, exatamente, o aspecto relacional da comunicação humana, tal como foi definido na s. 2.3. Portanto, os sistemas interacionais serão *dois ou mais comunicantes no processo de (ou no nível de) definição da natureza de suas relações*. [33]

### 4.23 — MEIO E SUBSISTEMAS

Um outro importante aspecto da definição de um sistema é a definição do seu meio; uma vez mais, segundo Hall e Fagen: "Para um dado sistema, o meio é o conjunto de todos os objetos em cujos atributos uma mudança afeta o sistema e também daqueles objetos cujos atributos são mudados pelo comportamento do sistema" (62, pág. 20). Os próprios autores reconhecem que

> o enunciado acima sugere a questão natural sobre quando um objeto pertence a um sistema e quando pertence ao meio; pois se um objeto reage com um sistema da maneira acima descrita, não deverá ser considerado parte do sistema? A resposta não é, de modo algum, definitiva. Num certo sentido, um sistema e o seu meio formam o universo de todas as coisas de interesse num dado contexto. A subdivisão desse universo em dois conjuntos, sistema e meio, pode ser efetuada de muitas maneiras que, de fato, são inteiramente arbitrárias...
> Da definição de sistema e meio deduz-se, claramente, que qualquer sistema dado pode ser dividido em subsistemas. Os objetos pertencentes a um subsistema podem muito bem ser considerados parte do meio de um outro sistema. (62, pág. 20)

A própria fluidez e flexibilidade desse conceito de sistema-meio, ou de sistema-subsistema, explicará em boa parte o poder

---

[33] Se bem que a ênfase principal recaia sobre os comunicantes humanos, não existe razão teórica para excluir a interação de outros mamíferos (9) ou de grupos, como nações, que podem interatuar tanto quanto dois ou mais indivíduos (125).

da teoria de sistemas no estudo dos sistemas vivos (orgânicos), sejam eles biológicos, psicológicos ou interacionais, como aqui. Pois

> (...) os sistemas orgânicos são *abertos*, significando que eles permutam materiais, energias ou informação com seus meios. Um sistema é *fechado* se não existe importação ou exportação de energias, em qualquer de suas formas, como informação, calor, materiais físicos etc. e, portanto, nenhuma troca de componentes, sendo um exemplo a reação química que tem lugar num recipiente isolado e estanque. (62, pág. 23)

Esta distinção entre sistemas abertos e fechados emancipou as ciências dedicadas aos fenômenos da vida das algemas de um modelo teórico baseado, essencialmente, na física e química clássicas: um modelo de sistemas exclusivamente *fechados*. Porque os sistemas vivos têm transações decisivas com os seus meios, a teoria e métodos de análise apropriados às coisas que podem ser razoavelmente metidas em "um recipiente isolado e estanque" eram significativamente obstrutivos e originadores de equívocos.[34]

Com o desenvolvimento da teoria de subsistemas abertos e hierarquicamente ordenados, o sistema e seu meio já não precisam ser artificialmente isolados um do outro; eles ajustam-se significativamente dentro da mesma estrutura teórica. Koestler descreve a situação da seguinte maneira:

> Um organismo vivo ou um corpo social não é uma agregação de partes ou processos elementares; é uma hierarquia integrada de subconjuntos semi-autônomos, formados por subconjuntos e assim por diante. Assim, as unidades funcionais, em cada nível da hierarquia, como que são bifaciais: atuam como um todo quando as observamos de cima para baixo, como partes quando as vemos de baixo para cima. (87, pág. 287)

---

[34] Um exemplo interessante e pertinente do efeito indireto sobre as diversas disciplinas da metateoria mais articulada pela física clássica pode ser visto na psiquiatria: As patologias de interação eram virtualmente desconhecidas nos primeiros tempos da psiquiatria, com uma só exceção, a *folie à deux* e simbioses afins (s. 3.62). Essas relações dramáticas foram, desde o início, consideradas problemas interacionais, não individuais; e, como tal, eram pouco mais do que extravagâncias nosológicas. Entretanto, o fato de serem admitidos, ao passo que muitos outros problemas de relações eram ignorados, já era suficientemente curioso, sobretudo porque podemos hoje perceber que só a *folie à deux* se ajustava precisamente ao modelo de sistema fechado da época.

Na posse deste modelo conceitual, podemos facilmente situar um sistema interacional diádico em maiores sistemas de família, família ampliada, comunidade e culturais. Tais subsistemas também podem (com impunidade teórica) sobrepor-se a outros subsistemas, visto que cada membro da díade está envolvido em subsistemas diádicos com outras pessoas e até com a própria vida (ver o Epílogo). Em resumo, os indivíduos comunicantes são vistos em relações *horizontais* e *verticais* com outras pessoas e sistemas.

### 4.3

### As Propriedades dos Sistemas Abertos

Assim, transferimos a nossa análise da definição mais universal de sistemas gerais para enfocarmos uma das duas espécies básicas de sistemas: o sistema aberto. Podem ser agora definidas algumas das propriedades macroscópicas formais dos sistemas abertos, na medida em que se aplicam à interação.

#### 4.31 — GLOBALIDADE

Toda e qualquer parte de um sistema está relacionada de tal modo com as demais partes que uma mudança numa delas provocará uma mudança em todas as partes e no sistema total. Isto é, um sistema comporta-se não como um simples conjunto de elementos independentes mas como um todo coeso e inseparável. Esta característica talvez seja melhor entendida em contraste com o seu pólo oposto, a somatividade: se variações numa parte *não* afetam as outras partes nem o todo, então essas partes são mutuamente independentes e constituem uma "acumulação" (para usarmos um termo da literatura dos sistemas) que não é mais complexa do que a soma de seus elementos. Essa qualidade de somatividade pode ser colocada na outra extremidade de uma hipotética seqüência que tem num extremo a globalidade; e podemos dizer que os *sistemas são sempre caracterizados por um certo grau de globalidade*.

Se bem que, na época, não estivessem formalizadas numa metateoria, podemos hoje perceber que as teorias mecânicas do século XIX eram, primordialmente, analíticas e somativas. "A cosmovisão mecanista encontrou o seu ideal no espírito laplaceano, isto é, na concepção de que todos os fenômenos são, fundamentalmente, agregados de ações fortuitas de unidades físicas elementares" (25, pág. 165). Assim, os melhores exemplos serão fornecidos por meio de contrastes históricos. Conforme Ashby notou:

> A ciência encontra-se hoje numa espécie de linha divisória. Durante dois séculos, ela esteve explorando sistemas que são ou intrinsecamente simples ou capazes de ser analisados em componentes simples. O fato de que um dogma como "variar os fatores um de cada vez" pudesse ser aceito durante um século mostra que os cientistas estavam interessados, sobretudo, em investigar tais sistemas segundo esse método permitia; pois tal método é, com freqüência, fundamentalmente impossível nos sistemas complexos Só depois dos trabalhos de Sir Ronald Fisher, na década de 20, com experimentos realizados sobre solos agrícolas, tornou-se claramente reconhecido existirem sistemas complexos que não consentem a variação de um só fator de cada vez — eles são tão dinâmicos e estão de tal modo interligados que a alteração de um fator imediatamente atua como causa de alterações nos outros, talvez em grande número de outros. Até uma data recente, a tendência da ciência era para esquivar-se ao estudo de tais sistemas, focalizando a sua atenção naqueles que eram simples e, especialmente, redutíveis.
> Contudo, no estudo de alguns sistemas, a complexidade não pôde ser completamente negligenciada. O córtex cerebral do organismo vivo e livre, o formigueiro como sociedade operante e o sistema econômico humano destacavam-se em sua importância prática e em sua intratabilidade por outros métodos. Assim, hoje, vemos psicoses não tratadas, sociedades em declínio e sistemas econômicos vacilantes, sendo os cientistas incapazes de fazer mais do que apreciar a grande complexidade do assunto que estão estudando. Mas a ciência também está hoje dando os primeiros passos no sentido de estudar a "complexidade" *per se*. (5, pág. 5)

4.311

A *não-somatividade*, portanto, como corolário da noção de globalidade, fornece uma diretriz negativa para a definição de um sistema. Um sistema não pode ser considerado a soma de suas partes; com efeito, a análise formal de segmentos artificialmente isolados destruiria o próprio objeto de interesse. É necessário negligenciar as partes pela Gestalt e cuidar do núcleo da sua complexidade, da sua organização. O conceito psicológico de Gestalt é apenas um modo de expressar o princípio de não-somatividade; em outros campos, manifesta-se um grande interesse na *qualidade emergente* que promana da relação entre dois ou mais exemplos. O exemplo mais óbvio é fornecido pela química, onde um número relativamente escasso de elementos conhecidos produz uma variedade imensa de novas e complexas substâncias. Um outro exemplo seria os chamados "padrões de Moiré" — manifestações óticas da sobreposição de duas ou mais treliças (114). Em ambos os casos, o resultado é de uma complexidade que não poderia ser explicada pelos elementos separadamente considerados. Além disso, é muito interessante que a menor mudança que seja nas relações entre as partes constituintes é freqüentemente ampliada na qualidade emergente — uma substância diferente no caso da química, uma configuração muito diferente no padrão de Moiré. Na fisiologia, a patologia celular virchowiana contrasta, a esse respeito, com as modernas abordagens, como a de Weiss (162); e na psicologia, a associação clássica contrasta com a teoria da Gestalt; assim, no estudo da interação humana, propomos o contraste essencial entre as abordagens orientadas para o indivíduo e a teoria da comunicação. Quando a interação é considerada um derivativo de "propriedades" individuais, como valores, papéis, expectativas e motivações, o conjunto — dois ou mais indivíduos interatuando — é uma acumulação somativa que pode ser decomposta em unidades mais básicas (indivíduos). Em contraste, do primeiro axioma da comunicação — que todo o comportamento é comunicação e um indivíduo não pode *não* comunicar — decorre que as seqüências comunicacionais seriam reciprocamente inseparáveis; em resumo, essa interação é não-somativa.

4.312

Uma outra teoria de interação que é contraditada pelo princípio de globalidade é a de relações *unilaterais* entre elementos, isto é, que A pode afetar B mas não o inverso. Recordando o exemplo da esposa irritante e do marido retraído (s. 2.42), viu-se que embora uma seqüência interacional possa ser *pontuada* (pelos participantes ou o observador) num padrão de causalidade unilateral (*one-way*), uma tal seqüência é de fato, circular e a "resposta" evidente deve ser também um estímulo para o evento seguinte, nessa cadeia interdependente. Assim, afirmar que o comportamento da pessoa A causa o comportamento de B é ignorar o efeito do comportamento de B sobre a reação subseqüente de A; de fato, é desvirtuar a cronologia dos acontecimentos a pontuação de certas relações com exagerado relevo, ao mesmo tempo que se obscurecem outras. Especialmente quando a relação é complementar, como em líder-adepto, forte-fraco ou pais-filhos, é fácil perder de vista a globalidade da interação e decompô-la em unidades independentes e linearmente causais. Já advertimos contra essa falácia em s. 2.62 e s. 2.63 e é bastante torná-la aqui explícita em termos de interação a longo prazo.

4.32 — RETROALIMENTAÇÃO (FEEDBACK)

Se as partes de um sistema não estão somativa ou unilateralmente relacionadas, então de que maneira estão unidas? Rejeitados esses dois clássicos modelos conceituais, ficar-nos-ia, aparentemente, aquilo que no século XIX e começos do século atual eram as suas alternativas mal conceituadas — vagas noções vitalistas e metafísicas que, como não se ajustavam à doutrina do determinismo, foram rotuladas de teleológicas. Contudo, como já mostramos na s. 1.3, a mudança conceitual de energia (e matéria) para informação afastou-nos, finalmente, da estéril opção entre esquemas causais determinísticos e teleológicos. Com o advento da cibernética e a "descoberta" da retroalimentação, viu-se que a relação circular e altamente complexa é um fenômeno acentuadamente diferente mas não menos científico do que as mais simples e mais ortodoxas noções causais. Retroalimentação e circularidade, conforme foi descrito em detalhe no Capítulo 1 e repetidamente ilustrado nos Capítulos 2 e 3, constituem o adequado modelo causal para uma teoria de sistemas interacionais. A natureza específica de um processo de retroalimentação é de muito maior interesse do que a origem e, freqüentemente, o resultado final.

4.33 — EQÜIFINALIDADE

Num sistema circular e automodificável, os "resultados" (no sentido de alteração no estado, após um período de tempo) não são determinados tanto pelas condições iniciais quanto pela natureza do processo ou os parâmetros do sistema. Em termos simples, este princípio de eqüifinalidade significa que os mesmos resultados podem brotar de diferentes origens, porque a natureza da organização é que é definida. Von Bertalanffy discorreu sobre esse princípio:

> O estado constante dos sistemas abertos é caracterizado pelo princípio de eqüifinalidade; isto é, em contraste com os estados de equilíbrio nos sistemas fechados, que são determinados por condições iniciais, o sistema aberto pode atingir um estado independente do tempo, independente das condições iniciais e determinado apenas pelos parâmetros do sistema. (27, pág. 7)

Se o comportamento eqüifinal dos sistemas abertos se baseia em sua independência das condições iniciais, então não só muitas condições iniciais diferentes geram o mesmo resultado final mas diferentes resultados podem ser produzidos pelas mesmas "causas". Por outro lado, este corolário assenta na premissa de que os parâmetros do sistema predominarão sobre as condições iniciais. Assim, na análise de como as pessoas se afetam mutuamente em sua interação, não consideraremos que as características específicas da gênese ou do produto são, nem de longe, tão importantes quanto a organização atual da interação. [35]

Esta questão é ilustrada pelas várias concepções da etiologia (psicogênica) da esquizofrenia. As teorias de um trauma único na infância deram lugar à formulação do postulado de um repetitivo, embora unilateral e estaticamente concebido, trauma de relações, o qual seria gerado pela mãe produtora de esquizofrenia. Conforme Jackson sublinhou, isso é apenas a primeira fase numa revolução mais vasta:

> Historicamente, o lugar do trauma psicogênico na etiologia parece estar se deslocando das idéias originais de Freud de um único evento traumático para o conceito de trauma repetitivo. *O próximo passo não será quem faz o quê a quem mas como é que quem faz o quê.* Talvez a fase seguinte inclua um estudo da esquizofrenia (ou das esquizofrenias) como uma doença de que a família é portadora, envolvendo um complicado ciclo portador-vetor-recipiente que inclui muito mais do que pode ser conotado pela expressão "mãe esquizofrenogênica". (68, pág. 184; o grifo é nosso) [36]

---

(35) Cf. Langer, que formulou a opção de uma outra maneira:

> Existe uma falácia generalizada e muito conhecida, chamada a "falácia genética", que decorre do método histórico na filosofia e na crítica: o erro de confundir a *origem* de uma coisa com a sua *significação*, de remontar a coisa à sua mais primitiva forma e, depois, chamar-lhe "meramente" esse fenômeno arcaico (...) por exemplo, as palavras eram, provavelmente, sons ritualistas antes de serem recursos comunicativos; isto não significa que a linguagem não seja agora "realmente" um meio de comunicação mas seja, "realmente" um mero resíduo de excitação tribal. (91, pág. 248) (O período grifado e as aspas estão no original.)

(36) Existem provas em apoio dessa concepção eqüifinal da psicopatologia; Kant (82) e Renaud e Estess (124) anunciaram, respectivamente, a inexistência de fatores traumáticos precipitantes em cinqüenta e seis casos consecutivos de esquizofrenia e a existência de depoimentos convincentes de experiências traumáticas nas biografias de homens que eram considerados psiquiatricamente normais. Tendo notado que o seu grupo normal em nada se distinguia das amostras clínicas, nessa base, Renaud e Estess disseram o seguinte:

O que acaba de ser dito sobre as origens (etiologia) também pode ser aplicado ao quadro clínico resultante (nosologia). Tomando uma vez mais a esquizofrenia como exemplo, há duas maneiras de entender esse termo; como um rótulo para uma entidade patológica fixa ou para um modo de interação. Já foi proposto (s. 1.65 e 1.66) que o comportamento tradicionalmente classificado como "esquizofrênico" deixe de ser coisificado mas, pelo contrário, seja estudado unicamente no contexto interpessoal em que ocorre — a família, a instituição — onde tal comportamento não é, simplesmente, resultado nem causa dessas condições ambientes usualmente bizarras mas uma parte complexamente integrada de um sistema patológico em curso.

Finalmente, uma das características mais significativas dos sistemas abertos é encontrada no comportamento eqüifinal, especialmente em contraste com o modelo de sistema fechado. O estado final desse sistema fechado é completamente determinado pelas circunstâncias iniciais, sobre as quais pode se dizer, portanto, que constituem a melhor "explicação" desse sistema; contudo, no caso do sistema aberto, as características organizacionais do sistema podem operar no sentido de ser atingido até o caso extremo de independência total das condições iniciais: *o sistema é, pois, a sua própria e melhor explicação*; e o estudo da sua organização atual é a metodologia apropriada. [37]

## 4.4

### Sistemas Interacionais em Desenvolvimento

Estamos agora em condições de analisar mais minuciosamente os sistemas caracterizados pela estabilidade, os chamados

---

Tal conclusão não é incompatível com os pressupostos básicos subentendidos na ciência do comportamento do século XX (por exemplo, que o comportamento humano é, num grau substancial, um produto da experiência vital) tampouco está em conflito com a proposição básica de que os primeiros anos de vida são decisivos para o desenvolvimento ulterior. Este ponto de vista, entretanto, contesta as concepções elementaristas de simples e diretas relações causais que insistentemente se presume existirem entre certos tipos de eventos e o desenvolvimento posterior da doença mental. (124, pág. 801)

(37) O mesmo ponto foi sublinhado por autores tão científicos quanto Wieser (167, pág. 33) e tão humorísticos mas realistas quanto C. Northcote Parkinson (115).

sistemas de "estado permanente". Revertendo a Hall e Fagen, "um sistema é estável com respeito a certas variáveis se estas variáveis tendem a permanecer dentro de limites definidos" (62, pág. 23).

### 4.41 — RELAÇÕES EM DESENVOLVIMENTO

Quase inevitavelmente, um tal nível de análise transfere o seu foco de atenção para as relações em desenvolvimento, isto é, aquelas que são (1) importantes para ambas as partes e (2) duradouras; são exemplos generalizados as amizades, algumas relações profissionais e de negócio e, especialmente, as relações conjugais e familiares. (73) Além de sua importância prática como instituições sociais ou culturais, tais grupos-vitais-com-história são de particular significado heurístico para a pragmática da comunicação. Sob as condições acima citadas, há não só a oportunidade mas também a necessidade de repetição de seqüências comunicacionais que culminam nas conseqüências profundas dos axiomas e patologias previamente examinadas. Grupos de estranhos ou encontros fortuitos podem fornecer interessante material idiossincrásico mas, a menos que se esteja interessado em fenômenos singulares, artificiais ou originais, tal interação não é tão valiosa quanto a da "cadeia natural" em que supomos que as propriedades e patologias da comunicação humana serão manifestadas com um impacto pragmático mais nítido.[38]

### 4.411

Uma interrogação que ocorre usualmente é esta: Por que é que uma dada relação existe? Isto é, por que motivo, especialmente em face da patologia e sofrimento, essas relações perduram, com os participantes não só não abandonando o campo mas — mais positivamente enunciado — acomodando-se a uma continuidade das relações? A pergunta suscita respostas baseadas em motivação, satisfação de necessidades, fatores sociais ou culturais, ou outros determinantes que, embora claramente subentendidos, são tangenciais para esta exposição. Todavia, a questão não pode ser sumariamente posta de lado e, de fato, já sugerimos,

---

[38] Isto não nega a utilidade nem a possibilidade de investigação experimental (isto é, controlada) desses fenômenos, se bem que, como Bateson (11), Haley (59), Scheflen (138, 139) e Schelling (140) sugeriram em contextos muito diferentes, seja provável que tal experimentação seja de uma ordem fundamentalmente nova. Ver também os comentários de Ashby em s. 4.31.

com Buber e outros, a importância da confirmação como um propósito social (s. 3.331).

Contudo, como a nossa finalidade é mais intensa do que extensa, é necessário explorar primeiro as explicações interacionais, antes da integração das premissas decorrentes de outros quadros de referência. Assim, ficaremos com uma resposta que é mais descritiva do que explicativa, [39] isto é, *como* e não por que o sistema interacional funciona. Pode se fazer uma analogia sumamente simplificada com o funcionamento de um modelo favorito, o computador. De que modo a máquina funciona pode ser descrito em termos da sua linguagem, circuitos de retroalimentação, sistema de entrada e saída etc. O proverbial homem de Marte poderia, concebivelmente, observar o funcionamento de um tal sistema o tempo bastante para compreender como ele opera mas, apesar disso, ainda não saberia "por que", que é uma questão diferente e nada simples. Em última análise, o computador poderá funcionar porque está ligado a uma fonte de energia; pode funcionar de uma certa maneira por causa da natureza de suas partes componentes; no sentido teleológico, pode funcionar da maneira que o faz porque foi planejado para um determinado fim. Na concepção geral, o *por que* da energia e finalidade (impulso e necessidade, em termos psicológicos) não pode ser ignorado; mas tampouco pode sê-lo a natureza da operação, o *como*. Além disso, essas questões podem ser consideradas separadamente, pelo menos, de momento, tal como ocorre com questões semelhantes em outros campos; na física existe uma descontinuidade bem conhecida de modelos:

> Talvez não seja o momento de perguntar, por exemplo, por que os elétrons e fótons atuam como partículas e também como ondas, e esperar uma resposta; a física teórica ainda não chegou tão longe. Por outro lado, é possível indagar se uma propriedade ondulatória poderá explicar por que uma partícula, o elétron, está limitada a certas órbitas, enquanto gravita em torno do núcleo de um átomo. (2, pág. 269)

4.42 — LIMITAÇÃO

Um motivo, como dissemos acima, para adotar semelhante posição limitada é que podem muito bem existir fatores identifi-

---

[39] Por exemplo, podemos considerar a relação permanente, fenomenologicamente, como um jogo de soma não-zero de motivo misto (140), em que qualquer solução, dentro da relação, parece preferível a uma solução de fora. Tal modelo é proposto e ilustrado em s. 6.446.

cáveis que são intrínsecos ao processo de comunicação — isto é, à parte a motivação e o simples hábito — e que servem para aglutinar e perpetuar uma relação.

Podemos reunir esses fatores, conjeturalmente, sob a noção de efeito limitador da comunicação, assinalando que, *numa seqüência comunicacional, toda e qualquer troca de mensagens restringe o número dos possíveis movimentos seguintes*. No extremo mais superficial, este ponto equivale a uma reformulação do primeiro axioma, segundo o qual, numa situação interpessoal, estamos limitados a comunicar; ao estranho que nos aborda ou nos ignora devemos responder, pelo menos, com um comportamento de ignorância. Em circunstâncias mais complicadas, a restrição das possibilidades de resposta é ainda mais limitada. Por exemplo, em s. 3.23, mostramos que, dadas as relativamente poucas modificações contextuais da situação do estranho, era possível fornecer uma perspectiva geral de todas as possibilidades. Assim, o *contexto* pode ser mais ou menos restritivo mas determina sempre as contingências, em certa medida. Mas o contexto não consiste apenas em fatores institucionais e externos (aos comunicantes). As mensagens manifestas trocadas passam a fazer parte do contexto interpessoal e impõem suas restrições à interação subseqüente (144). Voltando à analogia do jogo, em qualquer jogo interpessoal — não só os modelos de motivo misto mencionados acima — um lance modifica a configuração do jogo nessa fase, afetando as possibilidades abertas a partir desse ponto e, por conseguinte, alterando todo o curso do jogo. A definição de uma relação como simétrica ou complementar, ou a imposição de uma determinada pontuação, restringem largamente o confronto. Quer dizer, não só o emissor mas também a relação, incluindo o receptor, são afetados nesta concepção de comunicação. Até discordar, rejeitar ou redefinir a mensagem prévia não é apenas responder mas, além disso, é engendrar um envolvimento que não precisa ter qualquer outra base, exceto a definição de relação e o compromisso inerente a *qualquer* comunicação. O hipotético passageiro de avião em s. 3.23, que poderia optar pela troca de banalidades, ver-se-ia cada vez mais envolvido — apanhado na armadilha, sugerimos, pelos seus lances iniciais, ainda que inócuos. Um exemplo quase clínico será encontrado no Capítulo 5 e exemplos do que constitui, talvez, a mais rígida limitação, a que é imposta pelo paradoxo, serão abordados no Capítulo 6, onde sugeriremos que os paradoxos interpessoais são recíprocos e interligados, de modo que ocorrem os sistemas a que os engenheiros chamam oscilação, com ambas as partes unidas por um complexo, insustentável mas inevitável vínculo.

## 4.43 — REGRAS DE RELAÇÃO

Com os fenômenos de limitação devidamente examinados, podemos reverter às questões diretamente relacionadas com os sistemas interacionais permanentes. Recorde-se que, em toda e qualquer comunicação, os participantes oferecem-se mutuamente definições de suas relações ou, em termos mais categóricos, cada um deles procura determinar a natureza da relação. Do mesmo modo, cada um reage com a sua definição das relações, a qual pode confirmar, rejeitar ou modificar a do outro. Este processo justifica uma atenção meticulosa, visto que, nas relações permanentes, não pode ser deixado sem resolução ou flutuando. Se o processo não se estabiliza, as amplas variações e indocilidade, para não mencionar a ineficiência da redefinição das relações a cada mudança que se opere, levariam ao afastamento e concomitante dissolução das relações. As famílias patológicas que tão freqüentemente se vê, na terapia, discutindo interminavelmente em torno de questões de relações (s. 3.31), ilustram essa necessidade, embora sugiramos que existem limites até para as suas discussões e, com freqüência, uma regularidade deveras **dramática** no seu desenvolvimento caótico.

> Os casais (...) que podem se empenhar em manobras comportamentais espantosamente variadas, durante o namoro, alcançam uma considerável economia, indubitavelmente, decorrido um certo tempo, em termos do que é passível de discussão e como deve ser discutido. Por conseguinte, eles parecem (...) ter excluído mutuamente vastas áreas de comportamento do seu repertório interacional e nunca mais tergiversam a respeito delas. (...) (74, pág. 13)

Essa estabilização da definição de relações foi denominada por Jackson (73, 74) a *regra* das relações; é um enunciado das redundâncias observadas no nível de relação, mesmo numa variada gama de áreas de conteúdo. Esta regra pode considerar a simetria ou a complementaridade uma pontuação particular (como no caso de um bode expiatório) que equipara reciprocamente a impregnabilidade interpessoal (s. 3.35) ou alguns outros aspectos — indubitavelmente muitos — da relação. Seja como for, observa-se uma extrema circunscrição dos comportamentos possíveis, em qualquer dimensão particular, a uma configuração redundante, o que levou Jackson a caracterizar também as famílias como sistemas governados por regras (74). Obviamente, isto não significa que leis apriorísticas governem o comportamento da família. Antes, como disse Mach para a ciência em geral,

> as regras para a reconstrução de um grande número de fatos podem ser consubstanciadas numa *única* expressão. Assim, em vez de se notarem os casos isolados de refração à luz, podemos reconstruir mentalmente todos os casos presentes e futuros, se soubermos que o raio de incidência, o raio de refração e a perpendicular estão no mesmo plano e que seno $\alpha$/seno $\beta = n$. Neste caso, em vez de inúmeros casos de refração em diferentes combinações de matéria e sob diferentes ângulos de incidência, temos simplesmente que notar a regra acima enunciada e os valores de $n$ — o que é muito mais fácil. A finalidade econômica é aqui inequívoca. Na natureza não existe uma *lei* de refração, apenas diferentes casos de refração. A lei de refração é uma regra concisa, ideada por nós para a reconstrução mental de um fato e apenas para a sua reconstituição parcial, isto é, no seu aspecto geométrico. (99, págs. 485-6)

### 4.44 — A FAMÍLIA COMO UM SISTEMA

A teoria das regras de família ajusta-se à definição inicial de um sistema como "estável a respeito de algumas de suas variáveis, se essas variáveis tenderem a permanecer dentro de limites definidos"; e, de fato, isto sugere uma análise mais formal da família como sistema.

Tal modelo de interação familiar foi proposto por Jackson quando apresentou o conceito de *homeostase familiar* (69). Observando que as famílias de pacientes psiquiátricos demonstravam, freqüentemente, repercussões drásticas (depressão, acessos psicossomáticos etc.) quando o paciente melhorava, ele postulou que esses comportamentos e, talvez, portanto, a doença do paciente, eram "mecanismos homeostáticos" operando para restabelecer o delicado equilíbrio do sistema perturbado. Este breve enunciado é o âmago de uma abordagem comunicacional da família, que pode ser agora enumerada de acordo com alguns princípios já apresentados.

### 4.441 *Globalidade*

O comportamento de todo o indivíduo, dentro da família, está relacionado com (e depende do) comportamento de todos os outros. Todo o comportamento é comunicação e, portanto, influencia e é influenciado por outros. Especificamente, como notamos acima, as mudanças para melhor ou pior no membro da família identificado como o doente terão, usualmente, um efeito sobre os outros membros da família, especialmente em função de sua própria saúde psicológica, social e até física. Os psicoterapeutas de família que aliviam os achaques identificados defrontam-se, freqüentemente, com uma nova crise. O exemplo seguinte é típico, em princípio, embora tivesse sido escolhido por causa da invulgar clareza da descrição das queixas.

Um casal inicia a terapia conjugal por insistência da esposa, cujas queixas parecem mais do que justificadas: o seu marido, um jovem bem-parecido, simpático e mentalmente vivo, conseguiu chegar ao final do curso primário sem ter aprendido a ler ou escrever. Durante o seu serviço militar também conseguiu livrar-se com êxito de um curso especial para soldados analfabetos. Desmobilizado, começou a trabalhar como mão-de-obra e viu-se impedido de qualquer avanço ou aumento de salário. A esposa é uma pessoa atraente, enérgica e extremamente consciencicsa. Em conseqüência do analfabetismo do marido, ela carrega o fardo das responsabilidades familiares e, em muitas ocasiões, tem de conduzir seu marido no carro para os locais de novas construções onde ele trabalha, dado que ele é incapaz de ler as tabuletas de ruas ou plantas da cidade.

Relativamente cedo, no decurso da terapia, o marido decidiu matricular-se num curso noturno de alfabetização, mobilizou a ajuda de seu pai como uma espécie de supervisor de estudos e adquiriu uma proficiência rudimentar em leitura. De um ponto de vista terapêutico, tudo parece progredir às maravilhas quando, um dia, o médico recebe um telefonema da esposa do rapaz, informando-o de que não viria mais às sessões conjuntas e que requerera o divórcio. Como na velha piada, "a operação foi um êxito mas o paciente morreu". O terapeuta negligenciara a natureza interacional da queixa concreta (o analfabetismo do marido) e, ao eliminá-la, tinha alterado as relações complementares do casal, embora esse resultado fosse, exatamente, o que a esposa tinha esperado, em primeiro lugar, da terapia.

## 4.442 Não-Somatividade

A análise de uma família não é a soma das análises dos seus membros individuais. Existem características do sistema, isto é, padrões de interação, que transcendem as qualidades dos membros individuais — por exemplo, os complementos de s. 3.62 ou a comunicação duplamente vinculatória que será descrita em s. 6.432. Muitas "qualidades individuais" dos membros, especialmente o comportamento sintomático, são, de fato, específicas do sistema. Por exemplo, Fry (52) examinou concisa e claramente o contexto marital em que um grupo de pacientes manifestava um síndrome de ansiedade, fobias e comportamento estereotipado de evitação. Em nenhum caso havia um cônjuge funcionando com êxito mas de interesse ainda maior para a presente teoria é o sutil e difuso entrelaçamento comportamental observado em cada casal. Fry assinala que:

> os esposos revelam, após cuidadoso estudo, uma história de sintomas que se assemelham imenso, quando não são idênticos, aos sintomas do paciente. Usualmente, registra-se relutância em revelar essa história. Por exemplo, uma esposa era não só incapaz de sair sozinha mas, mesmo acompanhada, entrava em pânico se se encontrasse num lugar brilhantemente iluminado e (ou) cheio de gente ou se tivesse de ficar numa fila. O seu marido, no começo, negou quaisquer problemas emocionais mas depois revelou que experimentara, ocasionalmente, episódios de ansiedade e por isso evitava certas situações. As situações que ele evitava eram: estar em aglomerações, entrar em fila e em lugares públicos profusamente iluminados. Contudo, ambos os parceiros conjugais insistiam em que só a esposa devia ser considerada a paciente, porque ela tinha *mais* medo dessas situações do que ele.
>
> Num outro caso, a esposa foi considerada a paciente porque tinha pavor de recintos fechados e não era capaz de entrar em elevadores. Portanto, o casal não podia, por exemplo, ir a um coquetel a casa de amigos que viviam na cobertura de um edifício muito alto. Entretanto, revelou-se depois que o marido tinha medo de lugares altos, um medo que ele nunca precisara enfrentar por causa do pacto conjugal de que nunca subiriam a andares muito elevados porque a esposa tinha medo dos elevadores. (52, pág. 248)

O autor sugere depois que os sintomas do paciente parecem proteger o outro cônjuge e, a título de corroboração, assinala que a primeira investida dos sintomas correlaciona-se, tipicamente, com uma mudança na situação da vida do cônjuge, uma mudança que poderia ser geradora de ansiedade no cônjuge:

> Um advogado, com uma história de emprego bastante irregular até certa altura, obteve uma melhor posição numa outra cidade. Ele transferiu toda a sua família e foi ocupar o cargo, que para ela significava uma invulgar auto-afirmação. Nessa altura, o casal também começou a dormir de novo no mesmo quarto, depois de ocuparem quartos separados por mais de um ano. A esposa contraiu sérios acessos de ansiedade e era incapaz de aventurar-se a sair de sua nova casa.
>
> Um funcionário municipal, com pequeno salário, concluiu a construção de uma casa bastante cômoda e esmerada em seus acabamentos quase sem ajuda de ninguém. Sua esposa passou, pouco

depois, a sofrer ataques de ansiedade que a mantinham fechada em casa.

Um outro marido recebeu, finalmente, o seu diploma universitário e obteve um emprego. Sua esposa, que antes o sustentara enquanto ele estudava, caiu num estado de ansiedade.

O padrão interacional e o problema característico desses casais foi denominado por Fry como "controle dual", isto é,

> Os sintomas da paciente colocaram-na na posição, como membro padecente, de exigir ao seu cônjuge que esteja sempre à sua disposição e faça o que ela disser. O cônjuge não pode fazer um movimento sem consultar a paciente e obter a sua autorização. Entretanto, ao mesmo tempo, a paciente é constantemente vigiada pelo esposo. Ele pode ter que ficar perto do telefone para que ela possa entrar em contato com o marido mas este também está checando as atividades dela. Tanto a paciente como o marido relatarão, freqüentemente, que o *outro* está sempre se atravessando no seu caminho.
> As dificuldades da paciente funcionam para permitir ao marido que evite muitas situações em que ele poderia sentir ansiedade ou desconforto, sem ter que se defrontar com a possibilidade de sintomas. Ela pode ser uma elaborada desculpa para ele. O marido poderá evitar a vida social, ostensivamente porque a paciente está contrafeita e enervada. Pode limitar o seu trabalho, ostensivamente porque tem de dar assistência à paciente. Pode lidar inadequadamente com os seus filhos por causa das tendências dele para o retraimento e as reações exageradas. Mas evita um confronto com o seu próprio eu, graças à suspeita de que os problemas dos filhos são causados pelos sintomas da mãe. Ele talvez evite experiências sexuais com a paciente, ostensivamente porque ela está doente e não teria disposição para isso. Ele talvez se sinta inquieto quando está sozinho mas como a paciente tem medo de ficar só, o marido pode tê-la sempre com ele sem que sobressaia o fato de *ele* ter esse sintoma.
> A paciente insatisfeita poderá manifestar algum desejo de relações extramaritais mas os seus sintomas de fobia impedem a sua associação com outros homens. Por causa das características da sua personalidade e de sua reação à doença da paciente, um caso não será uma séria possibilidade para o marido. Tanto a paciente como o marido estão relativamente protegidos dessa exigência pelos sintomas da paciente.
> Usualmente, o casamento é infeliz, o casal distante e descontente, mas os sintomas funcionam para manter o casal unido. A este tipo de casamento poder-se-ia chamar matrimônio compulsório...
> Enquanto os sintomas persistirem, não haverá saída para o dilema. A paciente, inquieta sobre se o seu marido a quer, exige cada vez mais que ele permaneça a seu lado... porque ela está doente. Ele fica mas isso não a tranqüiliza porque, segundo parece, o marido permanece junto dela por causa da sua doença, não porque queira estar com a esposa. Como ele se sente compelido a associar-se à esposa, em virtude da sua doença, nunca poderá assegurar-lhe,

nem a si próprio, que seria capaz de procurar voluntariamente a companhia dela.

O marido não pode resolver este problema. Se ele ficar com a paciente, parecerá que é tão-só porque ela está doente. Se a deixar, será um brutamontes que não se interessa pela desdita da esposa. Além disso, se a deixa ou se ela se recupera, terá de enfrentar a sua própria ansiedade e os seus próprios sintomas. Não pode mostrar-se abertamente condoído, por causa do seu ressentimento íntimo, nem abertamente hostil. A paciente, por seu turno, não pode apreciar os sacrifícios que o marido faz por ela, nem pode abertamente menosprezá-los. (52, págs. 250-2)

### 4.443 Retroalimentação e Homeostase

As admissões (ações dos membros da família ou do meio) no sistema familiar são influenciadas e modificadas pelo sistema. A natureza deste e os seus mecanismos de retroalimentação têm de ser levados em conta, assim como a natureza da admissão (eqüifinalidade). Algumas famílias podem absorver grandes reveses e convertê-los até em motivos de reagrupamento e solidariedade; outras parecem incapazes de suportar a crise mais insignificante. Ainda mais extremos são os casos daquelas famílias de pacientes esquizofrênicos que parecem incapazes de aceitar as inevitáveis manifestações de maturidade em seus filhos e que neutralizam esses "desvios" qualificando-os de doentes ou maus. Laing e Esterson (90) descrevem a reação da mãe ("Sra. Field") de uma esquizofrênica de quinze anos ("June") à crescente independência da filha. Dos dois aos dez anos de idade, June sofrera de uma deslocação congênita da bacia, que exigira o uso de complicados e incômodos aparelhos corretivos que restringiam quase totalmente as atividades da garota.

> Mãe: Oh, sim, ela estava *sempre* comigo, sempre. É claro, eu não a deixaria sozinha por causa do aparelho, no caso de ela cair ou coisa assim. De fato, ela caiu e quebrou os dentes da frente. Mas brincava com as outras crianças, sabe... todos costumávamos sair com June, eu ia sempre com ela, naturalmente. Nunca a perdia de vista. Sabe, quando meteram June no gesso, eu não a pus no chão porque o gesso depressa ficaria danificado (sorriso). Eu a pus na cama, sabe, assim (demonstração) ...e então, eu... ela tinha uns bons tirantes de couro, porque ela sempre foi uma menina muito robusta, e eu tinha uma trela de um lado e uma trela do outro, de modo que June podia se movimentar livremente para baixo e para cima, não muito longe, que as trelas não deixavam, mas sempre de um lado ao outro do quarto. E pulava na cama com *tanta* força que (rindo) num par de anos todas as molas tinham estourado. Ela não ficava aí o tempo todo porque, como eu disse, eu sempre saía com ela. E então costumávamos pô-la

> no chão, sob as árvores, quando fazia bom tempo e no verão, em cima de um tapete e eu prendia-a à árvore, o que significava que June podia andar em torno da árvore mas não até às passagens de concreto. Porque o gesso é... bom, não é lá muito forte, o senhor sabe, e com o atrito no concreto ele gasta-se mais depressa. E havia uma barra intermediária, era um modelo de borboleta e cada vez esticava mais. E uma vez June conseguiu tirá-lo. Ela costumava agarrar essa barra, entende, e realmente quase balançava no gesso — era capaz de fazê-lo com muita facilidade. E certa manhã, muito cedo, ela livrou-se e eu tive de levá-la ao hospital para que lhe pusessem outro gesso. Como eu disse, era uma menina muito levada... foi sempre uma menina tão alegre e feliz... não é verdade, June?
> June: Humm...
> Mãe: Sim, claro que foi, minha querida.

A Sra. Field fez o seu relato num tom alegre e ágil. A sua maneira de falar é tão reveladora quanto o extraordinário conteúdo...

A Sra. Field não só omite toda e qualquer referência a que June poderia ter sido, em algumas ocasiões, um espetáculo penoso para ela, além de "encantadora"; infeliz, desditosa, talvez angustiada, assim como muito feliz; calada, assim como ruidosa; e não necessariamente sempre afetuosa mas o seu repertório de atributos positivos nunca varia. Esta imagem de June até aos 14 anos de idade é mantida com certeza e rigidez, constituindo, sem dúvida, uma visão extraordinariamente limitada de qualquer ser humano. É impermeável às demonstrações diretas de June em sentido contrário. É exercida sobre June uma grande pressão para que aceite essa imagem de si mesma e ataques são desferidos à sua vida se ela discorda. É intemporal. Como a Sra. Field diz repetidamente: "Essa não é a minha June. Agora não sou capaz de entendê-la. Sempre foi uma menina muito feliz. Sempre foi uma menina muito levada." (90, págs. 135-6)

Note-se a negação de toda e qualquer prova em contrário. Entretanto, quando a própria June começou a contradizer essa imagem, a díade entrou em uma nova fase, caracterizada pelos esforços maciços da Sra. Field para neutralizar as mudanças, esforços esses que cada vez mais assumiam a forma de uma afirmação de que June estava doente:

> No verão anterior ao inverno em que foi internada, June separou-se da mãe pela primeira vez, desde a sua permanência no hospital, durante seis semanas, quando tinha dois anos, em virtude da sua luxação na bacia. Isso aconteceu quando ela foi para um acampamento de meninas organizado pela igreja. A Sra. Field foi a única mãe que acompanhou sua filha ao acampamento. Durante

o mês em que estiveram afastadas, a menina fez uma série de descobertas sobre si mesma e sobre os outros; e, infelizmente, indispôs-se com a sua melhor amiga. Tomou consciência de si mesma, do ponto de vista sexual, com muito maior intensidade do que antes.

Na opinião de sua mãe, quando regressou do acampamento, ela já não era "a minha June. Ela estava irreconhecível".

Eis uma lista das qualidades de June, antes e depois de sua separação da mãe, tal como foram descritas pela Sra. Field:

| *Antes* | *Depois* |
|---|---|
| uma menina encantadora | estava abominável de aspecto |
|  | fazia uma maquilagem terrível |
|  | tinha engordado |
| uma menina muito alegre e feliz | estava infeliz |
| comunicativa | retraída |
| contava-me sempre tudo | não me confiava seus pensamentos |
| à noite, sentava-se junto da mãe, do pai e do avô | ia meter-se no seu quarto |
| gostava de jogar cartas com a mãe, o pai e o avô | preferia ler — ou jogava, mas sem entusiasmo |
| trabalhava com afinco na escola | trabalhava menos — não se empenhava a fundo |
| sempre foi obediente | tornou-se truculenta e insolente (por exemplo, numa ocasião chamou mentirosa à mãe) |
| tinha boas maneiras | comia com chocante sofreguidão |
|  | não esperava na mesa que todos tivessem terminado |
| acreditava em Deus | disse que já não acreditava em Deus; que tinha perdido a fé na natureza humana |
| era boa | às vezes, parecia perversa |

A mãe ficou muito alarmada com essas transformações e, entre agosto e dezembro, consultou dois médicos e a diretora da escola a respeito da filha. Nenhuma dessas pessoas viu algo de anormal em June, o mesmo acontecendo com o pai e a irmã dela. Contudo, a Sra. Field não se resignava a deixar a filha tranqüila.

É importante compreender que a imagem que a Sra. Field fazia de June nunca foi, é claro, verdadeira. A mãe ignorava totalmente a vida de June. Esta sentia-se tímida e envergonhada, insegura de si mesma, mas era grande para a sua idade e muito ativa na natação e outros esportes que começara a praticar para superar a sua prolongada invalidez infantil (só lhe retiraram o gesso aos dez anos de idade). Embora ativa, não era independente pois que, como ela própria nos contou, submetera-se em grande parte à mãe e raramente se atrevia a contrariá-la. Entretanto, começou a sair com rapazes quando tinha treze anos, embora desse a desculpa de que ia ao clube da paróquia.

Quando regressou do acampamento, começou a exprimir, pela primeira vez, o que realmente sentia a seu próprio respeito, a respeito de sua mãe, de seu trabalho escolar, Deus, outras pessoas etc. e, pelos padrões usuais da sua idade, fazia-o de um modo deveras comedido.

Essa mudança foi muito bem recebida pelas suas professoras, com uma certa dose de desagrado típico de uma irmã, Sylvia, e pelo pai como parte das complicações resultantes de ter uma filha. Somente a mãe viu nisso uma expressão de *doença* e considerou uma confirmação de sua opinião o fato de June ter começado a mostrar-se mais retraída em sua casa a partir das férias de Natal.

A versão da mãe quanto aos eventos que provocaram o estado de passividade imóvel quase completa de June pode ser expressa da seguinte maneira: June começara a ficar doente a partir de agosto. Sofreu mudanças sutis em sua personalidade, tornou-se rude, agressiva, truculenta e insolente em casa, enquanto que na escola se mostrava retraída e tímida. Segundo esta versão, ninguém conhece melhor uma filha do que a sua mãe e esta pode perceber os começos da esquizofrenia antes dos outros (pai, irmã, professoras e médicos). (90, págs. 137-9)

Nesta investigação invulgarmente intensa, o período de hospitalização e recuperação foram diretamente observados:

> A fase em que June foi clinicamente catatônica e em que a mãe a assistia como a um bebê durou três semanas e constituiu a fase mais harmoniosa por nós diretamente observada em suas relações.
>
> O conflito só começou quando June, segundo o nosso ponto de vista, principiou a melhorar.
>
> No período de recuperação, quase todos os progressos feitos por June (na opinião das enfermeiras, da assistente social psiquiátrica, dos terapeutas ocupacionais e de nós próprios) eram opostos veementemente pela mãe, para quem eles representavam um retrocesso, enquanto que para June e todos nós significavam passos em frente.
>
> Eis aqui alguns exemplos.
>
> June começou manifestando uma certa iniciativa. A mãe expressou grande alarma diante de qualquer manifestação desse tipo, ora argumentando que June era uma irresponsável, ora porque June nunca fazia nada sem pedir-lhe primeiro licença. Não que hou-

vesse algo de mal no que June fazia; era, simplesmente, o fato de ela não lhe pedir primeiro autorização...

Um exemplo que, segundo a mãe, a alarmava era como June comia uma barra de chocolate depois do desjejum sem lhe pedir primeiro licença...

Os pais não concediam a June o direito de possuir dinheiro no bolso ou de contar com uma mesada mas garantiam-lhe que lhe dariam dinheiro se ela explicasse para que o queria. Não surpreende que, nessas circunstâncias, ela preferisse pedir emprestado pequenas somas a outras pessoas. Tinha de prestar contas de como gastara até a quantia mais insignificante em seu poder.

Esse controle alcançava extremos extraordinários. Uma vez, June tirou seis dinheiros do moedeiro do pai para comprar um sorvete, sem lhe pedir licença. O pai disse à mãe que se June começasse a roubar, deixaria de considerá-la sua filha. Numa outra ocasião, ela encontrou um xelim num cinema e seus pais insistiram em que ela o entregasse na bilheteria. June disse que isso era ridículo e era levar a honestidade longe demais, pois ela não esperava que alguém lhe devolvesse um xelim se o perdesse. Mas os pais ficaram insistindo o dia todo na sua atitude e, já de noite, o pai entrou no quarto de dormir de June para voltar a admoestá-la.

Os exemplos acima podem ser multiplicados vezes sem conta. Eles sintetizam as reações intensas dos pais ante a nova mas frágil autonomia de June. O termo com que a Sra. Field se referiu a essa crescente independência foi "uma explosão".

Até agora, June agüentou firme. Sua mãe continua expressando-se em termos extremamente ambivalentes a respeito das provas de maior independência de June. Diz-lhe que fica com um aspecto abominável quando se maquila, ridiculariza-a ativamente se ela espera que algum rapaz se interesse por ela, trata quaisquer expressões de irritação ou exasperação, por parte de June, como sintomas da "doença" ou interpreta-as como manifestações de "perversidade"...

Entretanto, June tem de manter um rigoroso controle sobre si mesma, porque se grita, chora, prague ja, come pouco ou come demais, come depressa ou lentamente demais, lê em excesso, dorme demais ou dorme de menos, sua mãe sempre lhe dirá que ela está doente. É preciso muita coragem, por parte de June, para correr o risco de não estar aquilo a que seus pais chamam "bem". (90, págs. 139-45)

É quando chegamos ao problema de retroalimentação que se torna necessário rever a terminologia para uma elucidação da teoria. O termo homeostase acabou sendo identificado com estabilidade ou equilíbrio, não só aplicado à família mas também em outros campos. Mas, como salientaram Davis (36) e Toch e Hastorf (154), existem duas definições de homeostase desde os tempos de Bernard: (1) como um *fim* ou estado, especificamente, a existência de uma certa constância diante da mudança (externa); e (2) como um *meio*: os mecanismos de retroalimentação negativa que atuam para minimizar a mudança. A ambigüidade desse uso duplo e as posteriores aplicações de vasto alcance, muitas vezes igualmente vagas, do termo limitaram sua utilidade como uma analogia precisa ou um princípio explicativo. Na realidade, é mais claro referirmo-nos ao *estado constante* ou *estabilidade* de um sistema, o qual é geralmente mantido por mecanismos de *retroalimentação negativa*.

Todas as famílias que permanecem unidas devem se caracterizar por um certo grau de retroalimentação negativa, a fim de suportar as tensões impostas pelo meio e pelos seus membros individuais. As famílias perturbadas são particularmente refratárias à mudança e, com freqüência, demonstram uma notável capacidade para manter o *status quo*, mediante uma retroalimentação predominantemente negativa, como foi observado por Jackson [40] e ilustrado pelo exemplo de Laing e Esterson.

Contudo, também existe aprendizagem e crescimento na família e é exatamente aí que um modelo homeostático puro mais erra, pois esses efeitos estão mais próximos da *retroalimentação positiva*. A diferenciação entre comportamento, reforço e aprendizagem (tanto do comportamento adaptativo como do sintomático) e o crescimento e afastamento final dos filhos indicam que, embora de um ponto de vista a família está equilibrada pela homeostase, por outro lado existem importantes fatores simultâneos de mudança em ação, [41] e um modelo de interação familiar deve incorporar, necessariamente, esses e outros princípios numa configuração mais complexa.

---

(40) Cf. Jackson:

No desenvolvimento da teoria da família é significativo que tenha sido a observação de mecanismos homeostáticos nas famílias de pacientes psiquiátricos que levou à hipótese da família como um sistema homeostático e, mais especificamente, como um sistema governado por regras. E que assim é, prova-o o fato de as regras surgirem com clareza se observarmos as reações provocadas pela sua eliminação e daí inferir qual foi a regra violada. Finalmente, se observarmos durante um longo prazo o caminho percorrido, tomando cuidadosamente nota dos possíveis caminhos *não* utilizados, podemos chegar a efetuar conjeturas razoáveis sobre as regras do jogo. Mas as reações observáveis de um desvio único atuam, muito provavelmente, como indicador para o nosso objetivo. (74, págs. 13-14)

(41) Também neste ponto podemos aludir à sugestão de Pribram (s. 1.3) de que a constância pode dar lugar a novas sensibilidades e necessitar de novos mecanismos de manejo.

## 4.444 Calibração e Funções Escalonadas

O que acima se disse implica um par de pressupostos mais básicos: o de *constância*, dentro de um *âmbito definido*. A importância da mudança e variação (em termos de retroalimentação positiva, retroalimentação negativa ou outros mecanismos) assenta na premissa implícita de certa estabilidade fundamental da variação, uma noção que, como já salientamos, foi obscurecida pelo uso duplo do termo "homeostase". A expressão mais exata para esse âmbito fixo é *calibração* (14), a "regulagem" do sistema que, como se verá, é equivalente ao conceito mais específico de *regra*, já definido. A analogia clássica do termostato do aquecedor doméstico servirá para ilustrar esses termos. O termostato está regulado ou calibrado para uma determinada temperatura ambiente e as flutuações abaixo dessa temperatura ativam o aquecedor até que o desvio seja corrigido (retroalimentação negativa) e a temperatura ambiente volte de novo ao âmbito calibrado. Vejamos, entretanto, o que acontece quando se modifica a regulagem do termostato, isto é, quando se fixa uma temperatura superior ou inferior; há uma diferença no comportamento de um sistema como um todo, embora o mecanismo da retroalimentação negativa continue sendo exatamente o mesmo. Essa mudança na calibração, tal como modificar a regulagem de um termostato ou fazer os câmbios de marcha num automóvel, constitui uma *função escalonada* (4).

Convém notar que uma função escalonada exerce freqüentemente um efeito estabilizador. O fato de regular um termostato para uma temperatura menor reduz a necessidade de retroalimentação negativa e alivia o trabalho e consumo do aquecedor. As funções escalonadas também permitem a obtenção de efeitos mais adaptativos. O circuito de retroalimentação do acelerador do automóvel tem certos limites em cada marcha e para aumentar a velocidade geral numa subida torna-se necessária uma recalibração (câmbio de marcha). Parece que também nas famílias as funções escalonadas exercem um efeito estabilizador; a psicose constitui uma mudança brusca que recalibra o sistema e, inclusive, pode ser adaptativa (77; notar também o período catatônico no já citado exemplo de Laing e Esterson). As mudanças internas, virtualmente inevitáveis (a idade e o amadurecimento de pais e filhos), podem modificar a regulagem do sistema, quer gradualmente, de dentro para fora, quer de uma forma drástica, de fora para dentro, segundo a forma como o meio social incida sobre essas mudanças (com exigências de educação superior, serviço militar, aposentadoria etc.).

A esta luz, os mecanismos homeostáticos clinicamente observados por Jackson (69,70) podem ser, de fato, fenômenos até mais complexos do que os examinados aqui. Se certos mecanismos homeostáticos produzem-se, geralmente, como resposta a um desvio das regras conhecidas, então constituem um padrão de ordem supercaracterizado pelo rompimento e reconstrução de um padrão aplicável a maiores unidades de tempo.

Aplicando este modelo à vida familiar ou a padrões sociais mais amplos, como a imposição do cumprimento da lei, sugerimos que existe uma calibração do comportamento habitual ou aceitável, as regras de uma família ou as leis de uma sociedade, dentro das quais os indivíduos ou os grupos costumam funcionar. Em um nível, esses sistemas são muito estáveis, pois um desvio na forma de comportamento, fora do âmbito aceito, é contrabalançado (disciplinado, sancionado ou até desalojado por um substituto, como no caso de um outro membro da família passar a ser o paciente). Num outro nível, a mudança produz-se a longo prazo, o que propomos ser devido, pelo menos em parte, a uma ampliação de outros desvios, e que pode, eventualmente, redundar em um novo estado do sistema (função escalonada).

4.5 — RESUMO

A interação humana é descrita como um sistema de comunicação, caracterizado pelas propriedades dos sistemas gerais: o tempo como variável, relações sistema-subsistema, globalidade, retroalimentação e eqüifinalidade. Os sistemas interacionais são considerados o foco natural para o estudo do impacto pragmático a longo prazo dos fenômenos comunicacionais. A limitação, em geral, e o desenvolvimento de regras familiares, em particular, levam a uma definição e ilustração da família como um sistema governado por regras.

Capítulo 5

# UMA ABORDAGEM COMUNICACIONAL DA PEÇA "QUEM TEM MEDO DE VIRGINIA WOOLF?"

> "Perguntem aos poetas" — S. FREUD, *A Civilização e Seus Descontentes*.

## 5.1

### Introdução

O problema geral relativo à adequada exemplificação da teoria dos sistemas interacionais descrita no capítulo anterior, assim como à nossa escolha de um sistema fictício, em vez de dados clínicos reais (como nos capítulos prévios), merece alguns comentários especiais. Tendo descrito uma unidade de processos recorrentes sem sublinhar incidentes ou variáveis importantes mas, outrossim, assinalando padrões redundantes no decorrer do tempo e de uma grande variedade de situações, a primeira dificuldade inerente à apresentação de exemplos surge de uma simples questão de volume. Para demonstrar exatamente o que significam as diversas abstrações que definem um sistema — regras, retroalimentação, eqüifinalidade etc. — é necessário dispor de um grande número de mensagens, assim como de suas análises e suas configurações. Por exemplo, a transcrição de horas e horas de entrevistas familiares resultaria proibitiva por seu volume e estaria desvirtuada pelo ponto de vista do terapeuta e pelo contexto terapêutico. Os dados não selecionados, do tipo "história natural", levariam a falta de limites a extremos que não acarretariam utilidade alguma. A seleção e a síntese tampouco oferecem uma solução, pois estariam distorcidas de tal modo que o leitor ver-se-ia privado do direito de observar o próprio processo de seleção. Assim, a segunda meta importante, além da obtenção de dimensões adequadas, consiste numa razoável independência no tocante aos dados, isto é, que os dados possam ser independentes dos autores, no sentido de serem publicamente acessíveis.

A insólita e conhecida peça de Edward Albee parece satisfazer ambos os critérios. Os limites dos dados apresentados na peça são fixados pela licença artística, se bem que a obra, possivelmente, seja ainda mais real do que a realidade, "um fogo nas cinzas úmidas do naturalismo" (145); além disso, o leitor tem à sua disposição todas as informações. Uma conseqüência deste último fato é que muitas outras interpretações podem ser e têm sido feitas dessa peça — e, de fato, muitas são possíveis. O fato de termos focalizado aqui uma interpretação não implica discordância das demais. Trata-se, simplesmente, de que o nosso propósito é ilustrar a tese em discussão e não analisar exaustivamente a obra como uma unidade independente. Depois de uma sinopse do enredo, este capítulo acompanhará com a maior fidelidade possível a estrutura da seção principal do Capítulo 4, estando pelo menos as primeiras epígrafes decimais (5.2, 5.3 e 5.4) relacionadas com suas contrapartes nesse capítulo.

5.11 — SINOPSE DO ENREDO

Esta obra que, segundo um crítico, descreve um "limbo de agressividade doméstica" (107, pág. 58), tem pouca ação concreta. A maior parte do seu movimento consiste em rápidas e detalhadas permutas verbais. Através dessas permutas, a complexidade comunicacional da interação entre os quatro atores desenvolve-se de um modo mais perfeito do que talvez seria possível se o autor se houvesse apoiado mais em acontecimentos "reais", na acepção dramática ortodoxa.

Toda a ação tem lugar durante a madrugada de um domingo, na sala de estar da casa de George e Martha, no campus de uma universidade da Nova Inglaterra. Martha é a filha única do reitor da universidade e o seu marido, George, é professor-adjunto no departamento de história. Ela é uma mulher exuberante e ruidosa, de 52 anos, embora aparente menos idade; ele é um intelectual franzino e grisalho, de uns 46 anos. Não têm filhos. Segundo Martha, tanto ela como seu pai esperavam que George, que era um jovem quando chegou à universidade, assumisse a direção do departamento de história e chegasse, finalmente, a ser o próximo reitor da universidade. George não correspondeu a essa expectativa e nunca passou de professor-adjunto.

Quando se inicia a peça, George e Martha regressam a casa, após participarem numa festa em casa do pai de Martha onde se reuniram vários membros do corpo docente e suas famílias. São duas horas da manhã mas, sem que George o soubesse, Martha convidou um casal que tinham conhecido na festa. Esses visitantes são Nick, um novo membro do departamento de biologia, de uns 30 anos de idade, louro e boa pinta, e sua esposa, Honey, de 26 anos, uma loira pequenina e insípida. Segundo se revela mais tarde, Nick casou com Honey porque julgava que ela ia ter um bebê mas, afinal de contas, não passava de uma gravidez histérica que logo desapareceu quando se casaram; e talvez ele fosse também motivado pela fortuna do sogro. Quer por essas ou outras razões, Nick e Honey mantêm entre si um estilo exageradamente convencional de comunicação.

George e Martha têm alguns segredos próprios. Sobretudo, compartilham da ficção de que têm um filho que acaba de atingir a maioridade e uma regra relacionada com esse filho imaginário, a saber, que não devem revelar a ninguém a sua "existência". Há também um capítulo muito obscuro na vida anterior de George. Segundo parece, num acidente teria matado a mãe com um tiro e, um ano depois, enquanto recebia do pai instruções para aprender a conduzir, perdeu o controle do carro e o pai morreu no acidente; mas o público fica na dúvida, de certo modo, sobre se isso não será, simplesmente, uma outra fantasia.

O ato I intitula-se "Jogos e Diversões" e fornece uma apresentação do estilo de altercação verbal do casal mais velho e do seu filho mítico, assim como da atitude sedutora (obviamente estereotipada) de Martha em relação a Nick. O clímax é atingido quando Martha ataca cruelmente George por seu fracasso profissional.

No começo do ato II, "Walpurgisnacht" (Noite de Sabá das Feiticeiras), George e Nick estão sozinhos na sala, quase competindo na revelação de confidências — George falando sobre a morte de seus pais, embora disfarçada como a triste biografia de uma terceira pessoa, e Nick explicando por que se casou. Quando as mulheres regressam à sala, Martha começa a dançar descaradamente com Nick, para espicaçar George, e inicia-se o primeiro jogo com título explícito — "Humilhar o Anfitrião". Martha revela aos seus convidados a forma como morreram os pais de George, pelo que este a agride fisicamente. Então, ele próprio inicia o jogo seguinte, "Aporrinhar os Convidados", e relata, para extrema mortificação de Nick e horror de Honey, o segredo que levou ao casamento o casal visitante. Depois, Martha e George trocam desafios e juram que a batalha vai continuar. O jogo seguinte converte-se em "Montar a Anfitriã" e leva à sedução ostensiva de Nick por parte de Martha, se bem que a capacidade dele para cooperar manifeste ter sido prejudicada pelos constantes drinques, que não tinham parado desde o princípio da noite.

O ato III, "Exorcismo", abre com Martha sozinha, recriminando-se por sua tentativa de infidelidade mas lamentando, ao mesmo tempo, que isso não tivesse sido consumado. Entrementes, George preparou o último jogo ("Fazer Aparecer o Bebê") e reúne os outros três para esse *round* final. Revela toda a história do mito do filho e anuncia depois a Martha, furiosa mas impotente, que o filho "morreu" num acidente de automóvel. A natureza desse exorcismo evidencia-se a Nick ("Jesus Cristo, eu creio que compreendo isto" [pág. 236] [42]). Ele e Honey saem e a peça termina com uma nota de exaustão e ambigüidade que não deixa claro se George e Martha continuarão jogando aos pais que lamentam a morte de seu filho único em plena juventude ou se agora se tornou possível uma completa mudança em seus padrões de relações.

## 5.2

### A Interação como Sistema

Os personagens desta peça, especialmente George e Martha, parecem constituir um sistema interacional caracterizado, *mutatis mutandis*, por muitas das propriedades dos sistemas gerais. Não prejudicará enfatizarmos, uma vez mais, que um tal modelo não é literal nem abrangente; quer dizer, esses personagens, como nas relações reais, não se consideram, em sentido nenhum, mecânicos, automatizados ou completamente definidos por seus aspectos interacionais. Com efeito, o poder de um modelo como recurso científico baseia-se nessa representação e organização deliberadamente simplificada do tema de discurso (2).

---

(42) As referências de páginas entre parênteses correspondem à edição Atheneum (1).

## 5.21 — TEMPO E ORDEM, AÇÃO E REAÇÃO

Gregory Bateson definiu a psicologia social como "o estudo das reações dos indivíduos às reações de outros indivíduos", acrescentando: "Temos de considerar não só as reações de A ao comportamento de B, mas também de que modo elas afetam o comportamento posterior de B e o efeito disso sobre A" (10, págs. 175-6). É este o princípio subjacente em nossa análise. George e Martha são indivíduos interessantes mas não serão extraídos do seu contexto social (o qual, primordialmente, é constituído por cada um deles em relação ao outro) para considerá-los como "tipos". Antes, a unidade de análise será o que se passa, seqüencialmente, entre eles: Martha, tal como reage a George e este a ela. Essas transações se acumulam, durante períodos mais prolongados de tempo, assumindo uma ordem que, embora resumida, ainda está essencialmente formada por processos seqüenciais.

## 5.22 — DEFINIÇÃO DO SISTEMA

Na s. 4.22, um sistema interacional foi definido como dois ou mais comunicantes no processo ou no nível de definição da natureza de suas relações. Como tentamos explicar nos capítulos precedentes, os padrões de relação existem independentemente do conteúdo, se bem que, é claro, na vida real sempre se manifestem através do conteúdo. Se a atenção se limitar ao conteúdo do que as pessoas comunicam reciprocamente, então, com freqüência, parecerá não haver, de fato, continuidade alguma em sua interação — "o tempo sempre começa de novo e a história está sempre no ano zero". E assim sucede na peça de Albee: durante três penosas horas, o espectador é testemunha de uma seqüência caleidoscópica de eventos em constante mutação. Mas qual é o seu denominador comum? Alcoolismo, impotência, esterilidade, homossexualidade latente, sadomasoquismo — tudo isto foi proposto como explicações para o que sucede entre esses dois casais na madrugada de um domingo. Em sua produção de Estocolmo, Ingmar Bergman acentuou "a referência cristológica no sacrifício do filho pelo pai — o filho que era a dádiva do pai à mãe, do céu à terra, de Deus à humanidade" (109). Na medida em que o *conteúdo* da comunicação é o critério usado, todos esses pontos de vista, por contraditórios que sejam alguns deles, parecem justificados até certo ponto.

Mas o próprio Albee fornece um ponto de vista inteiramente distinto. O ato I intitula-se "Jogos e Diversões": no decorrer de toda a peça são realizados jogos de relações e continuamente se invocam regras, que são obedecidas e são transgredidas. São jogos aterradores, despidos de todas as características lúdidas e as suas regras constituem a sua melhor explicação. Tanto os jogos como as regras não respondem à pergunta: *Por quê?* Como Schimel também sublinha:

> É apropriado que o primeiro ato se intitule "Jogos e Diversões", um estudo de repetitivos, embora destrutivos, *padrões de comportamento entre pessoas*. Albee representa graficamente o "como" dos jogos e deixa o "por que" ao público e à crítica. (141, pág. 99; o grifo é nosso)

Assim, interessa pouco se George é realmente um fracasso como profissional acadêmico, e isso pelas razões que Martha descreve, ou se Nick é realmente o cientista do futuro que constitui uma ameaça para a história e os historiadores. Considere-se, por exemplo, a segunda hipótese — as freqüentes referências de George [e.g., págs. 36-40, 65-68] à história e à biologia do futuro (eugenia, conformismo). Isto pode ser interpretado como uma preocupação pessoal e um tanto mal-humorada, como ele próprio a designa; como um comentário social; até como uma alegoria da luta entre o homem ocidental tradicional (George) contra a onda do futuro (Nick), tendo como troféu a "Mãe-Terra" (como Martha a si própria se chama [pág. 189]); ou ainda como tudo isto e mais alguma coisa. Mas, visto em termos da *relação* entre George e Nick, este tópico é outro "saco de pancadas" (como George descreve mais tarde o filho mítico [pág. 98]), isto é, um joguete, um brinquedo, muitas vezes um projétil — o meio através do qual o jogo deles se manifesta. Neste sentido, as digressões de George sobre história e biologia podem ser entendidas como provocações disfarçadas de defesa e, assim, como um fenômeno comunicacional muito interessante, envolvendo uma desqualificação, uma negação de comunicação (com o efeito de uma participação progressiva) e uma pontuação que redunda numa profecia que promove a sua própria realização, na qual Nick realmente toma a mulher de George.

Do mesmo modo, parece que George e Martha estão de tal maneira tolhidos em sua luta relacional que não levam pessoalmente a sério o conteúdo de seus insultos (de fato, Martha não permite que Nick chame a George as mesmas coisas que ela lhe chama nem que interfira no jogo deles [e.g., pág. 190, pág. 204]); eles parecem respeitar-se mutuamente *no sistema*.

### 5.23 — SISTEMAS E SUBSISTEMAS

O núcleo principal da peça e deste comentário consiste na díade George-e-Martha. Contudo, eles são um "sistema aberto" e o conceito de estrutura hierárquica é apropriado aqui. Cada um deles forma uma subdíade com Nick e, em muito menor grau, com Honey. Nick-e-Honey formam, é claro, um outro sistema diádico que, além disso, tem uma notável relação com George-e-Martha, em virtude da complementaridade claramente contrastante dos primeiros. George, Martha e Nick compõem um triângulo de díades cambiantes.[43] Os quatro, como um todo, constituem o sistema visível total do drama, embora a estrutura não esteja limitada ao elenco presente mas inclua também e, por vezes, invoque o filho invisível, o pai de Martha e o ambiente no campus universitário. Os nossos objetivos presentes não nos permitirão uma classificação e análise exaustivos de todas as possibilidades, e ficamos com o que Lawrence Durrell (41) chamou "pontos de trabalho" — uma virtual infinidade de revoluções e novas concepções, à medida que são elaboradas outras facetas da estrutura; por exemplo, a peculiar complementaridade de Nick e Honey; a audácia agressiva de Martha, que se ajusta ao narcisismo de Nick; o tenso *rapprochement* entre George e Nick;[44] a competição entre Martha e George a respeito do pai dela; e assim por diante.

Como comentário final, é instrutivo que Albee trabalha quase exclusivamente com unidades menores, no máximo, transformando díades cambiantes num triângulo ou (no aspecto homens *versus* mulheres e talvez espuriamente) em dois contra dois. Provavelmente, o uso de três ou quatro unidades ao mesmo tempo seria complicado demais.

---

(43) Nas quais, quaisquer dois constituem uma unidade contra o terceiro, como quando Martha e Nick dançam ou troçam de George [e. g., págs. 130-6], ou George e Martha se unem contra Nick [e.g., págs. 196-7].

(44) O que confere um significado interacional ao título "Walpurgisnacht", em que George mostra a Nick a orgia [pág. 115], tal como Mefistófeles fez com Fausto.

## 5.3

### AS PROPRIEDADES DE UM SISTEMA ABERTO

As características gerais dos sistemas podem ser ilustradas reformulando-as em termos do sistema de George e Martha, especialmente em contraste, para maior clareza, com as abordagens individuais.

#### 5.31 — GLOBALIDADE

Idealmente, descreveríamos a Gestalt, a qualidade emergente desse conjunto de personagens. As suas relações são algo mais e algo distinto do que os indivíduos põem nelas. Aquilo que George ou Martha é individualmente não explica o que se forma entre ambos nem como acontece. Decompor esse todo em traços ou estruturas individuais de personalidade significa, essencialmente, separá-los um do outro, negar que os seus comportamentos têm um significado especial no contexto dessa interação — que, de fato, o padrão da interação os perpetua. Por outras palavras, a globalidade é uma descrição dos vínculos triádicos sobrepostos de estímulo-resposta-reforço, descritos por Bateson e Jackson (19) e analisados em s. 2.41. Assim, em vez de focalizarmos as motivações dos indivíduos envolvidos, é possível, num outro nível, descrever o sistema *como viável*; e se levarmos em conta os indivíduos, será na medida em que o seu comportamento é apropriado a esse sistema. Devemos ter em mente, como corolários do princípio da globalidade do sistema, todas as conclusões do Capítulo 1 — a abordagem da Caixa Escura, consciência *versus* inconsciência, presente *versus* passado, circularidade, e a relatividade do "normal" e do "anormal".

A concepção *unilateral* dessa díade é a adotada quase unanimemente pelos críticos jornalísticos, que parece terem "favorecido" George como a vítima na situação. Mas a única diferença entre as recriminações de George e as de Martha consiste em que ele a acusa de ser forte, enquanto que ela o acusa de fraqueza. Se os críticos reconhecem que George desempenha algum papel nessa batalha, é para assinalar que ele recorre à sua tática após uma provocação aberta. Em nossa opinião, trata-se de um sistema de provocação mútua que nenhuma das partes pode sustar. Contudo, é imensamente difícil descrever essa circularidade com o equilíbrio que ela justifica e requer, sobretudo pela falta de um vocabulário adequado para descrever relações mutuamente causais [45] e também porque é necessário começar algures, e sempre que o círculo é analiticamente decomposto está implícita a existência de um ponto de partida.

Devido a que os insultos de Martha são óbvios e inequívocos, e porque ela se ajusta facilmente ao estereótipo de uma harpia castradora, as ações de George tendem a ser aqui enfatizadas. Isto não significa, é claro, deslocar simplesmente a culpa, porquanto a culpa não constitui o problema central; trata-se, outrossim, de que tanto Martha como George fazem com que suas contribuições sejam óbvias; de fato, ambos compartilham da pontuação segundo a qual ela é ativa e ele passivo (se bem que atribuam diferentes valores à atividade e à passividade, por exemplo, George vendo-se a si próprio como um homem coibido e Martha considerando que isso nada mais é do que frouxidão). Mas isso é uma tática do seu jogo; o que deve ser entendido como básico é que ambos estão fazendo o mesmo jogo.

Essa ênfase na circularidade negligenciará também mais do que uma menção superficial de suas qualidades individuais redentoras, embora, de fato, ambos sejam muito brilhantes e perspicazes, ambos manifestem compaixão, ocasionalmente, e ambos pareçam estar cônscios, em diferentes pontos, da terrível destrutividade de seu jogo e, aparentemente, desejem pôr-lhe fim.

5.32 — RETROALIMENTAÇÃO

Os processos de retroalimentação neste quiçá simplificado sistema correspondem, precisamente, à simetria (retroalimentação positiva, ampliadora do desvio) e à complementaridade (retroalimentação negativa, estabilizadora). O formato "Eu posso fazer qualquer coisa melhor que tu" da competição simétrica leva, inexoravelmente, a um aumento dessa mesma atitude, com um incremento cada vez maior nas proporções do desvio. Inversamente, uma mudança para a complementaridade nesse sistema — aceitação, complacência, riso, por vezes até inação — provoca, usualmente, o encerramento e, pelo menos, uma trégua na luta.

Contudo, há exceções a esse padrão geral. À medida que a cadência aumenta no que se refere ao azedume e dimensão do ciclo (desde a zombaria breve, quase brincalhona, até aos padrões mais amplos e significativos, como "Humilhar o Anfitrião"), são requeridas maiores correções de desvio, a fim de neutralizar essa

---

[45] Maruyama criou o termo "relações causais simultâneas multilaterais mútuas" (100).

tendência e, como Martha e George demonstram, sua habilidade para a conciliação é tristemente inferior ao seu talento para o combate. A metacomunicação, um possível estabilizador, prova estar sujeita à mesma regra de simetria (s. 5.43) e, em vez de sustar a conflagração, ainda mais a intensifica. Os problemas aumentam ainda mais quando a complementaridade, ao serviço da simetria (s. 5.41), leva ao paradoxo e contribui para impedir a resolução.

Em s. 5.42, será analisado o mito do filho como um paradigma estritamente controlado desse sistema, com mecanismos homeostáticos internos de uma diferente espécie.

5.33 — EQÜIFINALIDADE

Se considerarmos um sistema como algo desenvolvido durante um determinado período de tempo, que alcança um certo estado ou que passa de um estado a outro, surgem duas maneiras muito diferentes de explicar o estado atual. Uma abordagem comum consiste em observar ou, como é mais comum e necessário no estudo do ser humano, em deduzir as condições iniciais (etiologia, causas passadas, história) que se presume terem levado às condições atuais. Num sistema interacional como o de George e Martha, essas condições iniciais podem ser experiências compartilhadas durante o noivado ou nos primeiros tempos do matrimônio ou, ainda antes, talvez sejam padrões individuais da personalidade fixados nos primeiros anos de vida de cada um deles ou de ambos. No primeiro caso, poder-se-ia atribuir uma função causal, por exemplo, ao *knockout* acidental que Martha infligiu em George e a respeito do qual ela diz: "Creio que coloriu toda a nossa vida. De verdade. De qualquer maneira, é uma boa desculpa" (pág. 57); ou, menos superficialmente, às circunstâncias que cercaram esse acontecimento, incluindo o fracasso de George em converter-se em "herdeiro aparente" do cargo de reitor do pai; ou à perda de inocência e (ou) alcoolismo de Martha (desde os "traguinhos de uma verdadeira dama" até ao "álcool de queimar" [pág. 24]) que George vem suportando há muito; ou a outros problemas que datam dos primeiros tempos do seu matrimônio. Quanto às "condições iniciais" individuais, as explicações possíveis ainda são mais variadas.[46] George podia ser visto como um homossexual latente que despreza Martha,

---

(46) Mas também são claramente *somativas*, sem qualquer explicação explícita do modo como o outro se ajusta à situação.

usando e sutilmente encorajando o caso dela com o belo moço (e, presumivelmente, com outros) para obter assim uma espécie de satisfação indireta. Ou então, Martha e George formam com o filho fantástico ou com Nick uma situação edipal clássica, em que não só Nick tenta dormir com a mãe e descobre que é impotente, incapaz de violar o tabu, mas também o filho, a caminho da maturidade, é assassinado pelo pai exatamente da mesma maneira como, segundo George, ele próprio, quando era ainda um rapaz, matou seu próprio pai [comparar págs. 95-96 e pág. 231]; além disso, seu pseudo-assassinato de Martha com um revólver de brinquedo [pág. 57] imita a maneira em que, segundo se diz, matou sua própria mãe [pág. 94]. Estas são apenas sugestões das possíveis direções de análise, em todas as quais podemos ver que a interação está determinada por condições prévias, freqüentemente individuais, que assim constituiriam a melhor explicação dessa interação.

Vários comentários já foram antes feitos (s. 1.2; 1.63; 3.64) sobre a natureza e uso dos dados anamnésicos e, no capítulo anterior (s. 4.33), mencionamos uma tendência para uma conceituação mais complexa das relações lineares entre passado e presente. Portanto, será suficiente notar aqui, uma vez mais, como crítica das abordagens históricas acima descritas, que neste caso, como em muitos outros — talvez a maioria — no estudo do humano, o passado não existe, exceto em relação ao presente e, portanto, não é conteúdo puro mas comporta igualmente um aspecto relacional. Ao ocorrer numa interação real no tempo presente, o relato sobre o passado também pode constituir material para o jogo atual. Verdade, seleção e distorção são menos importantes para compreender a interação atual do que o modo como o material é usado e o tipo de relação definido. O critério aqui proposto almeja explorar a medida em que os parâmetros do sistema — as regras e limitações que se aceitam na interação — podem explicar tanto a perpetuação como a mudança no sistema; isto é, em que medida pode ser oferecida, como explicação do sistema, uma legitimidade que não depende do passado.[47]

---

(47) Nesta fase do conhecimento, esta questão não é dicotômica, ou seja, não é necessário fazer uma escolha entre a dependência total e a total independência das condições iniciais. Trata-se, antes, de uma questão mais simples que consiste em examinar em certo detalhe o poder dos efeitos recíprocos no comportamento de um sistema de comunicação como a família e em apurar — seja como for que começaram — se podem ser sustados.

## 5.4

### Um Sistema Interacional em Desenvolvimento

Neste ponto, a fim de ilustrar o que se entende por interação atual, dever-se-ia oferecer um esboço das regras e táticas do jogo interacional de George e Martha, tal como nós o vemos; depois, alguns dos aspectos específicos das relações em desenvolvimento poderão ser considerados.

### 5.41

O seu jogo pode ser descrito como uma *escalada simétrica* (s. 3.61), em que cada um trata de manter-se à altura do outro ou de superá-lo, dependendo da pontuação que se aceite. Essa luta é estabelecida logo de início, quando George e Martha passam por uma série de escaladas simétricas rápidas, quase como se estivessem se adestrando, "apenas... nos exercitando", como diz George [pág. 33]. O conteúdo é inteiramente diferente em cada caso mas a sua estrutura é virtualmente idêntica e a estabilidade momentânea é alcançada pelo riso conjunto. Por exemplo, num certo momento, Martha diz ao marido: "Você me dá nojo!" George considera o caso com um desprendimento jocoso:

> GEORGE: Não é uma coisa muito agradável de se dizer, Martha.
> MARTHA: Não é *o quê?*
> GEORGE: ...uma coisa muito agradável. [pág. 13]

Martha persiste menos elegantemente:

> MARTHA: Gosto de ver-te enfurecido. Acho que é como mais me gostas... furioso. És tão... tão simplório! Não tens... como dizer?...
> GEORGE: ...Tomates?
> MARTHA: Ah, os teus eufemismos! (Pausa) [págs. 13-14]

Então riram ambos — talvez do seu trabalho de equipe — e chegamos ao encerramento. O riso parece assinalar a aceitação e por isso tem um efeito estabilizador, homeostático. Mas, por esta altura, já é evidente como a sua simetria está generalizada, porquanto até a mais leve diretriz por parte de um deles precipita uma nova luta, com o outro retaliando imediatamente de um modo tal que lhe permite definir a sua igualdade. Assim, Martha pede a George que ponha mais gelo em seu copo, e George, embora obedecendo, compara-a com um cocker spaniel sempre mastigando gelo com sua "dentuça" e de novo se engalfinham:

MARTHA: SÃO AS MINHAS PODEROSAS PRESAS!
GEORGE: Alguns... não todos.
MARTHA: Tenho mais dentes do que tu.
GEORGE: Mais dois.
MARTHA: Bem, dois são muito mais. [pág. 14]

E George, saltando rapidamente para uma vulnerabilidade conhecida:

> GEORGE: Suponho que sim. Acho que isso é admirável ...levando em conta a tua idade.
> MARTHA: CORTA ESSA! (Pausa) Também não és jovem, pois não?
> GEORGE (com prazer quase infantil... cantarolando): Tenho menos seis anos que tu... Sempre os tive e sempre os terei.
> MARTHA (taciturna): Bem... mas estás ficando careca.
> GEORGE: E tu também. (Pausa... ambos riem) Olá, querida.
> MARTHA: Olá. Vem aqui e dá uma grande beijoca na tua mãezinha. [págs. 14-15]

E nova escalada começa. George recusa-se, sarcasticamente, a beijá-la:

> GEORGE: Bem, querida, se eu te beijasse ia ficar todo excitado... ficaria fora de mim e acabaria trepando à força, aqui mesmo no tapete. (...)
> MARTHA: Porco!
> GEORGE (briosamente): Oink! Oink!
> MARTHA: Ha, ha, ha, HA! Arranja-me outro drinque... queridinho. [págs. 15-16]

O tema transfere-se agora para a maneira como ela bebe, a escalada torna-se mais amarga e redunda numa luta pelo poder sobre quem deve ir abrir a porta aos convidados que, entrementes, chegaram e tocam insistentemente a campainha.

Note-se, aqui, que assim como nenhum deles aceita uma iniciativa ou uma ordem do outro, também nenhum deles faz outra coisa senão ordenar ou controlar. Martha não diz "Podes dar-me um pouco mais de gelo?" e muito menos "Por favor, poderias dar-me...?" mas "Eh, bota mais gelo na minha bebida, tá?" [pág. 14]; analogamente, ela ordena-lhe que a beije e que abra a porta. Tampouco se trata de uma mulher grosseira e mal-educada mas, se não agisse assim, colocar-se-ia numa posição de considerável desvantagem, como George demonstra mais adiante com uma hábil manobra executada diante dos convidados, depois de Martha o ridicularizar abertamente:

GEORGE (Controla-se com grande esforço... depois, como se Martha tivesse dito apenas, "George, querido"...): Sim, Martha? Desejas alguma coisa?
MARTHA (divertida como o jogo dele): Bem... sim... claro, acende-me o cigarro, se não te incomoda.
GEORGE (reflete, depois afasta-se): Não... tudo tem limites, quer dizer, um homem pode agüentar muito, desde que não desça mais de um degrau ou dois na escala evolucionária... (Num aparte rápido para Nick)... que é a sua especialidade... (Dirigindo-se de novo a Martha) ...afunda, Martha, e é uma escada muito gozada... Quando se desce não se pode subir de novo. (Martha envia-lhe um beijo arrogante) Ora... Ainda posso pegar na tua mão no escuro, para que não tenhas medo do bicho-papão, e fazer sumir as garrafas de gim depois da meia-noite, para que ninguém as veja... mas acender-te o cigarro, isso não! E está falado. (Silêncio breve)
MARTHA (Entredentes): Filho da mãe! [págs. 50-1]

Do mesmo modo, se George se mostra amável ou aceita, de algum outro modo, a posição de inferioridade, Martha ou chama-o de invertebrado ou, com alguma justificação, suspeita de uma armadilha.

A *tática* faz parte do jogo; embora os estilos de George e Martha sejam muito diferentes, ambos são muito coerentes e, o que é mais importante, suas respectivas táticas encaixam-se perfeitamente. Martha é grossa, francamente insultante e muito direta, quase fisicamente agressiva. Sua linguagem é grosseira, seus insultos raramente eloqüentes mas sempre diretos. Até a sua idéia mais contundente ("Humilhar o Anfitrião") equivale a uma simples denúncia.

George, por outro lado, prepara habilmente suas armadilhas, usando como armas a passividade, a atitude indireta e um autodomínio civilizado. Enquanto Martha o insulta segundo a sua maneira habitual (com apelidos vulgares ou insistindo no fracasso profissional do marido), ele recorre a valores mais sutis, insulta-a com refinamento e nítido controle mas, na maioria das vezes, assegurando-se de que o comportamento insultante de Martha não passe despercebido. Ao provocar sutilmente essa conduta da esposa, usa-a contra ela como se fosse um espelho, colocando-o delicadamente à sua frente — como se viu acima: "Não é uma coisa muito agradável de se dizer, Martha", ou, com uma instigação mais clara ainda, quando imita a afetada Honey:

GEORGE: Hi, hi, hi.
MARTHA (Sacudindo George): Escuta aqui, ranhoso... Fecha-me essa boca nojenta!

GEORGE (Ar inocente e ofendido): Martha! (A Honey e Nick) Martha é um demônio com a língua; realmente é. [pág. 21]

Talvez resultasse muito eficaz se Martha nada dissesse e, assim, deixasse que a rudeza de George ficasse patente. Mas ela não usa a mesma tática do marido, o que este muito bem sabe e de que se aproveita habilmente. O comportamento de cada um depende, evidentemente, do outro e os insultos de Martha convertem-se em farpas que a fazem uivar ainda mais alto. [48] Assim, eles batem-se em níveis muito distintos, de modo que o encerramento ou a resolução vêem-se eficazmente impedidos: *as próprias táticas servem não só para implementar mas também para perpetuar o jogo*.

Há, nesse estado de coisas, uma certa instabilidade inerente. Martha pode intensificar (e, por vezes, é o que faz) os seus ataques, excedendo todos os limites controláveis. Nessas ocasiões, George pode se transferir para o nível dela, como ocorre no caso extremo de uma agressão física, quando Martha revela os seus parricídios aparentemente acidentais em "Humilhar o Anfitrião":

GEORGE (Investindo sobre ela): EU TE MATO! (Agarra-a pelo pescoço e lutam)
NICK: Eh, que é isso? (Mete-se entre os dois)
HONEY (Impetuosamente): VIOLÊNCIA! VIOLÊNCIA! (George, Martha e Nick lutam... gritos etc.)
MARTHA (ersistindo em sua ofensa): ACONTECEU! ACONTECEU, SIM! ACUDAM-ME!
GEORGE: SUA PUTA DIABÓLICA!
NICK: PAREM COM ISSO! PAREM COM ISSO!
HONEY: VIOLÊNCIA! MAIS VIOLÊNCIA! (Os outros três continuam esbravejando. George tem as mãos no pescoço de Martha. Nick puxa-o, desprende-o de Martha e joga-o ao chão. George estatela-se, com Nick em cima dele; Martha fica a um lado, apalpando o pescoço) [págs. 137-8]

Apesar de tudo, ele não pode vencer nesse nível e deve, portanto, redobrar sua reação em seu próprio estilo, tal como o indica na calmaria que se segue a essa agressão:

---

(48) Talvez aqui acuda à mente a formulação "simbiose sadomasoquista" mas seria inadequado por duas razões: primeiro, a circularidade do seu padrão torna difícil e talvez arbitrário decidir que papel atribuir a cada parceiro. Mais do que isso: semelhante rótulo é uma especulação sobre o "por que" mas não é claramente descritivo, nem mesmo insinua "como" opera a díade, porque se trata, é claro, de uma formulação somativa.

GEORGE: Está bem... está bem... agora todo o mundo calado... ficaremos todos calados e quietos... muito quietos.

MARTHA (em voz suave, com um lento movimento de cabeça): Assassino. A...ssa...ssi...no.

NICK (em voz baixa a Martha): Chega... Agora chega. (Um breve silêncio. Todos se movimentam um pouco, vagarosamente, como lutadores fazendo flexões depois de uma queda)

GEORGE (Aparentemente recomposto mas, na realidade, com uma grande intensidade nervosa): Bom! Este jogo já terminou. O que é que vamos fazer agora, hein? (Martha e Nick riem nervosamente) Vamos... pensemos em alguma outra coisa. Jogamos a "Humilhar o Anfitrião"... Este já acabou... Temos de bolar agora outra coisa. Então, que vamos fazer?

NICK: Hum... escute...

GEORGE: HUM, ESCUTE! (Como um gemido) HUUUM... ESCUUUTE. (Animado) Vamos, com certeza conhecemos outros jogos... caras que vivem entre estudantes, como nós... é impossível que... isso seja o limite do nosso vocabulário, eh? [págs. 138-9]

E George sugere imediatamente a variação que os manterá ocupados até ao desenlace final. Trata-se de "Montar a Anfitriã", um jogo de *coalizões* que requer a participação de Nick. Ora, a introdução de um terceiro participante numa interação já emaranhada, com as subseqüentes díades cambiantes, aumenta consideravelmente a complexidade do jogo. Antes, o uso dos convidados era quase coalizante, em que eles serviam, por assim dizer, como respaldo para os tiros de George e Martha.[49] Contudo, nesse

---

(49) Ogden Nash contribuiu para a formalização desse método em seu poema "Don't Wait, Hit Me Now!", no qual se lê, em parte:

Eis aqui a fórmula em que a presença de uma terceira pessoa é o único ingrediente extra-essencial;...

Suponhamos que você acha que o seu Gregory dançou demais com a Sra. Limbworthy no clube; você não lhe diz diretamente: "Gregory, dou-te um murro se não te afastas dessa sujeita loira".

Não, você espera que uma amiga a visite e, então, olhando de soslaio para Gregory, diz à sua amiga: "Não é ridículo ver o papel de bobos que os homens maduros podem fazer diante de qualquer coisa que seja loira e rebole? Podes compreender que alguém que está em seu perfeito juízo e não bebeu olhe duas vezes para essa Limbworthy? Mas, é claro, querida, Gregory não estava de todo em seu perfeito juízo ontem à noite, não te parece?"

penúltimo assalto da luta, o terceiro participante (Nick) está mais diretamente envolvido. Como ele resiste a entrar no jogo, inicialmente, George prepara o terreno com um outro jogo, "Aporrinhar os Convidados", após o qual Nick está pronto:

> NICK (A George, encaminhando-se para o corredor): Você vai se arrepender disto.
> GEORGE: Provavelmente... Eu me arrependo de tudo.
> NICK: Mas, desta vez, eu me encarregarei de que se arrependa mesmo.
> GEORGE (em tom suave): Não duvido. Que situação embaraçosa, eh?
> NICK: Farei o jogo como você o decidiu... Jogarei com a sua linguagem... Serei o que você diz que eu sou.
> GEORGE: Será, não. Você já é... o que acontece é que ainda não sabe. [págs. 149-50]

Entretanto, o aspecto mais notável dos acontecimentos seguintes é a sua conformidade com as regras básicas de George e Martha e suas respectivas táticas. Pois cada um deles também está disposto a aporrinhar o outro, Martha pelo flagrante insulto de um manifesto adultério, George criando, de fato, essa situação e, depois, jogando em cara dela a sua conduta. Assim, em vez de ingressar com ela em mais outra escalada simétrica, George não só aceita, de súbito (complementarmente), a ameaça de Martha de o trair com Nick mas até lhe sugere que o faça e prepara a situação para que isso se consume. Isto não é um simples ultraje e tampouco é indolor para George [pág. 173]. Martha está preparada para uma nova escalada mas não para esse tipo de comunicação (o qual será analisado mais detalhadamente em s. 7.3, sob a epígrafe "Prescrição do Sintoma"), que a deixa indefesa e, como Albee diz, "estranhamente furiosa" [pág. 168]. Ante a ameaça de Martha, George anuncia tranqüilamente que vai ler um livro:

> MARTHA: Você vai fazer o quê?
> GEORGE (Tranqüila e displicentemente): Vou ler um livro. Ler. Ler. Você já ouviu alguma vez essa palavra? (Apanha um livro)
> MARTHA (levantando-se): Que estória é essa que vais ler? Que diabo se passa com você? [pág. 168]

---

Isto, sem dúvida, é muito mais arrasador para Gregory do que as excursões e imprecações shakespearianas,
Porque não há defesa contra carambolas...
Porque o golpe direto não se compara com o tiro de ricochete, em sua fatal natureza irrespondível. (110, págs. 99-101)

Neste ponto, Martha tem pela frente duas alternativas: parar ou continuar, para ver até que ponto George pensa seriamente no que diz. Escolhe a segunda alternativa e começa beijando Nick. George está mergulhado em sua leitura:

> MARTHA: Sabes o que estou fazendo, George?
> GEORGE: Não, Martha... o que é?
> MARTHA: Estou entretendo um dos nossos convidados. Estou me atracando com um dos nossos convidados. [pág. 170]

Mas George não aceita o desafio. Martha esgotou os desafios que poderiam, usualmente, provocar uma reação de George. Ela tenta mais uma vez:

> MARTHA: ...eu disse que estou atracada com um dos convidados.
> GEORGE (sem erguer os olhos do livro): Ótimo, ótimo. Continua...
> MARTHA (faz uma pausa... sem saber exatamente o que fazer): Ótimo?
> GEORGE: Sim, ótimo... Bom para você.
> MARTHA (os olhos semicerrados, a voz dura): Ah, já sei o que pretendes, meu piolhoso filho da mãe...
> GEORGE: Pretendo virar a página cento e... [pág. 171]

Sem saber o que fazer, Martha envia Nick à cozinha e, depois, volta-se para George:

> MARTHA: Agora vais me ouvir...
> GEORGE: Eu preferia ler, Martha, se não te importas...
> MARTHA (A raiva quase lhe arranca lágrimas dos olhos, a frustração converte-se em fúria): Importo-me, sim! E agora vais me ouvir! Ou deixas de bancar o idiota ou juro por Deus que me pagas. Juro por Deus que vou com este cara à cozinha e depois o levo para cima e...
> GEORGE (Vira-se na poltrona e, encarando a mulher, grita, com uma expressão de repugnância): E O QUE, MARTHA? [pág. 173]

Volta-se igualmente para Nick:

> NICK: Você não... você nem sequer...
> GEORGE: ...me importo, é isso? Tem toda a razão... Não poderia importar-me menos. Portanto, agarre nessa trouxa de roupa suja que está aí, jogue-a por cima do ombro e...
> NICK: Você me dá nojo...
> GEORGE (Com ar incrédulo): *Você* vai trepar com Martha, e *eu* é que lhe dou nojo? (Desfaz-se em risadas ridicularizantes) [pág. 172]

*151*

Mais tarde, nem é necessário que George assinale isso a Martha, pois ela própria se encarrega de comentar o seu comportamento:

> MARTHA: Sinto nojo de mim mesma. Passo a vida cometendo infidelidades ridículas, totalmente despropositadas, sem pés nem cabeça... (Um riso amargo) Se ao menos *fossem* infidelidades. Montar a Anfitriã? Isso é piada. [pág. 189]

5.411

O jogo competitivo de George e Martha não constitui, simplesmente, como poderia parecer à primeira vista ou em alguns casos específicos, um conflito aberto em que o único propósito é a destruição do outro. Pelo contrário, em seus aspectos mais gerais, parece ser um conflito em colaboração ou uma colaboração conflitante; poderá haver algum "limite máximo" para a sua escalada e há regras compartilhadas, como já se entreviu, sobre o modo de fazer o jogo. Essas regras impõem ressalvas à regra básica de simetria e conferem ao fato de ganhar (ou perder) seu valor dentro do jogo; sem elas, ganhar e perder não têm significado algum.

Sem excessiva formalização, podemos dizer que as limitações à simetria, por parte deles (o que, logicamente, levaria ao assassinato — no sentido direto e literal, não metaforicamente, como na peça), consistem em que eles devem ser não só eficazes mas também argutos e audaciosos. A seguinte troca de insultos, perfeitamente simétrica, é paradigmática:

> GEORGE: Monstre!
> MARTHA: Cochon!
> GEORGE: Bête!
> MARTHA: Canaille!
> GEORGE: Putain! [pág. 101]

Há uma certa estilização espontânea em seu procedimento lúcido, ainda que perverso, que faz com que Nick e, sobretudo, Honey, pareçam mais delicados em comparação. Nenhum destes constitui um parceiro adequado para o jogo; a desilusão de Martha a respeito de Nick é não só sexual mas envolve também sua passividade e falta de imaginação, enquanto que George, que em alguns momentos tenta fazer de Nick um bom antagonista, também o acha um competidor bastante medíocre:

> GEORGE (Mexendo com ele): Perguntei se você gostava desta declinação: Bom; melhor; o melhor; o máximo. Hum, então que tal?

NICK (com certo desagrado): Realmente, não sei o que dizer.
GEORGE (fingindo incredulidade): Você não sabe realmente o que *dizer*?
NICK (impetuosamente): Está bem... O que é que você quer que eu diga? Que tudo isto é muito engraçado, para que você possa me contradizer, jurando que é uma tristeza? Ou prefere que eu diga que tudo isto é muito triste, para você dar a volta e concluir que tem carradas de piada? Pode-se fazer esse maldito jogo de quantas maneiras quisermos, sabia disso?
GEORGE (fingindo admiração): Muito bem! Muito bem!
NICK (ainda mais furioso do que antes): E quando minha mulher voltar [para a sala], creio que nós... [págs. 32-3]

Assim, além da sua vivacidade de imaginação, George e Martha encontram, exigem até, um no outro uma certa força, uma capacidade para aceitar tudo dentro do jogo, sem pestanejar. No último ato, George alia-se a Martha para ridicularizar Nick, mesmo quando o material do gracejo é o fato de ele ser corneado:

MARTHA (a Nick): Ach! Você fica onde está. Prepare um drinque pro meu maridinho, sim?
NICK: Não penso fazê-lo.
GEORGE: Não, Martha, não; seria pedir muito. Ele é o teu moço de recados, filha, não o meu.
NICK: Eu não sou moço de recados de ninguém.
GEORGE e MARTHA: ... (Cantam) Eu não sou o moço de recados de ninguém... (Riem ambos)
NICK: Degenerados...
GEORGE (concluindo por ele): Criaturas degeneradas, eh? É isso? Criaturas degeneradas que inventam jogos abomináveis, que encharcam a vida de uísque etc. etc. É isso o que quer dizer?
NICK: É mais ou menos isso.
GEORGE: Vá à merda.
MARTHA: Não pode. Está com a cara cheia.
GEORGE: Verdade? (Passa um ramo de bocas-de-leão a Nick) Tome. Meta-as no gim. [págs. 196-7]

Este implacável desafio também pode ser observado em seu propósito de suplantar ou "aporrinhar" o outro, o que requer cada vez menos controle e cada vez mais imaginação. Por exemplo, Martha fica deliciada com uma réplica particularmente assustadora de George; ela está ridicularizando o marido com Nick e Honey quando ele regressa a cena, as mãos nas costas; no começo, somente Honey o viu chegar; Martha continua contando como foi que despachou George com um murro, pondo-o KO:

> MARTHA: ...E pensar que foi um *acidente*... um acidente mesmo, caramba! (George deixa ver um revólver de cano curto que trazia escondido nas costas e apoia-o calmamente na nuca de Martha. Honey grita e levanta-se de um salto. Nick também se levanta e, simultaneamente, Martha volta a cabeça para enfrentar George. Este aperta o gatilho)
> GEORGE: PUUUMMM!
> (Pop! Do cano da arma desabrocha uma sombrinha chinesa, amarela e vermelha. Honey grita de novo, desta vez mais de alívio do que outra coisa.) Estás morta. Puuumm! Estás morta!
> NICK (rindo): Santo Deus.
> (Honey está fora de si. Martha também ri... quase à beira de um desmaio. Suas gargalhadas são atroadoras. George adere ao riso e confusão gerais. Finalmente, os risos cessam)
> HONEY: Puxa vida!
> MARTHA (jovialmente): Donde sacaste esse troço, filho da mãe?
> [...]
> GEORGE (um tanto abstrato): Oh, isto, já tenho há algum tempo. Gostaram?
> MARTHA (numa risada sacudida): Você é mesmo um filho da puta. [págs. 57-8]

A alegria e o riso de Martha podem ser, em parte, puro alívio mas há também um deleite quase sensual no jogo bem jogado, um deleite de que ambos compartilham:

> GEORGE (debruçando-se para Martha): Você gostou, hein?
> MARTHA: Sim... essa foi bem bolada. (Mais suave) Vem cá... dá-me um beijo.

O resultado, porém, não pode ser o encerramento, pois assim como a sua rivalidade tem aspectos sexuais, também a sua conduta sexual é rivalidade e quando Martha persiste em fazer propostas amorosas diretas, George rechaça-a; ela não é dissuadida e ele, finalmente, obtém uma "vitória pírrica" [pág. 59], ao rechaçá-la e comentar, para que seus convidados ouçam, a falta de decoro do comportamento de Martha.

Assim, o seu estilo comum representa mais uma restrição, outra regularidade no jogo deles. Além disso, é evidente que existe uma certa confirmação mútua dos seus respectivos eus na excitação do risco. Contudo, também há sempre a rigidez extrema que os impede de apreciar, mais do que por breves instantes, essa confirmação ou de construir algo a partir dela.

## 5.42 — O FILHO

O filho imaginário constitui um tópico singular que merece um tratamento separado. Muitos críticos, ainda que entusiasmados com a peça, em geral, fazem algumas reservas a respeito desse tópico. Malcolm Muggeridge acha que "a peça desmorona no terceiro ato, quando é desenvolvido o lamentável episódio do filho imaginário" (107, pág. 58); e Howard Taubman protesta que

> o Sr. Albee quer fazer-nos crer que, durante 21 anos, o casal mais velho alimentou a ficção de que tem um filho, que a sua existência imaginária é um segredo que os une e separa violentamente e que o pronunciamento de George de que o filho está morto pode constituir um ponto culminante. Esta parte da narrativa soa falso e a sua falsidade prejudica a credibilidade dos personagens centrais. (152)

Não concordamos, em primeiro lugar, com base na experiência psiquiátrica. A credibilidade da existência da ficção não é excluída pelas suas proporções delirantes nem pelo fato de que ela tem de ser compartilhada pelos dois. Desde a clássica *folie à deux*, têm sido descritas muitas outras experiências compartilhadas de distorção da realidade. Ferreira referiu-se ao "mito familiar" como

> uma série de crenças muito bem integradas e compartilhadas por todos os membros da família, respeitantes a cada um deles e à sua posição mútua na vida familiar, crenças essas que nenhum dos participantes põe em dúvida, apesar da distorção da realidade que elas podem notoriamente implicar. (42, pág. 457)

O que vale a pena destacar nesta formulação é que (1) a questão da crença literal não é básica e (2) a função do logro é relacional.

Considerando o primeiro ponto, Ferreira comenta: "O membro individual da família pode saber, e freqüentemente assim sucede, que grande parte da imagem é falsa e não representa mais do que uma espécie de diretriz oficial do partido" (42, pág. 458). Em momento nenhum Albee sugere que George e Martha crêem "realmente" ter um filho. Quando falam *sobre* isso, fazem-no de um modo nitidamente impessoal, referindo-se não a uma pessoa mas ao próprio mito. Quando a ficção do filho é mencionada pela primeira vez, logo no início da peça, George fala de "aquele assunto... o assunto a respeito do garoto" [pág. 18]. Mais adiante faz até um trocadilho sobre o seu sistema de dupla referência:

> GEORGE: ...foste tu que puxaste o assunto. Quando é que ele vai chegar, Martha?

MARTHA: Já te disse que não te preocupes. Lamento ter falado disso.
GEORGE: Dele... não disso. Foste tu que falaste *dele*. Bem, mais ou menos. Quando é que vai aparecer esse pequeno patife, hein? O aniversário dele não é amanhã ou coisa parecida?
MARTHA: [...] EU NÃO QUERO FALAR DISSO!
GEORGE: Aposto que não quer. (Dirigindo-se a Honey e Nick) Martha não quer falar disso... dele. Martha está arrependida de ter falado disso... dele. [pág. 70]

Esta distinção entre o "filho" e o "jogo do filho" mantém-se tão consistentemente, inclusive na reação imediata de Martha ao anúncio da morte, feito por George — "Você não pode decidir isso sozinho" [pág. 232] — que é impossível supor que eles acreditem, literalmente, ter um filho.

Sendo assim, então por que fazem o jogo de fingir que têm um filho? Também neste caso, *para que* é melhor interrogação do que *por quê*. Tal como Ferreira o descreve:

> O mito familiar representa pontos nodais de apoio na relação. Atribui-lhe papéis e prescreve comportamentos que, por seu turno, fortalecem e consolidam esses papéis. Cabe observar, entre parênteses, que ele representa, em seu conteúdo, um distanciamento do grupo a respeito da realidade, distanciamento esse a que poderíamos chamar "patologia". Mas, ao mesmo tempo, constitui, *por sua própria existência*, um fragmento de vida, um fragmento de realidade que enfrenta e, por conseguinte, amolda [quaisquer] filhos nascidos nela e os estranhos que com ela tenham algum contato. (42, pág. 462; o grifo é nosso)

Este último ponto é de suma importância. Conquanto o filho seja imaginário, a interação em torno dele não o é e a natureza dessa interação passa a ser, portanto, uma questão fecunda.

O requisito primordial da interação em torno do filho é uma aliança entre George e Martha; eles *devem* estar juntos a respeito dessa ficção a fim de mantê-la, visto que, ao invés do que ocorre com um filho real que, uma vez procriado, existe, neste caso têm que estar constantemente unidos para criar seu filho. E, deslocando ligeiramente o enfoque, nesta única área é que eles *podem* unir-se, colaborando sem competição. O relato é tão "estranho" e íntimo que talvez possam dar-se ao luxo de estar juntos, precisamente porque não corresponde a uma realidade. Em todo o caso, podem brigar a respeito dele, o que realmente fazem, assim como a respeito de tudo o mais, mas há um limite inerente ao seu jogo de escalada simétrica, determinado pela necessidade de compartilharem dessa ficção. *O mito do filho é um mecanismo homeostático*. No que parece constituir uma área central da vida do casal, têm uma coalizão simétrica estável. E, assim, Martha, em sua recitação de tipo onírico, em que relata a vida do filho, descreve-o com o que poderia ser uma metáfora:

> (...) e quando cresceu... oh! tão ajuizado... caminhava muito empertigado entre nós dois... (Abre os braços, as mãos espalmadas) ...u'a mão estendida para cada um de nós, em busca do que lhe poderíamos oferecer (...) e essas mãos ali estavam para unir-nos, em mútua proteção (...) para proteger-se a si mesmo... e a *nós*. [págs. 221-2]

Há todos os motivos para supor que um filho real, se tivessem tido algum, por certo teria enfrentado a mesma tarefa. Se bem que, na realidade, não o observemos, porque a peça gravita em torno do mau uso do mito, podemos conjeturar o seguinte, em conformidade com Ferreira:

> Aparentemente, recorre-se ao mito familiar sempre que certas tensões atingem limiares predeterminados entre os membros da família e, de algum modo, real ou fantasiado, essas tensões ameaçam perturbar as relações existentes. Então, o mito familiar funciona como o termostato que a "temperatura" da família põe em atividade. Como qualquer outro mecanismo homeostático, o mito impede que o sistema familiar seja danificado, talvez destruído. Portanto, tem as qualidades de qualquer "válvula de segurança", isto é, valor de *sobrevivência* (...) Tende a manter e, por vezes, até a aumentar o nível de organização da família, ao estabelecer padrões que se perpetuam a si próprios com a circularidade e a autocorreção características de qualquer mecanismo homeostático. (42, pág. 462)

Também os filhos verdadeiros podem ser a justificação e a desculpa para um casamento; assim, como Fry assinalou (s. 4.442), o comportamento sintomático pode cumprir função idêntica.

Mas a peça não se interessa por esse uso do mito e prefere, ostensivamente, ocupar-se do processo de destruição do mito. Como foi assinalado, tudo o que se refere à própria existência do filho não constitui jogo limpo na batalha travada entre George e Martha. Agir de algum outro modo, mesmo no mais aceso da batalha, é considerado verdadeiramente censurável:

> MARTHA: O maior problema de George a respeito do pequeno ...ha, ha, ha, HA! a respeito do nosso filho, do nosso esplêndido filho, é que no mais profundo da última caverna das suas entranhas, ele não está inteiramente certo de que o filho seja dele.
> GEORGE (profundamente grave): Meu Deus, que perversa és.

> MARTHA: E eu disse-te milhões de vezes, queridinho... eu só o queria conceber contigo... sabes disso muito bem.
> GEORGE: Uma pessoa extremamente perversa, não há dúvida.
> HONEY (em plena tristeza de pileque): Puxa, puxa...
> NICK: Não me parece um assunto para...
> GEORGE: Martha está mentindo. Quero que vocês o saibam agora mesmo. Martha está mentindo. (Martha solta uma gargalhada) Há muito poucas coisas neste mundo de que eu *estou* certo... fronteiras nacionais, o nível do oceano, fidelidades partidárias, moralidade prática... não poria a minha mão no fogo por nenhum desses trecos... Mas de uma coisa tenho a certeza absoluta neste mundo naufragado... é da minha parceria cromossômica na... criação do nosso... do nosso filho... com seus olhos louros e cabelo azul [*sic*]. [págs. 71-2]

Entretanto, é George quem, até onde é possível determinarmos, faz o lance que desencadeia a mudança de sistema. Nos primeiros momentos da peça, evidentemente apanhado entre a ordem de Martha para que abra a porta e os convidados que esperam lá fora, George cede mas, tipicamente, acrescenta algo de moto próprio para não perder terreno: diz a Martha que não mencione o filho [pág. 18]. Como George declara explicitamente mais adiante, eles têm uma regra que lhes proíbe mencioná-lo diante de estranhos [pág. 237], de modo que o comentário de George poderá parecer desnecessário mas também trivial. Contudo, existe uma "regra" superior — a totalidade do jogo — segundo a qual nem um nem outro está autorizado a determinar a conduta de cada um; assim, qualquer ordem tem de ser desqualificada ou desobedecida. Neste sentido, pouco interessa quem faz o primeiro lance errado, pois o resultado previsível dessa confusão dos limites do jogo é o desafio, por parte de Martha, e a incorporação desse material à competição assimétrica entre ambos. Assim:

> GEORGE: Não comeces com o assunto do garoto, é tudo.
> MARTHA: Por quem me tomas?
> GEORGE: Pelo que és.
> MARTHA (realmente furiosa): Ah, sim? Pois falarei do menino quando me apetecer!
> GEORGE: Deixa o garoto em paz.
> MARTHA (ameaçadora): *É tão meu quanto teu.* Se quiser, falo dele, entendido?
> GEORGE: Aconselho-te que não o faças, Martha.
> MARTHA: Bom, já veremos. (Pancadas na porta). Entrem! Vá, abre essa maldita porta de uma vez!

GEORGE: Já estás prevenida.
MARTHA: Sim... claro. Abre essa porta! [págs. 18-19; o grifo é nosso]

Assim que a ocasião se lhe apresentou, Martha falou a Honey sobre o filho e o seu aniversário.[50] Agora, os seus mecanismos homeostáticos são, simplesmente, mais lenha na fogueira e George acabará destruindo o filho, invocando um direito implícito de ambos ("Eu tenho o direito, Martha. Nunca falamos disso; é tudo. Podia matá-lo em qualquer momento que quisesse." [pág. 236])

Portanto, o que presenciamos no palco é o início de um distanciamento simétrico que, finalmente, culminará na derrubada de um duradouro padrão de relações. Mais do que qualquer outra coisa, a peça é a história clínica de uma *mudança* sistêmica, uma mudança nas regras de um jogo de relações que resulta, segundo nos parece, de uma pequena mas talvez inevitável confusão dessas regras. A peça não define um novo padrão, as novas regras; meramente retrata a seqüência de estados através dos quais o antigo padrão avança para a sua própria destruição. (Em s. 7.2 os aspectos *gerais* da mudança sistêmica, de dentro para fora e de fora para dentro de um sistema, serão analisados.) O que poderia acontecer depois não ficou claro:

GEORGE (Silêncio prolongado): Será melhor.
MARTHA (Silêncio prolongado): Não sei...
GEORGE: Talvez... seja.

---

(50) É interessante que, mais adiante, após a "morte", ela pretende não se lembrar disso:

George: Violaste a nossa regra, menina. Falaste dele... Falaste dele a outros.
Martha (Lavada em lágrimas): Eu *não* falei. Nunca falei.
George: Sim, falaste!
Martha: A quem? A QUEM?
Honey (chorando): A mim. Você falou dele comigo.
Martha (chorando): EU ESQUECI! Às vezes... às vezes, de noite, quando já é muito tarde e... e todo o mundo está... conversando... e esqueço e... sinto necessidade de falar dele... mas eu... AGÜENTO... eu contenho-me... mas só eu sei quantas vezes quis... falar dele... [págs. 236-7]

Nem ela nem George se apercebem do conflito de regras relacionais que levou a essa situação.

*159*

MARTHA: Eu... não tenho a certeza.
GEORGE: Não.
MARTHA: Só... nós dois?
GEORGE: Sim.
MARTHA: Não achas que... talvez pudéssemos...
GEORGE: Não, Martha.
MARTHA: Sim... não. [págs. 240-1]

Excluindo o fato indeterminável, de que Nick e Honey estão agora envolvidos na situação pelo que sabem, Ferreira faz um lúcido resumo e um prognóstico, em termos do mito familiar:

> (...) um mito familiar (...) preenche importantes funções homeostáticas nas relações (...) Talvez melhor do que em qualquer outra parte, essas funções do mito familiar ocupam o primeiro plano na conhecida peça de Edward Albee, "Quem Tem Medo de Virginia Woolf?", onde um mito familiar de proporções psicóticas domina toda a ação. No decorrer da peça, marido e mulher falam, batem-se e choram por seu filho ausente. Numa orgia de insultos, discutem sobre cada incidente da vida do filho, a cor de seus olhos, seu nascimento, criação etc. Contudo, ficamos sabendo muito mais tarde que o filho é fictício, um pacto estabelecido entre ambos, um conto, um mito — mas um mito que é cultivado por ambos. No auge da peça, o marido, fremindo de raiva, anuncia a morte do filho. Com esse gesto, é claro, ele "mata" o mito. Contudo, suas relações prosseguem, sem que tenham sido, aparentemente, perturbadas pela notícia, e nada deixa transpirar uma mudança ou dissolução iminente. De fato, nada mudara. *Pois o marido destruíra o mito de um filho vivo tão-sòmente para iniciar o mito de um filho morto.* Obviamente, o mito familiar só evoluíra em seu conteúdo, o qual se tornou, talvez, mais elaborado, mais "psicótico"; mas desconfiamos de que a sua função continuou sendo a mesma. E o mesmo aconteceu com a relação. (43)

Por outro lado, talvez a morte do filho constitua uma recalibragem, uma mudança funcional escalonada, no sentido de um novo nível de funcionamento. É impossível sabê-lo com segurança.

5.43 — METACOMUNICAÇÃO ENTRE GEORGE E MARTHA

A metacomunicação, tal como foi definida em s. 1.5, descreve o nosso discurso sobre as regras de comunicação de George e Martha. Mas, na medida em que George e Martha falam ou tentam falar *sobre* seu jogo, eles metacomunicam dentro da própria peça. Isto é interessante por várias razões, por exemplo, a respeito da evidente "consciência de jogo" de George e Martha. Isto é, suas numerosas alusões a jogos, indicando os nomes deles e suas regras, converte-os, aparentemente, num casal insólito cujo padrão de interação é, mais basicamente, uma preocupação obsessiva-compulsiva em jogar e pôr nomes em jogos bizarros e cruéis — realmente, como sugere George, "Criaturas degeneradas que inventam jogos abomináveis, que encharcam a vida de uísque etc." [pág. 197]. Mas isso implica que a conduta deles a respeito dos jogos é inteiramente deliberada (ou então governada por meta-regras distintas) e, por conseguinte, talvez os princípios que eles demonstram, sendo essencialmente apenas o *conteúdo* idiossincrásico de seus jogos, não possam aplicar-se a outros casais, sobretudo aos reais. A natureza de sua metacomunicação refere-se diretamente a esta questão, pois ver-se-á que *mesmo a sua comunicação sobre a sua comunicação está sujeita às regras do jogo deles.*

Em dois trechos notáveis de certa extensão [págs. 150-9, 206-9], George e Martha discutem explicitamente sua interação. A primeira dessas permutas metacomunicacionais indica de que maneira diferente cada um deles vê a interação e como, quando essas diferenças se revelam, acusações mútuas de loucura ou de perversidade são imediatamente feitas (s. 3.4). Martha opôs-se a fazer o jogo "Aporrinhar os Convidados", que ela considera, evidentemente, deslocado e não previsto nas regras:

> GEORGE (Contendo agora a custo sua fúria): Claro, você pode ficar aí sentada em sua poltrona, pode ficar sentada babando gim, pode humilhar-me, despedaçar-me... A NOITE TODA... e isso está perfeitamente certo... está correto...
> MARTHA: TU PODES AGÜENTÁ-LO!
> GEORGE: NÃO, EU NÃO POSSO AGÜENTÁ-LO!
> MARTHA: PODES AGÜENTÁ-LO, SIM! PARA ISSO CASASTE COMIGO!
> (Silêncio)
> GEORGE (Calmamente): Isso é uma deslavada mentira.
> MARTHA: O QUÊ, AINDA NÃO O SABIAS?
> GEORGE (sacudindo a cabeça): Oh... Martha.
> MARTHA: Já tenho o braço cansado de tanto surrar-te.
> GEORGE (Olha-a incrédulo): Você está doida.
> MARTHA: Durante vinte e três anos!
> GEORGE: Está delirando... Martha, você delira.
> MARTHA: NÃO É O QUE EU QUERIA!
> GEORGE: Eu julgava que, pelo menos... estavas em teu perfeito juízo. Não podia imaginar... Não sabia... [págs. 152-3]

Aqui está um exemplo invulgarmente claro de patologia na pontuação da seqüência de eventos, em que George se vê justificado em sua retaliação aos ataques de Martha e Martha se vê quase como uma prostituta alugada para "fustigá-lo"; cada um deles pensa que responde ao outro mas nunca como um estímulo às ações do outro. Não enxergam a natureza total do seu jogo, sua verdadeira circularidade. Essas concepções discrepantes convertem-se no material para uma subseqüente escalada simétrica. O episódio acima continua assim:

> GEORGE: Eu julgava que tu, pelo menos... sabias o que fazias. Não podia imaginar...
> MARTHA (Com fúria crescente): Sei muito bem o que faço!
> GEORGE (Como se Martha fosse algum ser maníaco): Não... não... tu estás... doente.
> MARTHA (Levanta-se e grita): EU VOU TE MOSTRAR QUEM É QUE ESTÁ DOENTE! [pág. 153]

A competição sobre quem está doente, errado ou incompreendido continua em direção a um desfecho que, por esta altura, já é familiar, no qual demonstram sua incapacidade para "unir-se" pela própria maneira como tratam a questão de sua incapacidade para unirem-se:

> GEORGE: Essa oportunidade acontece uma vez por mês, Martha! Já me acostumei a isso... Uma vez por mês, temos Martha, a incompreendida, a menina de bom coração sob a casca grossa, a pequena fada que um toque de gentileza fez de novo florescer. E eu acreditei nisso tudo mais vezes do que quero recordar, porque detesto pensar que tenha sido tão idiota. Mas agora já não acredito mais em você, Martha... simplesmente, não acredito. Não há possibilidade alguma de que possamos... nem por um momento... voltar a estar unidos.
> MARTHA (agressiva): Bem, talvez tenhas razão, querido. Ninguém se pode unir a nada... e tu és nada! SNAP! A mola saltou esta noite na festa de papai. (Com intenso desprezo mas há também fúria e desorientação latentes) Eu estava sentada, na festa do papai, e observava-te... observava-te ali sentado... e olhava para os homens mais jovens à tua volta, homens que se preparavam para ser alguém. E eu ali sentada, observando-te, e... de repente, descobri que *tu* já eras! Nesse momento, a mola saltou, SNAP! Finalmente saltou! E agora vou gritar aos quatro ventos, vou berrar, uivar, e não estou ligando para o que faças ou deixes de fazer. E vou provocar a mais estrondosa explosão que jamais se ouviu.
> GEORGE (com determinação): Você tente, Martha, e verá como a bato em seu próprio jogo.
> MARTHA (esperançosa): Isso é uma ameaça, George? Hum?
> GEORGE: Sim, é uma ameaça, Martha.
> MARTHA (Fingindo que lhe cospe, com desprezo): Bah, vais perder, benzinho.

GEORGE: Cuidado, Martha... Faço-te em pedaços.
MARTHA: Não és homem para isso... Falta-te tomates.
GEORGE: Guerra total, hein?
MARTHA: Total. (Silêncio. Ambos parecem aliviados... exultantes.) [págs. 157-9]

Uma vez mais, George desafiou calmamente Martha, o que não quer dizer que tenha sido ele quem iniciou esse assalto do combate, com maior iniciativa do que qualquer outro; não existe um verdadeiro início nesses assaltos. Ela contra-ataca frontalmente e ele riposta com uma audácia que Martha não pode recusar. Assim, como sublinhamos freqüentemente, isso converte-se num novo *round* do mesmo velho jogo, com as apostas cada vez mais altas, que os deixa aliviados, mesmo exaltados, mas não mais sensatos ou diferentes. Pois nada existe para distinguir a sua metacomunicação da sua comunicação corrente; um comentário, uma súplica, um ultimato *sobre* o seu jogo não constitui exceção às regras do jogo e, portanto, não pode ser aceito ou, num certo sentido, nem mesmo escutado pelo outro. No final, quando Martha, suplicante e patética, assume uma posição de completa subserviência e suplica repetidamente a George que pare, o resultado é inexoravelmente o mesmo:

MARTHA (Ternamente, estendendo a mão para tocar-lhe): Por favor, George. Basta de jogos. Eu...
GEORGE (Rechaçando-lhe a mão com veemência): Não me toques! Conserva as tuas patas limpas para os teus amiguinhos estudantes!
MARTHA (Um grito de alarma, embora abafado)
GEORGE (Agarrando-a pelos cabelos e puxando-lhe a cabeça para trás): E agora, escuta-me bem, Martha; tiveste a noite que querias... uma noite em cheio, e não és capaz de parar mesmo quando já tens a boca cheia de sangue. Pois agora vamos continuar até eu dizer basta, e não irás me deter, e eu vou fazer com que a tua atuação desta noite pareça uma festinha de Páscoa. Agora quero que fiques um pouco desperta, eh? (Esbofeteia-a levemente com a mão livre) Vamos, um pouco de vida, querida. (Nova bofetada)
MARTHA (esbravejando): Pára com isso!
GEORGE (outra vez): Vamos, prepara-te! (outra vez) Quero-te com forças para a luta, queridinha, porque vou te bater duro e quero que me enfrentes. (Outra bofetada leve, afasta-se e solta-a; Martha levanta-se).
MARTHA: Está bem, George. O que é que queres, George?
GEORGE: Uma batalha igual, garota. É tudo.
MARTHA: Pois vais tê-la!

GEORGE: Vou pôr-te doida, filha.
MARTHA: EU ESTOU DOIDA!
GEORGE: Ficarás ainda mais doida!
MARTHA: NÃO TE PREOCUPES COM ISSO!
GEORGE: Ótimo, garota. Agora vamos fazer o jogo até à morte.
MARTHA: A tua!
GEORGE: Nem queiras saber a surpresa que vais ter. Bom, aqui estão as bebidas. Estás pronta?
MARTHA (Caminha; de fato, parece um pugilista em guarda): Estou pronta. [págs. 208-9]

Nick e Honey voltam a entrar e começa o Exorcismo. Estão jogando, pois, o que será descrito em detalhe como o "jogo sem fim" (s. 7.2), em que a auto-reflexividade das regras conduz a um paradoxo que impede a resolução dentro do sistema.

5.44 — LIMITAÇÃO NA COMUNICAÇÃO

Foi assinalado em s. 4.42 que toda a troca de mensagens numa seqüência comunicacional limita o número dos possíveis lances seguintes. A natureza interligada do jogo de George e Martha, seu mito compartilhado e o caráter difuso da sua simetria ilustraram a limitação estabilizada a que demos o nome de regras de relação.

Uma série de permutas verbais entre George e Nick proporciona exemplos de limitação em uma nova relação. Nick, por seu comportamento inicial e seus próprios protestos, não quer envolver-se com George ou Martha ou suas brigas. Entretanto, como no exemplo anterior (s. 5.411), ele vê-se cada vez mais arrastado, mesmo quando se mantém à margem. No início do ato II, o agora cauteloso Nick depara com o mesmo tipo de escalada que vai desde o papo inconseqüente até à raiva intensa:

GEORGE: [...] As coisas ficam, às vezes, bastante sérias por estes lados.
NICK (friamente): Sim... tenho a certeza disso.
GEORGE: Bem, já assistiu a um exemplo... para amostra.
NICK: Preferia não ter...
GEORGE: Participado, é isso? Tenho razão?
NICK: Sim... é verdade.
GEORGE: Não tinha imaginado.
NICK: Pois acho... embaraçoso.
GEORGE (sarcástico): Ah, sim?
NICK: Sim. Realmente.

GEORGE (parodiando-o): Sim, realmente. (Depois, em voz alta, mas para si próprio) É REPUGNANTE!
NICK: Eh, escute aqui! Eu não tenho nada...
GEORGE: REPUGNANTE! (Calmamente, mas com uma voz tensa) Você julga que eu gosto de ter essa... essa sei lá o quê... me ridicularizando, me destroçando, na frente de... (Faz com a mão um aceno de completo desprezo) VOCÊS? Acha que isso me *importa*?
NICK (frio, hostil): Bem, não... Acho que você não liga mesmo nada para isso. Não consigo imaginá-lo preocupado com...
GEORGE: Ah, você não imagina, hein?
NICK (agressivo): Não. Não imagino que se importe!
GEORGE (fingindo-se desarmado): A sua simpatia me desarma... a... a sua compaixão me comove até às lágrimas! Grossas lágrimas salgadas, não-científicas!
NICK (com grande desdém): Não entendo é por que tem essa ânsia de sujeitar *outras* pessoas a passar por isto.
GEORGE: *EU*?
NICK: Sim, se você e sua... mulher... querem brigar um com o outro, como um par de...
GEORGE: Eu! Por que diabo havia eu de querer?
NICK: ...de feras, não entendo por que é que não o fazem quando estão sozinhos. Parece sentirem um prazer especial em portar-se como animais diante de...
GEORGE (rindo, apesar da sua raiva): Você é um hipócrita, um pequeno canalha, arrotando falsa virtude...
NICK (ameaçador, num tom muito sério): COMO FOI QUE DISSE, PROFESSOR? (Silêncio) Aconselho-o a ter cuidado com a língua... muito cuidado! [págs. 90-2]

Nesta seqüência, o sarcástico ataque de George à falta de participação e envolvimento de Nick ainda mais empurra este para uma indiferença desdenhosa. Mas isto, evidentemente, enfurece George, o qual, talvez em busca de compreensão, acaba insultando Nick até que este o ameaça. Do lado de Nick, o intuito de não comunicar leva-o a uma intensa participação, enquanto que o esforço de George para convencer Nick da sua pontuação no jogo dele e de Martha termina com a demonstração de até que ponto ele (George) pode ser um sujeito enfurecedor. Um padrão para o futuro foi claramente estabelecido.

5.45 — RESUMO

Já deve estar esclarecido, nesta altura, que a descrição mesmo de um sistema familiar bastante simples, artificial, requer uma considerável elaboração, pois as variações no conteúdo, a partir de meia dúzia de regras de relação, são inúmeras e, com freqüência, muito detalhadas. (Este problema lembra-nos a interpretação feita por Freud do sonho de Irma [50], em que um sonho cuja descrição ocupa apenas meia página é objeto de uma interpretação que ocupa oito páginas.) O que se segue é um resumo muito geral do sistema de interação de George e Martha.

5.451

Diz-se que um sistema é estável em relação a algumas de suas variáveis se essas variáveis permanecem dentro de limites definidos; e isto é válido para o sistema diádico de George e Martha. Talvez a palavra "estabilidade" pareça a menos apropriada para descrever seus jogos domésticos do tipo comando, mas a questão assenta nas variáveis propostas. Suas conversações são caprichosas, barulhentas, chocantes; o comedimento e as maneiras sociais não tardam a ser esquecidos e tem-se a impressão de que "vale tudo". Com efeito, seria extremamente difícil adivinhar, em qualquer momento, o que acontecerá em seguida. Contudo, seria bastante fácil descrever *como* acontecerá entre George e Martha. Pois as variáveis que definem aqui a estabilidade são de relações, não de conteúdo, e em termos do seu padrão de relação o casal demonstra uma gama de comportamentos extremamente restrita. [51]

5.452

Essa gama de comportamento é a calibração, a "regulagem" do seu sistema. A simetria do comportamento deles define a qualidade e raramente se observa (e só com muita brevidade) um "limite inferior" altamente sensível dessa gama, isto é, um comportamento assimétrico. O "limite superior", como já foi indicado, caracteriza-se pelo seu estilo particular, certa retroalimentação negativa na complementaridade e o mito do filho, o qual, ao exigir a colaboração de ambos, estabelece um limite para o grau em que podem atacar-se mutuamente e impõe uma simetria

---

[51] Sugerimos até, com base em observação clínica e em algumas provas experimentais (61), que as famílias patogênicas demonstram, geralmente, padrões de interação *mais restritos* do que as famílias normogênicas. Isto está em acentuado contraste com o critério sociológico tradicional, segundo o qual as famílias perturbadas são entidades caóticas e desorganizadas; mas, uma vez mais, a diferença reside no nível de análise e na definição de variáveis. A extrema rigidez das relações interfamiliares pode dar a impressão — e até explicar, talvez — o caos na fachada família-sociedade.

razoavelmente estável — até que, é claro, a distinção entre o mito do filho e outro comportamento se desintegra e essa área deixa de ser sacrossanta e homeostática. Inclusive estão limitados, dentro do âmbito dos comportamentos simétricos; a sua simetria é quase exclusivamente a do *potlatch* [52], que se caracteriza mais pela destruição do que pela acumulação ou realização.

5.453

Com a escalada que culmina na destruição do filho, o sistema termina dramaticamente, para nós, no que poderia ser uma recalibração, uma função escalonada, no sistema de George e Martha. Eles escalaram quase sem limitações até que as suas próprias limitações acabaram sendo destruídas. A menos que o mito do filho tenha prosseguimento, tal como Ferreira sugeriu, uma nova ordem de interação será requerida; tanto George como Martha expressam abertamente seu temor e sua insegurança, misturados de esperança, sobre o resultado final.

---

([52]) Nome dado a um ritual de certas tribos índias do noroeste dos Estados Unidos, no qual os chefes competem na *destruição* de possessões, queimando simetricamente seus bens materiais. (21)

Capítulo 6

## COMUNICAÇÃO PARADOXAL

### 6.1

### A Natureza do Paradoxo

O paradoxo tem fascinado a mente humana nos últimos dois mil anos e continua fazendo-o nos dias atuais. De fato, algumas das realizações mais importantes deste século nas áreas da lógica, matemática e epistemologia dizem respeito ou estão intimamente relacionadas com o paradoxo, sobretudo, o desenvolvimento da metamatemática ou teoria da prova, a teoria dos tipos lógicos e os problemas de coerência, computabilidade, determinabilidade e outros semelhantes. Como não-iniciados que somos, frustrados pela natureza complexa e esotérica desses assuntos, inclinamo-nos a deixá-los de lado, por excessivamente abstratos para que tenham alguma importância em nossas vidas. Alguns talvez recordem, dos seus tempos de escola, os paradoxos clássicos, se bem que, provavelmente, como algo que pouco mais era do que divertidas extravagâncias. Contudo, a finalidade deste capítulo e do seguinte é demonstrar que existe algo na natureza do paradoxo que é de importância pragmática e até existencial imediata para todos nós; o paradoxo não só pode invadir a interação e afetar o nosso comportamento e a nossa sanidade mental (s. 6.4), mas também desafia a nossa crença na coerência e, portanto, na solidez fundamental do nosso universo (s. 8.5 e 8.63). Além disso, na s. 7.4, tentaremos mostrar que o paradoxo deliberado, no espírito da máxima de Hipócrates, "O semelhante cura o semelhante", possui um significativo potencial terapêutico; e a seção 7.6 abordará de leve o papel do paradoxo em algumas das mais nobres realizações do espírito humano. Esperamos que, através deste tratamento do paradoxo, se verifique que a análise do conceito de paradoxo é de importância fundamental e não significa, de maneira alguma, uma retirada para uma torre de marfim, embora tenhamos de examinar primeiro os seus fundamentos *lógicos*.

## 6.11 — DEFINIÇÃO

O paradoxo pode ser definido como uma *contradição que resulta de uma dedução correta a partir de premissas coerentes*. Esta definição permite-nos excluir imediatamente todas aquelas formas de "falsos" paradoxos que se baseiam num erro oculto no raciocínio ou em alguma falácia deliberadamente incluída no argumento. [53] Contudo, já neste ponto a definição torna-se confusa, pois a divisão de paradoxos em reais e falsos é relativa. As premissas coerentes de hoje talvez venham a ser as falácias ou erros de amanhã. Por exemplo, o paradoxo de Zenão sobre Aquiles e a tartaruga que ele não conseguia ultrapassar foi, sem dúvida, um paradoxo "verdadeiro" até que se descobriu que as séries infinitas e convergentes (neste caso, a distância constantemente decrescente entre Aquiles e a tartaruga) têm um limite finito. [54] Uma vez feita essa descoberta e, portanto, comprovado que um pressuposto até então acreditado era falacioso, o paradoxo deixou de existir. Este ponto foi esclarecido por Quine:

> A revisão de um esquema conceitual não carece de precedentes. Ocorre, numa pequena medida, com cada avanço da ciência e ocorre, em grande escala, com os grandes progressos, tais como, a revolução de Copérnico e a passagem da mecânica de Newton para a teoria da relatividade de Einstein. Podemos confiar em que, com o decorrer do tempo, nos acostumaremos até às maiores transformações e a considerar que os novos esquemas são naturais. Houve uma época em que a doutrina de que a Terra gira em torno do Sol foi chamada de paradoxo copernicano, mesmo entre os que a aceitavam. E talvez chegue um tempo em que as locuções verdadeiras, sem subtí-

---

(53) Um exemplo típico desta espécie de paradoxos é a história dos seis homens que queriam seis quartos, um para cada um deles, enquanto que o hoteleiro só dispunha de cinco. Ele "resolveu" o problema levando o primeiro homem para o quarto n.º 1 e pedindo a um outro homem que esperasse alguns minutos junto do primeiro. Então levou o terceiro homem para o quarto n.º 2, o quarto homem para o quarto n.º 3 e o quinto para o quarto n.º 4. Isto feito, o hoteleiro voltou ao quarto n.º 1 e levou o sexto homem, que ali esperava, para o quarto n.º 5. Voilà! (A falácia reside no fato de o segundo e sexto homens serem tratados como um só.)

(54) Para uma explicação deste paradoxo e sua falácia, ver Northrop (112).

tulos implícitos ou outras salvaguardas semelhantes, soarão realmente tão absurdas quanto as antinomias as revelam ser. (120, págs. 88-89)

## 6.12 — OS TRÊS TIPOS DE PARADOXOS

As "antinomias", um termo que figura na última frase da citação acima, exigem uma explicação. "Antinomia" é usado, às vezes, como equivalente de "paradoxo" mas a grande maioria dos autores prefere limitar o seu emprego aos paradoxos que surgem nos sistemas formalizados, como na lógica e na matemática. (Talvez o leitor se pergunte onde mais poderiam os paradoxos ter origem; este capítulo e o seguinte serão dedicados a mostrar que eles podem igualmente ocorrer nos campos da semântica e da pragmática; e o Capítulo 8 examinará como e onde eles também ingressam na experiência humana da existência.) Segundo Quine (120, pág. 85), uma antinomia "gera uma autocontradição por processos aceitos de raciocínio". Stegmüller (147, pág. 24) é mais específico e define uma antinomia como um enunciado que é simultaneamente contraditório *e* demonstrável. Assim, se temos um enunciado $E_j$ e um segundo enunciado que é a negação do primeiro, — $E_j$ (que significa *não* $E_j$ ou "$E_j$ é falso"), então os dois podem ser combinados num terceiro enunciado, $E_k$, em que $E_k = E_j$ & — $E_j$. Obtemos assim uma contradição formal, pois nada pode ser uma coisa e, ao mesmo tempo, não ser uma coisa, isto é, ser simultaneamente verdadeira e falsa. Mas, como Stegmüller continua, se pudermos demonstrar, por dedução, que tanto $E_j$ como a sua negação, — $E_j$, são demonstráveis, então também $E_k$ o é e temos, neste caso, uma antinomia. Assim, toda e qualquer antinomia é uma contradição lógica, se bem que, como veremos, nem toda a contradição lógica constitui uma antinomia.

Ora, existe uma segunda classe de paradoxos que difere das antinomias num só aspecto importante: não ocorrem nos sistemas lógicos ou matemáticos — e, por conseguinte, não se baseiam em termos tais como a classe formal e o número — mas, outrossim, promanam de algumas incoerências ocultas na estrutura de níveis do pensamento e da linguagem. [55] Este segundo grupo é freqüen-

---

[55] Ao estabelecermos esta distinção seguimos Ramsey (121, pág. 20), que apresentou a seguinte classificação:

Grupo A: (1) A classe de todas as classes que não são membros de si mesmas.

temente citado como o das *antinomias semânticas* ou *definições paradoxais*.

Finalmente, há um terceiro grupo de paradoxos que é o menos explorado de todos. São do maior interesse para o nosso estudo porque surgem nas interações em desenvolvimento, onde determinam o comportamento. Chamaremos a esse grupo o dos *paradoxos pragmáticos* e veremos mais adiante que podem ser divididos em *injunções paradoxais* e *predições paradoxais*.

Em resumo, há três tipos de paradoxos:

(1) paradoxos lógico-matemáticos (antinomias),
(2) definições paradoxais (antinomias semânticas),
(3) paradoxos pragmáticos (injunções paradoxais e predições paradoxais),

correspondendo claramente, no quadro da teoria da comunicação humana, às três áreas principais dessa teoria — o primeiro tipo à sintaxe lógica, o segundo à semântica e o terceiro à pragmática. Apresentaremos agora exemplos de cada tipo e procuraremos demonstrar como os pouco conhecidos paradoxos pragmáticos promanam, por assim dizer, das duas outras formas.

### 6.2

Paradoxos Lógico-Matemáticos

O mais famoso paradoxo deste grupo é sobre "a classe de todas as classes que não são membros de si mesmas". Baseia-se nas seguintes premissas: Uma classe é a totalidade de todos os

---

(2) A relação entre duas relações quando uma delas não a tem com a outra.
(3) A contradição de Burali Forti do maior ordinal.
Grupo B: (4) "Estou mentindo".
(5) O menor inteiro não pronunciável em menos de 19 sílabas.
(6) O menor ordinal indefinível.
(7) A contradição de Richard.
(8) A contradição de Weyl sobre "heterológico".

(Assinale-se que Ramsey prefere o termo "contradição na teoria de agregados" em vez de "paradoxo".) Todos esses paradoxos são descritos em Bochénski (29).

objetos que possuem uma certa propriedade. Assim, todos os gatos passados, presentes e futuros compreendem a classe dos gatos. Tendo sido estabelecida esta classe, todos os demais objetos existentes no universo podem considerar-se na classe dos não-gatos, pois todos esses objetos têm uma propriedade definida em comum: *não* são gatos. Ora, qualquer enunciado segundo o qual um objeto pertence a ambas essas classes seria uma simples contradição, pois nada pode ser um gato e não ser um gato, ao mesmo tempo. Aqui nada de extraordinário aconteceu; a ocorrência dessa contradição prova, simplesmente, que uma lei básica da lógica foi violada e a própria lógica nada sofreu com isso.

Deixando agora em paz os gatos e não-gatos e passando a um nível lógico mais elevado, vejamos que espécie de coisas são as classes, propriamente ditas. De imediato, vemos que as classes podem ser ou não membros de si mesmas. A classe de todos os conceitos, por exemplo, é um conceito em si mesma, obviamente, ao passo que a nossa classe de gatos não é, em si mesma, um gato. Assim, neste segundo nível, o universo volta a dividir-se em duas classes, as que são membros de si mesmas e as que não são. Por outra parte, qualquer enunciado que proponha que uma dessas classes *é e não é* um membro de si mesma equivaleria a uma simples contradição, que pode ser rejeitada sem maiores complicações.

Contudo, se a operação análoga for repetida, uma vez mais, no nível superior seguinte, um desastre ocorre de súbito. Tudo o que temos a fazer é unir todas as classes que são membros de si mesmas numa única classe, a que chamaremos M e todas as classes que não são membros de si mesmas na classe N. Se examinarmos agora se a classe N é ou não membro de si mesma, caímos de chofre no famoso paradoxo de Russell. Recordemos que a divisão do universo em classes que se incluem a si mesmas e classes que não se incluem em si mesmas é exaustiva; por definição, não pode haver exceção alguma. Portanto, essa divisão deve aplicar-se igualmente às próprias classes M e N. Assim, se a classe N é um membro de si mesma, então *não* é um membro de si mesma, visto que N é a classe das classes que *não* são membros de si mesmas. Por outro lado, se N não é membro de si mesma, então satisfaz à condição de ser membro de si mesma; é um membro de si mesma, precisamente porque *não* é um membro de si mesma, pois o fato de não ser membro de si mesma constitui a distinção essencial de todas as classes componentes de N. Já não se trata de uma simples contradição mas de uma verdadeira antinomia, pois a conseqüência paradoxal baseia-se numa rigorosa dedução lógica e não numa violação das leis da lógica. A menos que exista algures uma falácia oculta em toda a noção de pertença a uma classe, a conclusão lógica inevitável é de que a classe N é um membro de si mesma se e unicamente se não for membro de si mesma e vice-versa.

Com efeito, *há* uma falácia. Ela foi evidenciada por Russell, através da sua *teoria dos tipos lógicos*. Sucintamente, essa teoria postula o princípio fundamental de que, como disse Russell (164), *tudo o que envolva a* totalidade *de um conjunto não deve ser parte do conjunto*. Por outras palavras: o paradoxo de Russell deve-se a uma confusão de tipos ou níveis lógicos. Uma classe é de um tipo superior à dos seus membros; para postulá-la, tivemos de subir um nível na hierarquia de tipos. Portanto, dizer, como nós dissemos, que a classe de todos os conceitos é ela mesma um conceito não é falso mas, outrossim, *sem significado algum*, como veremos daqui a pouco. Esta distinção é importante, pois se o enunciado fosse simplesmente falso, então a sua negação teria de ser verdadeira, o que não é, evidentemente, o caso.

### 6.3

#### Definições Paradoxais

Este exemplo da classe de todos os conceitos fornece-nos uma conveniente ponte que nos permite atravessar agora dos paradoxos lógicos para os semânticos (as definições paradoxais ou antonomias semânticas). Como já vimos, "conceito" no nível inferior (membro) e "conceito" no nível superior seguinte (classe) não são idênticos. O mesmo *nome*, "conceito", é usado, entretanto, em ambos os casos; e assim se gera uma ilusão lingüística de identidade. Para evitar essa armadilha, os *indicadores de tipo lógico* — os subtítulos nos sistemas formalizados, as aspas, o sublinhado e o grifo, no uso mais corrente — devem ser empregados sempre que haja a possibilidade de uma confusão de níveis. Assim, torna-se claro que, em nosso exemplo, o conceito$_1$ e o conceito$_2$ não são idênticos e que a idéia de pertença à própria classe deve ser descartada. Além disso, fica esclarecido que, nesses casos, a raiz do mal está mais nas incoerências de linguagem do que da lógica.

Talvez a mais famosa de todas as antinomias semânticas seja a do homem que diz a respeito de si mesmo: "Eu estou mentindo". Levando esta afirmação à sua conclusão lógica, verificamos, uma vez mais, que só é verdadeira se não for verdadeira; por outras palavras, o homem só está mentindo se estiver dizendo a verdade e, vice-versa, é verdadeiro quando está mentindo. Neste caso, não pode ser usada a teoria dos tipos lógicos para eliminar a antinomia, pois as palavras ou combinações de palavras não possuem uma hierarquia de tipo lógico. Até onde sabemos, também foi Bertrand Russell o primeiro a pensar numa solução. No último parágrafo da sua Introdução ao *Tractatus Logico-Philosophicus*, de Wittgenstein, ele sugere, de um modo quase incidental, "que toda a linguagem tem, como afirma Wittgenstein, uma estrutura a cujo respeito, *na linguagem*, nada pode ser dito, exceto que poderá haver uma outra linguagem que trate da estrutura da primeira linguagem e contenha em si uma nova estrutura, e que talvez não existam limites para essa hierarquia de linguagens" (133, pág. 23). Esta sugestão foi desenvolvida, principalmente por Carnap e Tarski, convertendo-se então no que hoje é conhecido como a teoria dos níveis de linguagem. Em analogia com a teoria dos tipos lógicos, esta teoria salvaguarda-nos contra uma confusão de níveis. Ela postula que, no nível mais baixo da linguagem, formulam-se enunciados sobre objetos. Trata-se do domínio da *linguagem objetal*. Porém, no momento em que queremos dizer alguma coisa *sobre* essa linguagem, temos de usar uma metalinguagem; e uma metametalinguagem se quisermos falar sobre essa metalinguagem, e assim sucessivamente, numa regressão teoricamente infinita.

Se aplicarmos este conceito de níveis de linguagem à antinomia semântica do mentiroso, podemos ver que a sua afirmação, embora composta apenas de três palavras, contém dois enunciados. Um deles está no nível objetal, o outro no metanível, e diz algo *sobre* o enunciado do primeiro nível, a saber, que não é verdadeiro. Ao mesmo tempo, quase por um truque de ilusionista, também está implícito que esse enunciado na metalinguagem constitui, em si mesmo, um dos enunciados sobre o qual se formula o meta-enunciado, que é em si mesmo um enunciado em linguagem objetal. Na teoria dos níveis de linguagem, este tipo de auto-reflexividade dos enunciados que envolvem a sua própria verdade ou falsidade (ou propriedades análogas, como a demonstrabilidade, a definibilidade, a determinabilidade etc.) é o equivalente do conceito de autopertença de uma classe, na teoria dos tipos lógicos; ambos constituem asserções carentes de significado. [56]

Evidentemente, é com certa relutância que aceitamos a prova fornecida pelos lógicos de que a afirmação do mentiroso não tem significado algum. Parece existir em alguma parte uma ratoeira e essa sensação é ainda mais intensa a respeito de uma outra famosa definição paradoxal. Numa aldeia, assim diz a história, há um barbeiro que faz a barba a todos os homens que não se barbeiam a si próprios. Também neste caso se trata de uma definição exaustiva, por um lado, mas que por outro lado nos leva diretamente a um paradoxo: o barbeiro deve ser consignado à classe dos que se barbeiam a si mesmos ou à dos que não o fazem? E também aqui uma dedução rigorosa prova que não pode existir um tal barbeiro; entretanto, ficamos com uma sensação desconsoladora: Por que não? Com esta obstinada dúvida em mente, passemos agora a dar uma olhada nas conseqüências comportamentais — pragmáticas — do paradoxo.

## 6.4

### Paradoxos Pragmáticos

#### 6.41 — Injunções paradoxais

Conquanto o paradoxo do barbeiro seja quase sempre apresentado na forma acima, existe, pelo menos, uma versão ligeiramente diferente do mesmo. É a usada por Reichenbach (123), na qual, aparentemente sem motivo algum, o barbeiro é um soldado a quem o seu capitão ordena que barbeie todos os soldados da companhia que não se barbeiam a si mesmos, mas não aos outros. Reichenbach, é claro, chega à única conclusão *lógica* "de que não existe semelhante barbeiro da companhia, no sentido assim definido".

Seja qual for a razão do autor para apresentar a história dessa forma um tanto insólita, ela fornece um excelente exemplo de um paradoxo pragmático. Em última instância, não há motivo

---

(56) Um delicioso exemplo, num contexto interacional, de um enunciado auto-reflexivo que nega a sua própria asserção é fornecido pelo *cartoon* da página 204 (ao lado).

algum pelo qual uma tal injunção não pudesse ser, de fato, proferida — apesar do seu absurdo lógico. Os ingredientes essenciais dessa contingência são os seguintes:

(1) Uma forte relação complementar (oficial e subordinados).

(2) No quadro dessa relação, é dada uma instrução que tem de ser obedecida mas que também deve ser desobedecida para que seja obedecida (a ordem define o soldado como alguém que se barbeia a si próprio se e apenas se não se barbeia a si próprio e vice-versa).

(3) A pessoa que ocupa a posição de inferioridade nessa relação é incapaz de *sair* do seu quadro de relação e dissolver, assim, o paradoxo fazendo um comentário sobre ele, isto é, metacomunicando a seu respeito (isto seria equivalente à "insubordinação").

Uma pessoa colhida numa tal situação está numa *posição insustentável*. Assim, enquanto que de um ponto de vista puramente lógico, a ordem do capitão é desprovida de significado e o barbeiro é supostamente inexistente, a situação tem, entretanto, um aspecto muito diferente na vida real. Os paradoxos pragmáticos, especialmente as injunções paradoxais, são muito mais freqüentes, de fato, do que seríamos propensos a crer. Logo que começamos a estudar o paradoxo em contextos interacionais, o fenômeno deixa de ser, meramente, uma fascinante aventura para o lógico e o filósofo da ciência, convertendo-se numa questão de importância prática para a sanidade dos comunicantes, sejam estes indivíduos, famílias, sociedades ou nações. Seguem-se vários exemplos, que vão desde um modelo puramente teórico, passando por outros que foram tomados da literatura e campos afins, até aos casos clínicos.

6.42 — EXEMPLOS DE PARADOXOS PRAGMÁTICOS

*Exemplo 1*: É sintática e semanticamente correto escrever *Chicago é uma cidade populosa*. Mas seria incorreto escrever *Chicago é um trissílabo*, pois neste caso devem ser usadas as aspas: *"Chicago" é um trissílabo*. A diferença entre estes dois usos da palavra consiste em que, no primeiro enunciado, a palavra refere-se a um objeto (uma cidade), enquanto que, no segundo caso, a mesma palavra refere-se a um nome (que é uma palavra) e, portanto, refere-se a si mesma. Os dois usos da palavra "Chicago" são, pois, de um tipo lógico claramente diferente (o primeiro enunciado está em linguagem objetal, o segundo em metalinguagem) e as aspas funcionam como indicadores do tipo lógico (cf. 108, págs. 30-1 e segs.).[57]

Imaginemos agora a extravagante possibilidade de que alguém condense os dois enunciados a respeito de Chicago numa só (*Chicago é uma cidade populosa e um trissílabo*), que o dite à sua secretária e a ameaça de demissão se ela não puder ou não quiser escrevê-lo corretamente. É claro, ela não pode (e tampouco nós poderíamos no que precede). Quais são, então, os efeitos dessa comunicação sobre o comportamento? Este é, precisamente, o interesse da pragmática da comunicação humana. A superficialidade aparente deste exemplo não deve nos cegar para a sua significação teórica. Não cabe dúvida que a comunicação desse tipo gera uma situação insustentável. Como a mensagem é paradoxal, qualquer reação a ela, dentro do quadro estabelecido pela mensagem, terá de ser igualmente paradoxal. É simplesmente impossível um comportamento coerente e lógico num contexto incoerente e ilógico. Na medida em que a secretária se mantenha no quadro estabelecido pelo seu patrão, apenas duas alternativas se lhe oferecem: tentar obedecer e, é claro, comprovar que isso é impossível; ou negar-se a escrever coisa alguma. No primeiro caso, ela pode ser acusada de incompetência; no segundo, de insubordinação. Convém notar que dessas duas acusações a primeira alega debilidade intelectual e a segunda má vontade. Isto não está muito longe das acusações típicas de loucura ou maldade a que nos referimos nos capítulos precedentes. Num

---

(57) Neste ponto, devemos prestar homenagem ao matemático Frege, que já em 1893 nos advertia:

Provavelmente, o uso freqüente das aspas parecerá estranho; é por meio delas que estabeleço a diferença entre os casos em que falo do *próprio signo* e aqueles em que estou falando sobre o *seu significado*. Por muito pedante que isso pareça, considero-o, entretanto, necessário. *É extraordinário como um modo inexato de falar ou de escrever*, que originalmente pode ter sido usado apenas por uma questão de conveniência e brevidade, com plena consciência de sua inexatidão, *pode acabar confundindo o pensamento*, uma vez que essa consciência tenha desaparecido. (48, pág. 4; o grifo é nosso)

caso ou outro, é provável que a secretária reaja emocionalmente, por exemplo, chorando ou ficando furiosa. A tudo isto pode ser objetado que nenhuma pessoa, em seu são juízo, teria se comportado como esse patrão imaginário. Isto, porém, é um *non sequitur*. Com efeito, pelo menos em teoria e, muito possivelmente, na opinião da secretária, existem duas razões possíveis para tal comportamento: ou o patrão está procurando um pretexto para despedi-la e está usando um condenável truque para esse fim, ou então ele *não* está em seu perfeito juízo. Uma vez mais, observe-se que maldade e loucura parecem constituir as únicas explicações.

A situação muda completamente se a secretária não permanecer dentro do quadro estabelecido pela injunção e fizer um comentário sobre a mesma; por outras palavras, se ela não reage ao conteúdo da ordem do patrão mas comunica sobre a comunicação dele. Dessarte, ela sai do contexto criado pelo patrão e não fica tolhida pelo dilema. Isto, porém, não costuma ser fácil. Para começar — e como foi repetidamente exemplificado em capítulos anteriores — é difícil comunicar sobre comunicação. A secretária teria de assinalar por que motivo a situação é insustentável e que efeito exerce sobre ela; entretanto, isto já seria, por si só, uma grande proeza. Uma outra razão pela qual a metacomunicação não constitui uma solução simples é que o patrão, usando a sua autoridade, pode facilmente recusar-se a aceitar a comunicação da secretária no metanível e usar isso como mais uma prova da incapacidade ou insolência da moça.[58]

---

(58) Esta experiência de bloqueio das metacomunicações para impedir que alguém saia de uma situação insustentável era muito conhecida de Lewis Carroll. Voltamos a Alice, depois que a Rainha Vermelha e a Rainha Branca lhe deram volta à cabeça com suas perguntas (ver s. 3.22); abanam-lhe a cabeça com ramos de folhas, até que Alice recobre os sentidos, e a lavagem cerebral continua então:

"Ela agora está bem outra vez", disse a Rainha Vermelha. "Sabes idiomas? Como se diz em francês *fiddle-de-dee*?"
"*Fiddle-de-dee* não é inglês", replicou Alice gravemente.
"E quem disse que era?" disse a Rainha Vermelha.
*Alice julgou ter descoberto um meio de livrar-se de apuros,* desta vez.
"Se me disserem a que idioma pertence *fiddle-de-dee*, eu direi como é em francês!" exclamou Alice, triunfante.
Mas a Rainha Vermelha ergueu-se, muito empertigada, e disse: "*As rainhas nunca fazem barganhas.*" (O grifo é nosso)

*Exemplo 2*: As autodefinições paradoxais do tipo da do Mentiroso são muito freqüentes, pelo menos em nossa experiência clínica. Sua importância pragmática torna-se mais óbvia se recordarmos que esses enunciados não só expressam um conteúdo carente de significação lógica mas também definem a relação do eu com o outro. Portanto, quando presentes na interação humana, não importa tanto que o conteúdo (informação) careça de significação quanto que a relação (ordem) não possa ser evitada nem claramente entendida. As seguintes variações desse problema foram tomadas quase ao acaso de entrevistas recentes:

> (a) Entrevistador: Quais consideraria o senhor, Sr. X, serem os principais problemas em sua família?
> Sr. X: A minha contribuição para o nosso problema é que sou um mentiroso inveterado... uma porção de gente usará a expressão... hum... oh, falsidade, exagero ou gabarolice, muitas coisas... mas, na realidade, é mentira...

Temos motivos para crer que esse homem nunca teve oportunidade de conhecer o paradoxo do Mentiroso, nem que estivesse deliberadamente tentando gozar o entrevistador. Mas foi o que fez, apesar de tudo, pois como poderá alguém reagir diante de uma tal mensagem relacional paradoxal?

(b) Uma família, composta pelos pais e seu filho de vinte anos, um tanto obeso, a quem se atribui atraso mental, está interpretando em conjunto o provérbio "Pedra que rola não cria limo", como parte de uma Entrevista Familiar Estruturada (159):

> Pai: Usado como provérbio significa, para nós, para a Mamãe e eu, que se nos mantivermos ocupados e ativos como uma pedra que rola, o senhor sabe, em movimento, então, ah, não vamos poder... engordar muito e ficamos mentalmente mais ágeis...
> Filho: Isso é verdade?
> Mãe: Agora entendeste?
> Filho: Mais ou menos.
> Mãe (sobrepondo-se): Mas entendes?
> Filho (sobrepondo-se): Sim, ENTENDI.
> Pai (sobrepondo-se): Entendeste que isso seria muito BOM para...
> Filho: (interrompendo): *O atraso mental.*
> Pai (continuando): ...manter-se ocupado...
> Mãe: Oh... parece ser isso o que significa para ti, "pedra que rola não cria..."
> Filho (interrompendo): *Bem, significa superar o atraso mental.*
> Mãe: Bom...
> Pai (interrompendo): Bem, ficar ocupado AJUDARIA, quer dizer... acho que isso está certo.

Como é que os pais ou um terapeuta lidam com um "retardado mental"[59] que fala sobre os processos de superar o seu atraso mental e até usa essa expressão? Tal como o mentiroso, ele salta para dentro e para fora do quadro estabelecido pelo diagnóstico (uma definição de eu), levando dessarte o diagnóstico *ad absurdum* de um modo verdadeiramente esquizofrênico. O uso do termo exclui o estado que esse termo denota.

(c) Numa sessão de terapia marital conjunta, uma discussão das relações sexuais do casal e de suas atitudes individuais acerca de diferentes comportamentos sexuais levou a provas do mal-estar extremo do marido no tocante à masturbação. Disse ele que, "para ser inteiramente franco", embora fosse freqüentemente "forçado" a masturbar-se, por causa das recusas de sua esposa, era torturado pelos temores de anormalidade e pecado (o marido era católico e considerava a masturbação um pecado mortal). O terapeuta respondeu que não podia falar sobre a questão de pecado mas, quanto à anormalidade ou desvio, numerosas pesquisas indicavam que esse grupo registrava uma freqüência menor do que qualquer outro grupo religioso, embora houvesse uma incidência de masturbação entre os católicos superior ao que muitos supunham. O marido zombou de tais pesquisas, dizendo: "Os católicos sempre mentem a respeito do sexo".

*Exemplo 3*: Talvez a mais freqüente forma em que o paradoxo intervém na pragmática da comunicação humana é através de uma injunção que exige um comportamento específico, que por sua própria natureza só pode ser espontâneo. O protótipo dessa mensagem é, portanto, *"Seja espontâneo!"* Qualquer pessoa que se defronte com essa intimação fica numa posição insustentável, visto que, para obedecer, teria de ser espontâneo dentro de um quadro de submissão, de não-espontaneidade. Algumas variações desse tipo de injunção paradoxal são:
(a) "Tens de amar-me";
(b) "Quero que me domines" (pedido de uma mulher a seu esposo passivo);

---

([59]) Com base em repetidos testes psicológicos, fora atribuído a este paciente um QI de 50-80. Num teste imediatamente anterior a esta entrevista, ele negou-se a participar, argumentando ser incapaz de entender o que lhe era perguntado. (Durante a terapia, o seu diagnóstico foi alterado para esquizofrenia; a recuperação do paciente foi satisfatória e o seu desempenho em muitas áreas excede largamente as expectativas dos testes acima mencionados.)

(c) "Você devia gostar de brincar com as crianças, como os outros pais";
(d) "Não sejas tão obediente" (pais àqueles filhos que consideram depender excessivamente deles)
(e) "Sabes que tens toda a liberdade para ir, querido; não te preocupes se começo a chorar" (de um romance de W. Styron, 150, pág. 33).

Os freqüentadores do superbordel microcósmico na peça *O Balcão*, de Genet, vêem-se todos colhidos nesse dilema. As mulheres são pagas para desempenhar os papéis complementares necessários para que os clientes vivam seus sonhos de eu, mas tudo continua sendo falso, pois sabem que o pecador não é um "verdadeiro" pecador, que o ladrão não é um "verdadeiro" ladrão etc. Analogamente, é também esse o problema do homossexual que anseia por uma relação intensa com um "verdadeiro" homem, para acabar sempre descobrindo que o último é sempre — deve ser sempre — outro homossexual. Em todos estes exemplos, o outro, na pior das hipóteses, nega-se a obedecer; ou, na melhor das hipóteses, faz a coisa certa pela razão errada e a "razão errada" é, portanto, obediência. Em termos de simetria e complementaridade, essas injunções são paradoxais porque exigem simetria no quadro de uma relação definida como complementar. A espontaneidade floresce na liberdade e desaparece sob as imposições restritivas. [60]

*Exemplo 4*: As ideologias são particularmente suscetíveis de se enredar nos dilemas paradoxais, sobretudo se a sua metafísica consiste numa antimetafísica. Os pensamentos de Rubachov, o protagonista do romance de Koestler, *O Zero e o Infinito*, são paradigmáticos a esse respeito:

---

(60) A própria liberdade é semelhante ao paradoxo. Para Sartre a única liberdade que não temos é a de não sermos livres. Num sentido semelhante, o Código Civil suíço, um dos mais esclarecidos da Europa, estabelece (artigo 27): "(...) Ninguém pode abdicar da sua liberdade ou limitá-la até um ponto que viole a lei ou a moralidade". E Berdyaev, resumindo o pensamento de Dostoevsky, escreve:

> A liberdade não pode identificar-se com a bondade, a verdade ou a perfeição; é por natureza autônoma, é liberdade e não bondade. Qualquer identificação ou confusão de liberdade com bondade e perfeição implica a negação da liberdade e o fortalecimento dos métodos de compulsão; a bondade obrigatória deixa de ser bondade pelo próprio fato de sua imposição. (22, págs. 69-70)

> O Partido negou o livre arbítrio do indivíduo e, ao mesmo tempo, exigiu a sua abnegação voluntária. Negou a sua capacidade para optar entre duas alternativas e, ao mesmo tempo, exigiu que escolhesse sempre a alternativa certa. Negou a sua capacidade para distinguir entre o bem e o mal e, ao mesmo tempo, falou acusadoramente de culpa e traição. O indivíduo encontrou-se sob o signo da fatalidade econômica, uma roda num mecanismo de relojoaria a que se deu corda para toda a eternidade e não era possível deter ou influenciar ( ...) e o Partido exigiu que a roda se revoltasse contra o mecanismo e mudasse o seu curso. Havia algures um erro de cálculo; e equação não funcionou. (84, pág. 257)

Faz parte da natureza do paradoxo que as "equações" baseadas nele não funcionem. Sempre que o paradoxo contamina as relações humanas, surge a doença. Rubachov apercebera-se dos sintomas mas procurava a cura em vão:

> Todos os nossos princípios eram corretos mas os nossos resultados eram errôneos. Estamos num século doente. Diagnosticamos a doença e suas causas com exatidão microscópica mas cada vez que aplicamos o bisturi uma nova chaga se revela. A nossa vontade era firme e pura, teríamos sido amados pelo povo. Mas odeia-nos. Por que somos tão odiosos e detestados?
> 
> Trouxemos-lhes a verdade e em nossa boca ela soou como mentira. Trouxemos-lhes a liberdade e, em nossas mãos, parece um látego. Trouxemos-lhes uma vida palpitante e onde a nossa voz se ouve as árvores estiolam e há estalidos de folhas secas. Trouxemos-lhes a promessa do futuro mas a nossa língua gaguejou e uivou ( ...). (84, pág. 58)

*Exemplo 5*: Ora, se compararmos isto com o relato autobiográfico de um esquizofrênico (15), notamos que o seu dilema é intrinsecamente idêntico ao de Rubachov. O paciente é colocado pelas suas "vozes" numa situação insustentável e é então acusado de astúcia ou má vontade quando se vê incapaz de obedecer às instruções paradoxais daquelas. O que torna tão extraordinária a sua narrativa, é o fato de ter sido escrita há quase 130 anos, muito antes de a moderna teoria psiquiátrica ter surgido:

> Eu era atormentado pelas ordens do que imaginava ser o Espírito Santo para que dissesse outras coisas e quantas vezes o tentei fazer, outras tantas fui assustadoramente repreendido por começar com a minha própria voz e não na voz que me era dada. Essas ordens contraditórias eram a causa, agora como antes, da incoerência do meu comportamento e essas imaginações formaram as causas principais do meu subseqüente desarranjo total. Pois era-me ordenado que falasse, sob pena de horríveis tormentos, de provocar a ira do Espírito Santo e de incorrer na culpa da mais grosseira ingratidão; e, ao mesmo tempo, sempre que tentava falar, eu era áspera e acusa-

doramente reprendido por não usar a expressão de um espírito que me era enviado; e quando voltei a tentá-lo, continuei procedendo errado, e quando suplicava interiormente, dizendo não saber o que devia fazer, eu era acusado de falsidade e embuste, de não querer realmente fazer o que me era ordenado. Perdi então a paciência e disse que me desejavam confundir, decidido a mostrar que o que me detinha não era o temor nem a falta de vontade. Mas quando assim fiz, senti como antes a dor nos nervos do meu palato e garganta ao falar, o que me convenceu de que não só eu estava me rebelando contra Deus mas também contra a Natureza; e caí então numa angustiante sensação de impotência e de ingratidão. (15, págs. 32-33)

*Exemplo 6*: Quando as autoridades japonesas, por volta de 1616, iniciaram a perseguição organizada aos convertidos ao Cristianismo, eles deram às suas vítimas uma opção entre uma sentença de morte e uma abjuração que era tão complicada quanto paradoxal. Essa abjuração era na forma de uma juramento descrito por Sansom num estudo da interação entre culturas européias e asiáticas. Escreveu ele:

Ao renegar a fé cristã, cada apóstata tinha de repetir as razões de sua descrença numa fórmula prescrita (...). A fórmula é um tributo involuntário ao poder da fé cristã, porquanto os convertidos, tendo abjurado de sua religião (geralmente, sob coação), eram obrigados, por uma curiosa lógica, a jurar em nome daqueles mesmos poderes que tinham acabado de negar: Em nome do Pai, do Filho e do Espírito Santo, Santa Maria e todos os Anjos (...) se eu romper este juramento que perca para sempre a graça de Deus e caia no mísero estado de Judas Iscariotes. Afastando-se ainda mais da lógica, tudo isto era seguido de um juramento de fidelidade às divindades budistas e xintoístas. (134, pág. 176)

As conseqüências deste paradoxo merecem uma análise detalhada. Os japoneses tinham-se empenhado na tarefa de modificar a crença de todo um grupo de pessoas, empreendimento notoriamente difícil em vista do fato de que qualquer crença é, ao mesmo tempo, poderosa e intangível. Eles devem ter percebido desde o começo que os métodos de persuasão, coação ou corrupção resultavam inadequados, pois esses métodos podem certamente forçar uma declaração "da boca para fora" mas sempre deixam uma dúvida sobre se o espírito do ex-converso terá "realmente" mudado. E, é claro, essa dúvida subsistirá mesmo diante dos mais veementes protestos por parte do apóstata, pois não só aqueles que renunciam sinceramente mas todos os que querem salvar a pele e, no entanto, preservam sua fé no fundo do coração comportar-se-ão precisamente dessa maneira.

Diante do problema de provocar uma mudança "real" na mente de alguém, os japoneses recorreram ao expediente do juramento e sabiam muito bem que, no tocante aos conversos, um tal juramento só teria poderes vinculatórios se fosse feito em nome tanto das deidades cristãs como das budistas ou xintoístas. Mas essa "solução" fê-los cair diretamente na indeterminabilidade dos enunciados auto-reflexivos. A fórmula prescrita para o juramento de abjuração derivaria o seu poder de uma invocação da própria divindade que tinham de abjurar por esse mesmo juramento. Por outras palavras, era feita uma declaração *dentro* de um quadro de referência claramente definido (a fé cristã), a qual asseverava algo *sobre* esse quadro e, portanto, sobre si mesma, notadamente, negava o quadro de referência e, com ele, o próprio juramento. Ora, convém prestar atenção especial às suas duas palavras sublinhadas na frase antecedente, *dentro* e *sobre*. Suponhamos que C é a classe de todos os enunciados que podem ser formulados *dentro* do quadro de referência da fé cristã. Então, qualquer enunciado sobre C pode ser chamado um meta--enunciado, isto é, um enunciado sobre um conjunto de enunciados. Podemos ver agora que o juramento é um membro de C, visto que invoca a Trindade e, ao mesmo tempo, é um meta--enunciado que nega C — portanto, *sobre* C. Isto, porém, cria o já nosso conhecido impasse lógico. Nenhum enunciado feito de um dado quadro de referência pode, ao mesmo tempo, sair desse quadro, por assim dizer, e negar-se a si mesmo. Este é o dilema do sonhador que tem um pesadelo: nada do que ele tente fazer no seu sonho terá qualquer proveito ou lhe acarretará qualquer vantagem. [61] Ele só pode escapar ao seu pesadelo

---

(61) Cf. de novo Lewis Carroll em *Through the Looking Glass*, que (*tal como Alice no País das Maravilhas, Alice in Wonderland*) é mais um manual de problemas de lógica do que um livro infantil. Tweedledum e Tweedledee estão falando sobre o adormecido Rei Vermelho:

..."Ele está sonhando agora," disse Tweedledee, "e sobre o que achas tu que ele está sonhando?"
"Ninguém pode adivinhar isso", respondeu Alice.
"Puxa, está sonhando *contigo*!" exclamou Tweedledee, batendo palmas triunfantemente, "e se ele deixasse de sonhar contigo, onde supões que estarias?"
"Onde estou agora, é claro!" disse Alice.
"Não, nada disso!" replicou desdenhosamente Tweedledee. "Não estarias em parte alguma. Tu só és alguma coisa no sonho dele!"
"Se o Rei despertasse agora", acrescentou Tweedledum, "tu te esfumarias... bang! como a chama de uma vela!"

acordando, isto é, saindo do seu sonho. Mas despertar não faz parte do sonho; é um quadro de referência inteiramente diferente, é — por assim dizer — um não-sonho. Teoricamente, o pesadelo poderia continuar indefinidamente, como sucede, obviamente, com alguns pesadelos esquizofrênicos, pois nada existente dentro do quadro tem o poder de negar esse quadro. Mas isto, *mutatis mutandis*, é precisamente o que o juramento japonês pretendia conseguir.

Se bem que, de nosso conhecimento, não existam depoimentos históricos sobre os efeitos do juramento nos conversos ou nas autoridades que o impuseram, não é difícil alinhar algumas conjeturas a respeito de tais efeitos. Para os conversos que fizeram o juramento, o dilema é bastante claro. Ao abjurarem, mantinham-se no quadro da fórmula paradoxal e, assim, ficavam colhidos no paradoxo. É claro, suas probalidades de sair desse quadro de referência devem ter sido muito tênues. Mas, tendo sido forçados a prestar juramento, os conversos devem ter-se visto num tremendo dilema religioso pessoal. Deixando de lado a questão da coação, o juramento deles era válido ou não? Se queriam continuar cristãos, esse próprio fato não conferiria plena validade ao juramento e os excomungava? Mas, se sinceramente desejavam abjurar do cristianismo, o juramento feito em nome dessa fé não os vinculava firmemente a ela? Em última análise, o paradoxo invade aqui os domínios da metafísica; é da essência de um juramento que não só vincula aquele que o profere mas também a deidade invocada. Na experiência do converso, não estava o próprio Deus numa situação insustentável e, assim sendo, onde — em todo o universo — restava qualquer esperança de uma solução?

Mas o paradoxo deve ter afetado também os próprios perseguidores. É impossível que eles não tenham percebido que a

---

"Claro que não me esfumaria!" exclamou Alice, indignada. "Além disso, se eu apenas sou alguma coisa no sonho dele, então *o que são vocês*, gostaria de saber?"

"O mesmo", disse Tweedledum.

"O mesmo, o mesmo!" gritou Tweedledee.

Gritou tão alto que Alice não pôde deixar de dizer:

"Psiu! Receio bem que vocês o despertem, se fizerem tanto barulho."

"Bom, é inútil que *tu* fales em despertá-lo", disse Tweedledum, "quando não passas de uma coisa no sonho dele. Sabes muito bem que não és real."

"Eu *sou* real!" exclamou Alice, que começou a chorar.

fórmula colocava a deidade cristã acima de seus próprios deuses. Assim, em vez de expurgar "o Pai, o Filho e o Espírito Santo, Santa Maria e todos os Anjos" da alma dos convertidos, essas deidades eram, pelo contrário, entronizadas até em sua própria religião. Por conseguinte, eles devem ter-se visto, no fim, enredados em sua própria maquinação, a qual negava o que afirmava e afirmava o que negava.

Neste ponto, podemos abordar perifericamente o tema da lavagem cerebral que, no fim de contas, baseia-se quase exclusivamente no paradoxo pragmático. A história da humanidade mostra-nos que, em geral, há duas espécies de aliciadores mentais: os que consideram que a destruição física dos seus adversários é uma solução aceitável do problema e não os preocupa o que suas vítimas possam "realmente" pensar e aqueles que, movidos por uma preocupação escatológica, digna de melhor causa, interessam-se e muito por esse aspecto do problema. É lícito supor que os últimos se inclinam a denunciar uma chocante falta de espiritualidade nos primeiros, mas isto não faz o menor sentido. Em qualquer caso, a preocupação do segundo grupo consiste, primordialmente, em modificar a mente de um homem e só secundariamente em eliminá-lo. O'Brien, o torturador do romance *1984*, de Orwell, é uma consumada autoridade no assunto, o que ele explica à sua vítima nestes termos:

> "Por cada herege queimado na fogueira [da Inquisição] surgiram milhares de outros. Por quê? Porque a Inquisição matava os seus inimigos abertamente e matava-os quando ainda não se haviam arrependido; com efeito, matava-os porque não se arrependiam. Os homens morriam por se recusarem a abandonar as suas verdadeiras crenças. ( ... ) Mais tarde ...houve os nazistas alemães e os comunistas russos. Os russos perseguiram a heresia ainda mais cruelmente do que a Inquisição. Imaginavam ter aprendido com os erros do passado; sabiam que, ao menos, era preciso não fazer mártires. Antes de exporem suas vítimas ao julgamento público, procuravam destruir-lhes deliberadamente a dignidade. Abatiam-nos pela tortura e a solidão, até se transformarem em desprezíveis réprobos, confessando o que lhe fosse posto na boca, cobrindo-se de infâmia... E, no entanto, apenas alguns anos mais tarde, a mesma coisa acontecia de novo. Os mortos se haviam transformado em mártires e fora esquecida a sua degradação. ( ... ) Nós não cometemos erros desse gênero. Todas as confissões feitas aqui são verdadeiras. Nós as tornamos verdadeiras. E, acima de tudo, não permitimos que os mortos se levantem contra nós... Serás aniquilado no passado como no futuro. Não terás existido nunca."
>
> "Então por que se dar ao trabalho de me torturar?" pensou Winston, num momento de amargura. ( ... )

O'Brien sorriu ligeiramente. "Tu és uma falha na urdidura, Winston, és uma nódoa que precisa ser eliminada. Não acabo de te dizer que somos diferentes dos promotores do passado? *Não nos contentamos com a obediência negativa, nem mesmo com a mais abjeta submissão. Quando finalmente te renderes a nós, deverá ser por tua livre e espontânea vontade.* Não destruímos o herege porque nos resista; enquanto nos resiste nunca o destruímos. Convertemo-lo, capturamos-lhe a mente, damos-lhe nova forma. Nele queimamos todo o mal e toda a alucinação; trazemo-lo para o nosso lado, não em aparência, *mas genuinamente, de corpo e alma.* Tornamo-lo um dos nossos antes de matá-lo. É-nos intolerável que exista no mundo um pensamento errôneo, por mais secreto e inerme que seja." (113, pág. 258; o grifo é nosso)

Aqui temos, em sua mais crua forma, o paradoxo "Seja espontâneo". O leitor, é claro, fica convencido de que O'Brien é um louco mas, enquanto que O'Brien é apenas um personagem fictício, a sua loucura é idêntica à de um Hitler, Himmler, Heydrich e tantos outros.

*Exemplo 7*: Uma situação essencialmente semelhante à dos conversos japoneses e seus perseguidores surgiu entre Sigmund Freud e as autoridades nazistas em 1938, salvo que, neste caso, o paradoxo foi imposto pela vítima aos seus perseguidores e, além disso, de um modo tal que pôde abandonar o campo. Os nazistas tinham prometido a Freud um visto para sair da Áustria, com a condição de que assinasse uma declaração para os efeitos de que tinha sido "tratado pelas autoridades alemãs e particularmente pela Gestapo com todo o respeito e consideração devidos à minha reputação científica" etc. (81, pág. 226). Se bem que no caso pessoal de Freud tal afirmação possa ter sido exata, no contexto mais amplo da estarrecedora perseguição aos judeus vienenses esse documento equivalia a uma despudorada ficção de jogo limpo por parte das autoridades, obviamente com o intuito de usar a fama internacional de Freud para a propaganda nazista. Assim, a Gestapo tinha interesse em que Freud a assinasse e, por outro lado, Freud teve, sem dúvida, que enfrentar o dilema de assiná-la e, por conseguinte, ajudar o inimigo, à custa da sua integridade moral, ou então recusar-se a assiná-la e sofrer as conseqüências. Em termos da psicologia experimental, ele enfrentava um conflito do tipo evitação-evitação (s. 6.434). Freud conseguiu inverter o jogo e colher os nazistas em sua própria maquinação. Quando o oficial da Gestapo lhe apresentou o documento para assinatura, Freud perguntou-lhe se lhe era permitido acrescentar uma só frase mais. Obviamente seguro da sua posição de superioridade, o oficial concordou e Freud escreveu de seu próprio punho: "Posso recomendar a Gestapo a qualquer pessoa, com toda a sinceridade." Agora, a situação estava invertida — pois a Gestapo, tendo forçado primeiro Freud a elogiá-la, não podia agora opor-se a ser alvo de novos elogios. Mas para quantos tivessem a mais leve noção do que estava acontecendo em Viena nesses dias (e o mundo estava cada vez mais cônscio disso), esse "elogio" equivalia a um arrasador sarcasmo que retirava ao documento todo e qualquer valor para a propangada. Em resumo, Freud tinha colocado o documento num determinado quadro de referência, mediante uma afirmação que fazia parte daquele e uma negação, por meio do sarcasmo, de todo o documento.

*Exemplo 8:* Em *Les Plaisirs et les Jours*, Proust oferece-nos um belo exemplo de um paradoxo pragmático que surge da freqüente contradição entre o comportamento socialmente aprovado e a emoção individual. Alexis tem 13 anos e dispõe-se a visitar o seu tio, que agoniza de um mal incurável. A seguinte conversa tem lugar entre Alexis e o seu tutor.

> Ao começar a falar, ruborizou-se intensamente:
> — Senhor Legrand, o meu tio deve pensar que eu sei que ele vai morrer ou não?
> — Não deve sabê-lo, Alexis!
> — Mas, que faço se ele me falar disso?
> — Ele não falará sobre isso.
> — Não me falará sobre isso? — disse Alexis, atônito, pois era a única alternativa que não previra; cada vez que começava a imaginar sua visita ao tio, ouvia-o falar sobre a morte com a doçura de um sacerdote.
> — Mas, no fim de contas, que farei se me falar sobre isso?
> — Dir-lhe-ás que está equivocado.
> — E se eu chorar?
> — Já choraste bastante esta manhã. Não chorarás em casa do teu tio.
> — Não chorarei! — exclamou Alexis, desesperado. — Mas então ele vai pensar que não sinto pena, que não o amo, ao meu pobre titio!
> E começou a chorar. (118, págs. 19-20)

Se, movido por sua preocupação, Alexis oculta os seus sentimentos de preocupação, então receia que possa parecer indiferente e, por conseguinte, falto de amor.

*Exemplo 9*: Um jovem sabia que seus pais não aprovavam a moça com quem ele saía e com quem pretendia casar. O pai era um homem rico, dinâmico e bonitão que governava a bel-

-prazer a vida de seus três filhos e da esposa. A mãe vivia na posição complementar subalterna. Era uma mulher retraída, calada, que em várias ocasiões já estivera internada num sanatório "para repouso". Certo dia, o pai convidou o jovem a ir ao seu escritório — um procedimento reservado somente para os pronunciamentos muito solenes — e disse-lhe: "Louis, há uma coisa que você deve saber. Nós, os Alvarados, sempre casamos com mulheres que são melhores do que nós." Isto foi dito com uma fisionomia perfeitamente séria e deixou o rapaz perplexo, pois era incapaz de decidir quais seriam as implicações de semelhante declaração. Fosse qual fosse o prisma por onde tentava interpretá-la, acabava sempre numa desconcertante contradição, o que gerou nele uma sensação de insegurança quanto à sabedoria da sua decisão de casar com essa moça.

A declaração do pai poderia ser ampliada da seguinte maneira: Nós, os Alvarados, somos pessoas superiores; entre outras coisas, ascendemos socialmente pelo casamento. Esta última prova de superioridade é, contudo, não só contrária aos fatos que o filho observa mas também implica, em si mesma, que os Alvarados são *inferiores* às suas esposas. E isto nega a asserção que pretendia corroborar. Se a afirmação de superioridade, incluindo a definição da esposa e do eu, for verdadeira, então não é verdadeira.

*Exemplo 10*: No decurso da psicoterapia de um jovem, o seu psiquiatra pediu-lhe que convidasse os pais a virem de uma cidade razoavelmente distante, a fim de que pudessem ter, pelo menos, uma sessão de terapia conjunta. Durante essa sessão, evidenciou-se que os pais só estavam mutuamente de acordo quando se aliavam contra o filho, mas que em tudo o mais prevaleciam as divergências. Também se revelou que o pai sofrera uma depressão durante a infância do filho e não trabalhara durante cinco anos, período durante o qual viveram do dinheiro da sua abastada esposa. Um pouco mais tarde, no decurso da entrevista, o pai criticou severamente o filho por não ser mais responsável, por não se tornar independente e ter mais êxito. Nesse ponto, o terapeuta interveio e sublinhou, cautelosamente, que talvez o pai e o filho tivessem mais em comum do que supunham... Se bem que nenhum dos dois parecesse ter prestado atenção a essa insinuação do médico, a mãe interveio rapidamente e atacou o psiquiatra por estar criando encrenca. Depois, olhou para o filho com amor e admiração, dizendo: "No fim de contas, é muito simples. Tudo o que queremos no mundo é que

George tenha um casamento tão feliz quanto o nosso." Definido nestes termos, a única conclusão é que um casamento é feliz quando é infeliz e que, por implicação, é infeliz quando é feliz.

Vale a pena mencionar, de passagem, que o rapaz ficou deprimido depois dessa reunião e, quando voltou à sua sessão individual seguinte, não foi capaz de descobrir a origem desse estado de ânimo. Quando se lhe assinalou o paradoxo implícito no desejo de sua mãe, o rapaz recordou-a e foi como se, de súbito, uma lâmpada elétrica se acendesse no seu íntimo. Disse ele que, provavelmente, a mãe dissera "coisas como essa" durante muitos anos mas que ele nunca pudera identificá-las, tal como acabara de ser feito. Costumava ter sonhos em que carregava algo pesado, ou lutava contra algo, ou era arrastado por alguma coisa, sem poder reconhecer jamais o que era esse "algo".

*Exemplo 11*: Uma mãe conversava pelo telefone com o psiquiatra de sua filha esquizofrênica e queixava-se de que a menina estava piorando de novo. Com isso, a mãe queria usualmente dizer que a filha se mostrara mais independente e discutira com ela. Recentemente, por exemplo, a filha mudara-se para um apartamento próprio, e a mãe estava apoquentada com essa decisão. O terapeuta pediu um exemplo de comportamento alegadamente perturbado e a mãe disse: "Bem, como hoje, por exemplo, eu quis que ela viesse jantar e tivemos uma grande discussão porque ela achava não estar com vontade de vir". Quando o terapeuta perguntou então o que é que, finalmente, acontecera, a mãe declarou, com certa zanga na voz: "Bom, eu convenci-a a que viesse, é claro, porque sabia que ela, na realidade, queria fazê-lo e nunca teve coragem de me dizer Não." Na opinião da mãe, quando a filha diz "não", isso significa que, realmente, ela quer vir, porque a mãe sabe melhor do que ela o que acontece na mente confusa da filha; mas o que aconteceria se a filha dissesse "sim"? Um "sim" não significa "sim"; apenas significa que a filha nunca tem a coragem necessária para dizer "não". Assim, tanto a mãe como a filha estão vinculadas por essa maneira paradoxal de rotular as mensagens.

*Exemplo 12*: Greenburg publicou recentemente uma fascinante e estarrecedora coleção de comunicações maternas paradoxais. Eis uma de suas pérolas:

> Dê a seu filho Marvin duas camisas esportivas de presente.
> A primeira vez que ele vista uma delas, encare-o tristemente e diga, em seu Tom Básico de Voz:
> "O quê, não gostaste da outra?" (58, pág. 16)

## 6.43 — A TEORIA DA DUPLA VINCULAÇÃO

Os efeitos do paradoxo na interação humana foram descritos, pela primeira vez, por Bateson, Jackson, Haley e Weakland, num artigo intitulado "Toward a Theory of Schizophrenia" (18), publicado em 1956. Esse grupo de pesquisadores abordou o fenômeno da comunicação esquizofrênica de um ponto de vista radicalmente diferente daquelas hipóteses segundo as quais a esquizofrenia constitui, primordialmente, um distúrbio intrapsíquico (uma desordem do pensamento, um funcionamento débil do ego, uma inundação da consciência por material do processo primário etc.) que afeta, secundariamente, as relações do paciente com as outras pessoas e, finalmente, as relações destas com ele. Bateson e outros preferiram adotar a abordagem inversa e trataram de averiguar que seqüências da experiência interpessoal *induziriam* (em vez de serem causadas por) um comportamento capaz de justificar o diagnóstico de esquizofrenia. Formularam a hipótese de que o esquizofrênico *"deve viver num universo onde as seqüências de acontecimentos são de tal natureza que os seus hábitos comunicacionais não-convencionais resultarão, em certo sentido, adequados"*. (18, pág. 253) Isso levou-os a postular e identificar certas características essenciais dessa interação, para a qual criaram o termo *dupla vinculação*. Essas características também são o denominador comum subjacente nos vários exemplos da seção precedente deste capítulo, cuja heterogeneidade talvez fosse desconcertante sem essa explicação.

### 6.431

Numa definição algo modificada e ampliada, os ingredientes de uma dupla vinculação podem ser descritos da seguinte maneira:

(1) Duas ou mais pessoas estão envolvidas numa relação intensa que possui um elevado grau de valor de sobrevivência física e (ou) psicológica para uma, várias ou todas elas. As situações em que existem, tipicamente, tais relações intensas abrangem mas não se limitam à vida familiar (especialmente a interação mãe-filho); enfermidade; dependência material; cativeiro; amizade; amor; fidelidade a um credo, causa ou ideologia; contextos influenciados por normas ou tradições sociais; e a situação psicoterapêutica.

(2) Num tal contexto, é dada uma mensagem estruturada de tal modo que (a) afirma algo, (b) afirma algo sobre a sua própria afirmação e (c) essas duas afirmações excluem-se mutua-

mente. Assim, se a mensagem é uma intimação, deve ser desobedecida para ser obedecida; se é uma definição do eu ou de outro; a pessoa assim definida só é essa espécie de pessoa se não o for, e não é se o for. Portanto, o significado da mensagem é indeterminável no sentido descrito na s. 3.333.

(3) Finalmente, o receptor da mensagem é impedido de sair do quadro de referência estabelecido por essa mensagem, quer pela metacomunicação (comentário) sobre ela, quer retraindo-se. Portanto, muito embora a mensagem seja destituída de significação lógica, ela constitui uma realidade pragmática; ele não pode *não* reagir-lhe mas tampouco pode reagir-lhe apropriadamente (não-paradoxalmente), porquanto a própria mensagem é paradoxal. Esta situação é, freqüentemente, determinada pela proibição mais ou menos explícita de se manifestar qualquer conhecimento da contradição ou do problema real envolvido. Uma pessoa numa situação de dupla vinculação é passível, portanto, de se ver punida (ou, pelo menos, de ser levada a sentir-se culpada) pelas suas percepções corretas e definida como "má" ou "louca" se insinuar sequer que existe uma discrepância entre o que vê, de fato, e o que "devia" ver. [62]

Esta é a essência do duplo vínculo.

## 6.432

Desde a sua formulação, este conceito granjeou considerável atenção tanto por parte da psiquiatria [63] como das ciências do comportamento, em geral (156), tendo inclusive ingressado no

---

[62] Isto é igualmente válido para as percepções de uma pessoa sobre os estados de espírito ou o comportamento de uma outra. Cf. Johnson e outros, donde extraímos a seguinte citação:

Quando essas crianças percebiam a ira e hostilidade de um progenitor, como sucedia em muitas ocasiões, imediatamente aquele negava que estivesse zangado e insistia para que a criança também o negasse, de modo que esta se via no dilema de acreditar no progenitor ou no que os seus próprios sentidos lhe diziam. Se confiava nos seus sentidos, mantinha um firme controle sobre a realidade; se acreditava no progenitor, conservava a relação de que necessitava mas distorcia a sua percepção da realidade. (80, pág. 143)

Laing (89) introduziu o conceito de mistificação para referir-se ao que, essencialmente, é este mesmo padrão.

[63] Os seus autores receberam o Prêmio Frieda Fromm-Reichmann de 1961-62 da Academia de Psicanálise por sua contribuição significativa para a compreensão da esquizofrenia.

jargão político (97). O problema da *patogenicidade* da dupla vinculação converteu-se imediatamente e continua sendo o aspecto mais debatido e menos compreendido da teoria. Portanto, requer particular atenção antes de avançarmos mais no nosso tema.

Não há dúvida de que o mundo em que vivemos está longe de ser lógico e de que todos temos estado expostos a duplas vinculações; mas, apesar disso, quase todos nós temos logrado preservar a nossa sanidade mental. Contudo, a maioria dessas experiências é de uma natureza isolada e espúria, ainda que, em seu tempo, possam ser de uma natureza traumática. Ocorre uma situação muito diferente quando a exposição à dupla vinculação é duradoura e converte-se, gradualmente, numa expectativa habitual. Isto, é claro, aplica-se especialmente à infância, visto que todas as crianças são propensas a concluir que o que lhes acontece ocorre em todo o mundo — é, por assim dizer, a lei do universo. Neste caso, portanto, não está em questão um trauma isolado mas, outrossim, um padrão definido de interação. A qualidade interacional desse padrão talvez fique mais clara se nos lembrarmos que o duplo vínculo não pode ser, na natureza da comunicação humana, um fenômeno unidirecional. Se, como vimos acima em (3), uma dupla vinculação produz um comportamento paradoxal, então esse mesmo comportamento, por seu turno, gera um duplo vínculo para quem o estabeleceu.[64] Uma vez que tal padrão tenha começado a atuar, é virtualmente desprovido de significado indagar *quando, como* e *por que* foi estabelecido, pois, como se verá no próximo capítulo, os sistemas patológicos possuem uma qualidade do tipo círculo vicioso que curiosamente se perpetua a si própria. Em vista disso, afirmamos que a questão da patogenicidade da dupla vinculação não pode ser resolvida em termos de relação causa-efeito, inspirada, por exemplo, no modelo médico da ligação entre infecção e inflamação; o duplo vínculo não *causa* a esquizofrenia. Tudo o que

---

(64) Esta mutualidade existe mesmo quando todo o poder pareça estar nas mãos de um dos participantes e o outro seja totalmente impotente, por exemplo, na perseguição política. Pois, no final de tudo, conforme Sartre (135) explica, o torturador é tão humilhado quanto a sua vítima. Ver também a descrição de Weissberg (163) de suas experiências como vítima do Grande Expurgo na União Soviética e o conceito de Meerloo (103) do "misterioso pacto masoquista" entre o especialista em lavagem cerebral e a sua vítima.

Para um estudo detalhado da mutualidade da dupla vinculação nas famílias, ver Weakland (160); ver também Sluzki *et al.* (144).

pode ser afirmado é que, sempre que a dupla vinculação se converteu no padrão predominante de comunicação, e quando a atenção diagnóstica está limitada ao indivíduo *manifestamente* mais perturbado, [65] o comportamento desse indivíduo, segundo se verificará, satisfaz os critérios diagnósticos da esquizofrenia. Somente nesta acepção uma dupla vinculação pode ser considerada causativa e, portanto, patogênica. Esta distinção poderá parecer talmúdica mas consideramo-la necessária se quisermos dar o passo conceitual que vai da "esquizofrenia como uma doença misteriosa da mente do indivíduo" para a "esquizofrenia como um padrão específico de comunicação".

6.433

Tendo isto em mente, podemos agora acrescentar dois outros critérios às três características essenciais acima mencionadas (s. 6.431) de uma dupla vinculação, a fim de definirmos a sua ligação com a esquizofrenia. São eles:

(4) Sempre que a dupla vinculação é duradoura, possivelmente crônica, converter-se-á numa expectativa habitual e autô-

---

(65) É impossível analisar neste livro todos os aspectos e ramificações da teoria da dupla vinculação, mas a questão do grau de distúrbio exige uma breve digressão. Temos comprovado em repetidas experiências que os pais de esquizofrênicos podem parecer, no início, indivíduos coerentes, bem adaptados, o que confere crédito ao mito de que essas famílias seriam felizes se não fosse o fato de terem um filho ou uma filha psicótica. Mas até quando são entrevistados na ausência do paciente, suas extraordinárias incoerências comunicacionais não tardam em fazer-se evidentes. Convém chamar a atenção, uma vez mais, para os numerosos exemplos apresentados por Laing e Esterson (90) e para um artigo anterior e pioneiro de Searles, a que pertence o seguinte trecho:

> Por exemplo, a mãe de um jovem profundamente esquizofrênico, uma pessoa muito intensa que falava com a rapidez de uma metralhadora, despejou sobre mim, numa torrente ininterrupta de palavras, as seguintes frases, tão repletas de *non sequiturs*, no tocante ao tom emocional, que me deixaram momentaneamente estonteado: "Ele era muito feliz, custa-me crer que lhe acontecesse uma coisa destas. Nunca esteve doente, nunca. Adorava o seu trabalho de reparação de rádios na oficina do Sr. Mitchell, em Lewiston. O Sr. Mitchell é uma pessoa muito perfeccionista. Não creio que qualquer dos empregados da sua oficina, antes de Edward, tivessem durado mais de um par de meses. Mas ele e Edward entendiam-se às maravilhas. Costumava chegar a casa e dizer (a mãe imita um suspiro de cansaço): "Não o agüento nem mais um minuto!" (142, págs. 3-4)

noma a respeito da natureza das relações humanas e do mundo em geral, uma expectativa que não requer um ulterior reforço.

(5) O comportamento paradoxal imposto pela dupla vinculação (o ponto (3) de s. 6.431) é, por sua vez, uma dupla vinculação e isto redunda num padrão de comunicação que se perpetua a si mesmo. O comportamento do comunicante mais abertamente perturbado satisfaz os critérios clínicos da esquizofrenia, se examinados isoladamente.

*6.434*

Do que ficou acima dito poderá ser depreendido, sem dúvida, que os duplos vínculos não são, simplesmente, injunções *contraditórias* mas verdadeiros paradoxos. Já examinamos a diferença essencial entre uma contradição e um paradoxo quando tratamos das antinomias e apuramos que toda e qualquer antinomia é uma contradição lógica mas nem toda a contradição lógica é uma antinomia. A mesma distinção é válida para as injunções contraditórias *versus* injunções paradoxais (duplas vinculações); e trata-se de uma distinção da mais alta importância porque os efeitos pragmáticos dessas duas classes de injunções são muito diferentes. (Ver as ilustrações da pág. 205, ao lado.)

O nosso pensamento, a estrutura lógica da linguagem e a nossa percepção da realidade, em geral, estão baseados tão firmemente na lei aristotélica de que *A* não pode ser também ao mesmo tempo *não-A* que esse tipo de contradição é por demais obviamente errôneo para que possa ser tomado a sério. Mesmo as contradições impostas pela existência cotidiana não são patogênicas. Quando se nos deparam duas alternativas mutuamente exclusivas, uma delas tem de ser escolhida; a nossa opção talvez não leve muito tempo para mostrar que foi a errada ou talvez se vacile demais e assim falhar. Um tal dilema pode variar desde uma leve pena por não podermos comer o bolo e conservá-lo ao mesmo tempo, até à desesperada situação de um homem encurralado no sexto andar de um edifício em chamas e a quem só resta a alternativa de morrer carbonizado ou saltar por uma janela. Analogamente, nos experimentos clássicos em que um organismo é exposto a uma situação de conflito (aproximação-evitação, aproximação-aproximação, evitação-evitação), o conflito promana do que equivale, realmente, a uma contradição entre as alternativas oferecidas ou impostas. Os efeitos comportamentais desses experimentos podem variar desde a indecisão até uma opção errônea ou a morrer de fome para escapar ao castigo; mas nunca à patologia peculiar que pode ser observada quando o dilema é verdadeiramente paradoxal.

Contudo, essa patologia está claramente presente nos famosos experimentos pavlovianos, em que um cão é treinado primeiro a fazer a distinção entre um círculo e uma elipse e, depois, faz-se com que seja incapaz de distinguir quando a elipse é gradualmente ampliada para que se pareça, cada vez mais, com um círculo. Nós sustentamos ser este um contexto que contém todos os ingredientes de uma dupla vinculação, tal como acima foi descrita; e para os seus efeitos sobre o comportamento, Pavlov criou o termo "neurose experimental". O ponto crucial da questão é que, neste tipo de experimento, o experimentador impõe primeiro ao animal a necessidade vital de uma discriminação correta e, depois, torna impossível a discriminação dentro do seu quadro de referência. Assim, o cão é jogado num mundo em que a sua sobrevivência depende do cumprimento de uma lei que se viola a si própria; o paradoxo ergue sua cabeça gorgônea. Neste ponto, o animal começa a manifestar certos distúrbios típicos de comportamento; pode entrar em estado comatoso ou mostrar uma agressividade extrema, além de manifestar os concomitantes fisiológicos de uma grave ansiedade. [66]

*Em resumo*: A mais importante distinção entre injunções contraditórias e paradoxais é que, diante de uma injunção contraditória, opta-se por uma e perde-se, ou sofre-se, a outra alternativa. O resultado não é dos mais agradáveis — como já mencionamos, é impossível guardar o bolo e comê-lo, ao mesmo tempo, e o mal menor não deixa de ser, apesar de tudo, um mal. Mas, diante de uma injunção contraditória, a escolha é logicamente possível. A injunção paradoxal, por outra parte, é a *falência da própria escolha*; nada é possível e uma série oscilante, que se perpetua a si mesma, é posta em movimento.

A título de comentário marginal, gostaríamos de assinalar o fato interessante de que o efeito paralisante do paradoxo pragmático não está, de modo algum, limitado aos primatas ou aos mamíferos, em geral; mesmo os organismos com um cérebro e um sistema nervoso relativamente rudimentares são igualmente

---

( [66] ) Significativamente, os animais que nunca foram adestrados para discriminar não mostram esse tipo de comportamento num contexto em que a distinção seja impossível.

vulneráveis aos efeitos do paradoxo. Isto implica estar aqui envolvida alguma lei fundamental da existência.

6.435

Mas, revertendo à pragmática da comunicação humana, examinemos brevemente quais são os efeitos comportamentais que a dupla vinculação tende a produzir. Em s. 4.42, foi acentuado que em qualquer seqüência comunicacional, toda a permuta de mensagens limita o número de possíveis lances seguintes. No caso das duplas vinculações, a complexidade do padrão está particularmente limitada e só um número muito escasso de reações é pragmaticamente possível. Eis algumas das reações possíveis.

Diante do insustentável absurdo da sua situação, é provável que uma pessoa conclua que deve estar ignorando alguns indícios vitais, ou inerentes à situação ou oferecidos por outras pessoas significativas. Na segunda suposição, ela ver-se-ia fortalecida pelo fato óbvio de que, para os outros, a situação parece ser muito lógica e coerente. A possibilidade de que tais indícios vitais sejam retidos deliberadamente por outros, constituiria uma simples variação sobre o mesmo tema. Em qualquer dos casos — e esta é a questão fundamental — a pessoa ver-se-á obcecada pela necessidade de encontrar esses indícios, de inculcar um significado ao que se passa nela e à sua volta; e, finalmente, será forçada a ampliar essa busca de indícios e significado aos fenômenos mais improváveis e díspares. Esse distanciamento dos problemas reais torna-se tanto mais plausível se nos lembrarmos que um ingrediente essencial numa situação de dupla vinculação é a proibição de estar consciente da contradição implícita.

Por outro lado, essa pessoa poderá escolher o que os recrutas depressa descobrem ser a melhor reação possível ante a lógica desconcertante — ou a ausência de lógica — na vida militar: obedecer a qualquer e a todas as ordens, em forma completamente literal, e abster-se, manifestamente, de qualquer pensamento independente. Assim, em vez de empenhar-se numa interminável busca de significados ocultos, essa pessoa descarta *a priori* a possibilidade de que exista qualquer outro aspecto nas relações humanas além do mais literal e superficial ou, além disso, que uma mensagem deva ter mais significado do que qualquer outra. Como se pode imaginar, um tal comportamento impressionaria um observador qualquer como idiota, visto que a incapacidade para distinguir o que é trivial do que é importante, o plausível do implausível, é a própria essência da idiotice.

A terceira reação possível seria renunciar a todo o envolvimento humano. Isto pode ser conseguido mediante o isolamento físico, tanto quanto possível; e, além disso, bloqueando os canais de entrada da comunicação quando o isolamento só por si não basta para conseguir o efeito desejado. Quanto ao bloqueio das entradas, deve ser feita referência, uma vez mais, ao fenômeno de "defesa perceptual", o qual foi sucintamente descrito em s. 3.234. Uma pessoa que se defende dessa maneira impressionará um observador como um ser retraído, ensimesmado, inabordável e autístico. Pode-se conceber um resultado virtualmente idêntico — a fuga ao envolvimento duplamente vinculatório — mediante um comportamento hiperativo tão intenso e persistente que afogue a maioria das mensagens entrantes.

Estas três formas de comportamento, diante da indeterminabilidade das duplas vinculações reais ou habitualmente esperadas, sugerem, como foi assinalado em seu artigo original pelos autores da teoria, os quadros clínicos da esquizofrenia, isto é, dos subgrupos paranóide, hebefrênico e catatônico (abúlico ou agitado), respectivamente. E esses autores acrescentam o seguinte:

> Estas três alternativas não são as únicas. A questão é que uma pessoa não pode escolher aquela alternativa que lhe permitiria descobrir o que as pessoas querem dizer, isto é, o significado daquilo que dizem; ela não pode, sem contar com uma considerável ajuda, examinar as mensagens de outras pessoas. Ao ser-lhe isso impossível, o ser humano é como qualquer sistema autocorretivo que tenha perdido o seu regulador; move-se em espiral, rumo a distorções intermináveis mas sempre sistemáticas. (18, pág. 256)

Como já foi sublinhado diversas vezes, a comunicação esquizofrênica é intrinsecamente paradoxal e, portanto, impõe o paradoxo aos demais comunicantes. E isto completa o círculo vicioso.

6.44 — PREVISÕES PARADOXAIS [67]

No começo da década de 1940, surgiu um novo e particularmente fascinante paradoxo. Embora a sua origem pareça desconhecida, conquistou rapidamente as atenções e, desde então, tem sido extensamente tratada em numerosos artigos, dos quais nada

---

([67]) Partes desta seção foram publicadas originalmente em (158).

menos que nove foram publicados na revista *Mind*. [68] Como veremos, esse paradoxo é de particular importância para o nosso estudo porque deriva seu poder e fascínio do fato de só ser concebível como uma interação em desenvolvimento entre pessoas.

*6.441*

Entre as muitas versões em que a essência desse paradoxo foi apresentada, selecionamos a seguinte:

> O diretor de uma escola anuncia aos seus alunos que haverá um exame inesperado na semana seguinte, isto é, em qualquer dia entre segunda-feira e sexta-feira. Os estudantes — que parece constituírem um grupo invulgarmente sofisticado — assinalam ao diretor que, a menos que ele transgrida os termos do seu próprio aviso e não pretenda realizar um exame *inesperado, algum dia* da semana seguinte, tal exame não pode ter lugar. Argumentam eles que, se até quinta-feira o exame não tiver sido efetuado, então será impossível realizá-lo inesperadamente na sexta-feira, visto que a sexta-feira seria o único dia possível que restava. Mas se a sexta-feira pode, assim, ser eliminada como um possível dia de exame, então a quinta-feira também será eliminada pelo mesmo motivo. Obviamente, na quarta-feira à noite restariam apenas dois dias: quinta e sexta. Como já se viu, a sexta-feira pode ser eliminada. Isto só deixa a quinta-feira, pelo que um exame realizado nesse dia já não seria inesperado. Pelo mesmo raciocínio, é claro, a quarta, a terça e, finalmente, também a segunda-feira, podem ser eliminadas: logo, não pode haver um exame *inesperado*. É lícito supor que o diretor escute em silêncio a "prova" apresentada pelos alunos e, depois, digamos, na quinta-feira de manhã, realize o exame. A partir do instante em que fez o aviso, *ele* já tinha planejado realizar o exame nesse dia. Por outro lado, *eles* defrontam-se agora com um exame totalmente inesperado — inesperado precisamente porque se haviam convencido de que o exame não podia ser inesperado.

No trecho acima, não é muito difícil distinguir as características já familiares do paradoxo. Por um lado, os estudantes empenharam-se no que parece ser uma rigorosa dedução lógica, a partir das premissas estabelecidas pelo anúncio do diretor, e chegaram à conclusão de que não pode haver um exame inesperado durante a semana seguinte. O diretor, por seu lado, pode realizar esse exame, obviamente, em qualquer dia da semana sem violar os

---

(68) Para uma recapitulação crítica de alguns dos primeiros artigos e uma apresentação abrangente deste paradoxo, ver Nerlich (111); ver também Gardner (54) para um excelente resumo que compreende a maioria das diferentes versões em que o paradoxo foi apresentado.

termos do seu anúncio, nem mesmo em seus detalhes mínimos. O aspecto mais surpreendente desse paradoxo é o fato de que uma investigação mais meticulosa revela que o exame pode ter lugar mesmo na sexta-feira e, no entanto, ser inesperado. De fato, a essência do episódio é a situação existente na quinta-feira à noite, ao passo que a inclusão dos outros dias da semana apenas serve para embelezar a história e complicar secundariamente o problema. A partir da noite de quinta, a sexta-feira é o único dia que sobra e isto faz com que o exame na sexta-feira seja inteiramente previsível. "*Deve* ser amanhã, se realmente vai haver algum exame; *não pode* ser amanhã, porque então não seria inesperado"; é assim que os estudantes vêem o problema. Ora, esse mesmo ato de deduzir que o exame é esperado e, portanto, impossível, torna possível ao diretor realizar um exame inesperado na sexta-feira ou, de fato, em qualquer outro dia da semana, em total conformidade com os termos do seu anúncio. Mesmo no caso de os estudantes se aperceberem de que a conclusão de que não pode haver um exame inesperado é a própria razão que possibilita realizá-lo inesperadamente, essa descoberta, entretanto, em nada os ajuda. Tudo o que ela prova é que, se na quinta à noite eles esperam que o exame seja na sexta, dessarte eliminando a possibilidade de ele se realizar, de acordo com as próprias regras do diretor, então o exame *pode* ser realizado inesperadamente, o que o torna completamente previsível, o que o torna completamente inesperado e assim sucessivamente *ad infinitum*. Portanto, não é possível prevê-lo.

Aqui temos, pois, mais um verdadeiro paradoxo:

(1) o anúncio contém uma previsão na linguagem *objetal* ("haverá um exame");

(2) contém uma previsão na *meta*linguagem que nega a possibilidade de previsão de (1), isto é, "o exame (previsto) será imprevisível";

(3) as duas previsões excluem-se mutuamente;

(4) o diretor pode impedir eficazmente que os alunos saiam da situação criada pelo seu anúncio e obtenham a informação adicional que lhes permitiria descobrir a data certa do exame.

6.442

Até aqui, focalizamos a estrutura formal da previsão do diretor. Quando se consideram as suas conseqüências pragmáticas, surgem duas conclusões surpreendentes. A primeira é que, para que se cumpra a previsão contida em seu anúncio, o diretor *necessita* que os alunos cheguem à conclusão oposta (isto é, que um exame nos termos anunciados é logicamente impossível), pois só então existe uma situação em que a sua previsão de um exame inesperado pode ser justificada. Mas isto equivale a dizer que o dilema só surge graças à sofisticação intelectual dos estudantes. Se eles não fossem tão argutos, muito provavelmente deixariam passar por alto a sutil complexidade do problema; esperariam, provavelmente, que o exame fosse inesperado, com o que levariam o diretor *ad absurdum*. Pois assim que eles se resignam — ilogicamente — ao fato de que o inesperado deve ser esperado, nenhum exame, em momento algum entre segunda e sexta-feira, seria inesperado para eles. Não dá isto a impressão de que uma lógica defeituosa tornaria mais realista a perspectiva dos rapazes? Pois não existe razão alguma pela qual o exame não possa ter lugar inesperadamente em qualquer dia da semana e só os estudantes muito argutos passam por alto esse fato inegável.

Na psicoterapia com esquizofrênicos inteligentes, é-se tentado repetidas vezes a chegar à conclusão de que eles estariam numa situação muito melhor, muito mais "normal", se de algum modo pudessem reduzir a agudeza de seu pensamento e aliviar, assim, o efeito paralisante que essa argúcia exerce sobre as suas ações. A seu modo, todos eles parecem descendentes do herói troglodita do romance *Memórias do Subterrâneo*, de Dostoevsky, que explica:

> Juro, cavalheiros, que ser excessivamente lúcido é uma doença — uma verdadeira e rematada doença. (38, pág. 132)

E mais adiante:

> (...) a inércia sobrepujou-me. Sabeis que o fruto direto e legítimo da consciência é a inércia, isto é, estar sentado com as mãos cruzadas e perfeitamente cônscio disso. Já me referi a isso. Mas repito, repito enfaticamente: todas as pessoas "diretas" e homens de ação são ativos apenas porque são estúpidos e limitados. Como explicar isto? Eu lhes digo como: em conseqüência das suas limitações, eles tomam as causas imediatas e secundárias por primárias e, dessarte, persuadem-se mais rápida e facilmente do que as outras pessoas de que encontraram um fundamento infalível para a sua atividade, e sua mente fica em paz e, como sabeis, isso é o que mais importa. Para começar a atuar, como sabeis, é preciso ter primeiro o espírito completamente em paz, sem que nele reste a mais leve sombra de dúvida. Por que motivo, como poderei eu, por exemplo, conseguir que o meu espírito fique tranqüilo? Quais são as causas primárias sobre as quais hei de construir? Onde estão

os meus fundamentos? Onde obtê-los? Dedico-me a refletir e, sendo conseqüente comigo mesmo, cada causa imediata acarreta uma outra causa ainda mais primária e assim por diante, até o infinito. Tal é, precisamente, a essência de toda a espécie de consciência e reflexão. (38, págs. 139-40)

Ou compare-se com *Hamlet* (IV/4):

(...) Seja esquecimento
Bestial, ou mesmo escrúpulo covarde
Que me leva a pensar demais nas coisas —
pensamento com um quarto de bom senso
e três de covardia — ignoro a causa
de ficar a dizer: "Devemos fazê-lo",
se para tal me sobram meios, força,
causa e disposição.

Se, como vimos em s. 6.435, a dupla vinculação determina um comportamento que é sugestivamente semelhante ao dos subgrupos paranóide, hebefrênico e catatônico da esquizofrenia, respectivamente, parecerá que as previsões paradoxais estão relacionadas com um comportamento que sugere a inércia e a abulia típicas da esquizofrenia simples.

### 6.443

Mas a segunda conclusão que se impõe é, talvez, ainda mais desconcertante do que essa aparente apologia do pensamento descuidado. O dilema seria igualmente impossível se os estudantes não confiassem implicitamente no diretor. Toda a dedução deles depende da suposição de que o diretor pode e deve ser digno de crédito. Qualquer dúvida quanto à sua idoneidade não dissolveria logicamente o paradoxo mas certamente o dissolveria no plano pragmático. Se não é possível confiar nele, então não faz sentido levar a sério o seu anúncio e o mais que os alunos podem fazer, em tais circunstâncias, é esperar um exame em qualquer momento entre segunda e sexta-feira. (Isto significa que só podem aceitar aquela parte do anúncio situada no nível do conteúdo — linguagem objetal — isto é, "Haverá um exame na próxima semana", e desprezar o aspecto metacomunicacional que se refere à sua previsibilidade.) Assim, chegamos à conclusão de que não só o pensamento lógico mas também a confiança nos tornam vulneráveis a esse tipo de paradoxos.

### 6.444

Poderia parecer que um tal paradoxo raramente ocorre, ou nunca, na vida real. Este argumento, porém, não pode ser sustentado na área da comunicação esquizofrênica. Uma pessoa que carrega consigo o rótulo diagnóstico de "esquizofrênica" pode ser entendida como alguém que desempenha ao mesmo tempo o papel dos estudantes e do diretor. À semelhança dos primeiros, vê-se colhido no dilema da lógica e da confiança, como foi assinalado acima. Mas também se encontra, em grande parte, na posição do diretor, pois que, tal como este, comunica mensagens que são indetermináveis. Sem se aperceber, obviamente, até que ponto os comentários finais de seu artigo são aplicáveis ao nosso tema, Nerlich fez um belo resumo desse estado de coisas: "Um modo de não dizer nada consiste em contradizermo-nos a nós próprios. E se conseguimos contradizer-nos dizendo que nada dissemos, então, em última instância, não nos contradizemos, em absoluto. *Podemos* comer o bolo e conservá-lo, ao mesmo tempo." (11, pág. 513)

Se, como se postulou em s. 2.23 e s. 3.2, o esquizofrênico está tentando *não* comunicar, então a "solução" para esse dilema é o uso de mensagens indetermináveis que digam delas próprias não estarem dizendo coisa alguma.

6.445

Mas inclusive fora do campo das comunicações estritamente esquizofrênicas é possível apurar-se que as previsões paradoxais causam seus estragos nas relações humanas. Elas ocorrem, por exemplo, sempre que a pessoa P tem a confiança implícita de de outra pessoa, O, e ameaça fazer alguma coisa a O que converteria P em alguém indigno de confiança. O exemplo seguinte pode ilustrar essa interação.

Um casal solicitou ajuda psiquiátrica devido ao excessivo ciúme da esposa, que torna a vida intolerável para ambos. Revela-se que o marido é um homem sumamente austero e moralista, que se orgulha muito do seu estilo ascético de vida e do fato de "nunca, nunca em minha vida dei a alguém motivos para duvidar da minha palavra". A esposa, que provém de um meio muito diferente, aceitou a posição complementar de inferioridade, exceto numa área: mostra-se renitente a renunciar ao seu aperitivo antes do jantar, um hábito que, para o esposo, que é abstêmio, é repulsivo e tem sido o tema de intermináveis discussões desde o início de sua vida matrimonial. Há aproximadamente dois anos, o marido, num acesso de cólera, disse-lhe: "*Se você não abandona o seu vício, eu arranjarei outra*", acrescentando que teria casos com outras mulheres. Isto não provocou mudança alguma no padrão de suas relações mútuas e, alguns meses depois, o marido decidiu permitir que ela continuasse com seu hábito, a fim de manter a paz doméstica. Nesse preciso momento, desencadearam-se os ciúmes da esposa, com o seguinte fundamento lógico: Ele é inteiramente digno de confiança; portanto, deve estar cumprindo a sua ameaça de ser infiel, isto é, indigno de confiança. Por outro lado, o marido está igualmente colhido na teia de sua previsão paradoxal, visto que não pode tranqüilizá-la convincentemente, no sentido de que foi uma ameaça impulsiva, proferida num instante de cólera, e que não deve ser levada a sério. Ambos se apercebem de que estão presos numa armadilha que eles próprios armaram mas não vêem como sair dela.

A estrutura da ameaça proferida pelo marido é idêntica à do anúncio do diretor da escola. Tal como a esposa o entende, ele disse:

(1) Eu sou absolutamente idôneo;
(2) Agora castigar-te-ei sendo indigno de confiança (infiel, falso);
(3) Portanto, continuarei sendo digno de confiança para ti sendo indigno de confiança, pois se eu não destruísse agora a tua confiança na minha fidelidade conjugal, eu deixaria de ser digno de confiança.

De um ponto de vista semântico, o paradoxo decorre de dois significados distintos de "digno de confiança". Em (1), o termo *idôneo* é usado em metalinguagem para denotar a propriedade comum de todas as suas ações, promessas e atitudes. Em (2), é usada na linguagem objetal e refere-se à fidelidade marital. O mesmo se aplica aos dois usos do termo "esperado" no anúncio feito pelo diretor da escola. É de se esperar que *todas* as suas previsões sejam cumpridas rigorosamente. Por outras palavras, essa é a propriedade comum que determina a *classe* de suas previsões. Assim, se for negado o caráter expectável de um *membro* dessa classe — isto é, uma previsão específica — essa expectabilidade corresponde a um tipo lógico diferente — isto é, inferior — do que é a qualidade da classe, designada pelo mesmo termo. De um ponto de vista pragmático, os anúncios tanto do diretor como do marido criam contextos que são insustentáveis.

6.446 — *Confiança — O Dilema dos Prisioneiros*

Nas relações humanas, toda a previsão está relacionada, de uma ou outra maneira, com o fenômeno da confiança. Se a pes-

"Não há dúvida, você escreve bem!"

Foto: San José Mercury-News

FIGURA 2

Foto: Baron Wolman

FIGURA 1

*Contradição e Paradoxo, Respectivamente, Exemplificados por Letreiros*

As duas instruções da Fig. 1 contradizem-se mutuamente. Portanto, só uma pode ser obedecida. O letreiro da Fig. 2 (um trote, supomos) cria um verdadeiro paradoxo através da sua auto-reflexividade: obedecer à instrução de ignorá-lo requer que primeiro se lhe preste atenção. Mas o mesmo ato de prestar-lhe atenção está em desobediência à própria instrução. Portanto, este letreiro só pode ser obedecido desobedecendo-lhe e é desobedecido ao obedecer-se-lhe. (Ver s. 6 434, sobre contradições simples *versus* paradoxos.)

soa P entrega a outra, O, um cheque pessoal, a questão de saber se esse cheque tem fundos não está ao alcance de O, baseando-se na informação com que conta nesse momento. Nesse sentido, as posições de P e O são muito diferentes. P sabe se o cheque tem ou não fundos; O só pode confiar ou não em P, [69] pois não conhecerá a situação do cheque enquanto não o apresentar no banco. Nesse momento, a sua confiança ou desconfiança será substituída pela mesma certeza que P teve deste o início. Não há na natureza da comunicação humana maneira alguma de fazer com que outra pessoa participe na informação ou nas percepções que estão exclusivamente ao nosso alcance. Na melhor das hipóteses, o outro poderá confiar ou não mas nunca poderá *saber*. Por outro lado, a atividade humana ficaria virtualmente paralisada se as pessoas agissem unicamente baseadas em informações ou percepções de primeira mão. A grande maioria de todas as decisões baseia-se na confiança, de uma espécie ou outra. Assim, a confiança está sempre relacionada com resultados futuros e, mais especificamente, com a possibilidade de serem previstos.

Até aqui, foram analisadas as interações em que uma pessoa tem informação em primeira mão e a outra só pode confiar ou não na comunicação dessa informação. O diretor sabe que realizará um exame na quinta-feira de manhã; o marido sabe que não pretende trair a esposa; o homem que assina um cheque sabe (usualmente) se tem fundos ou não. Ora, em qualquer interação do tipo do "Dilema dos Prisioneiros", *nenhuma* pessoa tem qualquer informação em primeira mão. Ambas têm de basear-se em sua confiança mútua, numa avaliação conjetural de sua própria idoneidade aos olhos do outro e em seus intentos de previsão do procedimento decisório do outro, que eles sabem depender, em grande medida, das suas previsões sobre as deles. Como veremos agora, essas previsões tornam-se invariavelmente paradoxais.

O Dilema dos Prisioneiros [70] pode ser representado por uma matriz como a seguinte:

---

(69) É claro, a confiança ou desconfiança de O será influenciada pelas suas experiências passadas, se porventura as teve com P e o resultado do problema atual influirá no grau de confiança de O a respeito de P em ocasiões futuras. Mas, para os nossos intuitos atuais, isto pode ser deixado de lado.

(70) Como se recordará, o Dilema dos Prisioneiros é um jogo de soma não-zero. Assim, a meta de cada jogador é o seu próprio ganho absoluto, independentemente do ganho ou perda do outro. Logo, a coope-

|     | b₁      | b₂        |
|-----|---------|-----------|
| a₁  | 5, 5    | — 5, 8    |
| a₂  | 8, — 5  | — 3, — 3  |

em que dois jogadores, A e B, têm dois lances alternativos cada um. Isto é, A pode escolher a₁ ou a₂ e B pode escolher b₁ ou b₂. Ambos estão plenamente cônscios das perdas ou ganhos definidos pela matriz. Assim, A sabe que se escolher a₁ e B escolher b₁, ambos ganharão cinco pontos cada; mas se B preferir b₂, A perderá cinco pontos e B ganhará oito pontos. B defronta-se com uma situação semelhante em relação a A. O dilema de ambos consiste no fato de cada um deles ignorar que alternativa será escolhida pelo outro, visto que têm de fazer opções simultâneas mas nada podem comunicar sobre as respectivas decisões.

Supõe-se, usualmente, que se o jogo for feito uma única vez ou cem vezes sucessivas, a decisão a₂, b₂, será a mais segura, em qualquer dos casos, embora implique uma perda de três pontos para ambos os jogadores.[71] Uma solução mais razoável seria, é claro, a₁, b₁, porquanto assegura a ambos os jogadores um ganho de cinco pontos. Mas esta decisão só pode ser alcançada em condições de confiança mútua, dado que, por exemplo, se o jogador A participar no jogo com o objetivo único de elevar ao máximo os seus ganhos e de minimizar suas perdas, e se o jogador A tiver razões suficientes para acreditar que o jogador B confia nele e, portanto, escolherá b₁, então o jogador A tem todos os motivos para escolher a₂, já que a decisão conjunta a₂, b₁, proporciona ao jogador A um ganho máximo. Mas se A é um pensador suficientemente lúcido, não pode deixar de prever que B seguirá uma linha análoga de raciocínio e, portanto, escolherá b₂ e não b₁, especialmente se B pensar também que A confia nele suficientemente e ele próprio confia bastante em A para admitir que A jogará a₁. Por conseguinte, impõe-se a conclusão melancólica de

---

ração não só fica excluída (como sucede no jogo de soma zero) mas pode constituir até a estratégia ótima. Tampouco é uma estratégia automaticamente desejável a atribuição de um caráter aleatório aos lances (no caso de partidas sucessivas).

(71) Ver as minuciosas análises em Rapoport (122) e Schelling (140).

que a decisão conjunta $a_2$, $b_2$, que implica uma perda para ambos os jogadores, é a única viável.

Este resultado não é teórico, de modo nenhum. Talvez constitua a mais elegante representação abstrata de um problema que surge repetidamente na psicoterapia conjugal. Os psiquiatras estão muito familiarizados com os cônjuges que levam uma vida de silencioso desespero e derivam um mínimo de satisfação de suas experiências em comum. Tradicionalmente, porém, a razão de sua infelicidade é procurada na suposta patologia *individual* de um deles ou de ambos. Talvez se lhes faça o diagnóstico de depressivos, passivos-agressivos, auto-agressivos, sadomasoquistas etc. Mas esses diagnósticos, evidentemente, não conseguem apreender a natureza *interdependente* do dilema comum, que pode existir à margem da estrutura da personalidade e residir exclusivamente na natureza do seu "jogo" de relações. É como se eles dissessem: "A confiança far-me-ia vulnerável; portanto, tenho de jogar na certa"; e, assim, a previsão inerente é: "O outro aproveitar-se-á de mim."

É este o ponto em que a maioria dos cônjuges (ou, se quisermos, as nações) se detém, na avaliação e definição de suas relações. Mas os que têm um pensamento mais agudo não podem parar aí e aqui está onde o paradoxo do Dilema dos Prisioneiros se torna mais evidente. A solução $a_2$, $b_2$ torna-se absurda assim que A se apercebe de que essa solução é apenas um mal menor mas, apesar de tudo, um mal, e que B não pode deixar de apreciar a questão nesses mesmos termos — isto é, como um mal. B, portanto, deve ter tão poucos motivos quanto A para querer esse resultado, uma conclusão que é certamente acessível à capacidade de previsão de A. Uma vez que A e B tenham chegado a essa conclusão, então a solução $a_2$, $b_2$ deixa de ser a mais razoável, sendo substituída pela decisão cooperativa $a_1$, $b_1$. Mas, com $a_1$, $b_1$, todo o ciclo recomeça. Por muitas voltas que lhe dêem, assim que é deduzida a decisão "mais razoável" sempre surge uma outra decisão "ainda mais razoável". Logo, o dilema é idêntico ao dos estudantes, para quem o exame só é previsível quando é imprevisível.

### 6.5

#### Resumo

Um paradoxo é uma contradição lógica que resulta de deduções coerentes de premissas corretas. Dos três tipos de paradoxo

— lógico-matemático, semântico e pragmático — este último é o que se reveste aqui de maior interesse, em virtude de suas implicações para o comportamento. Os paradoxos pragmáticos distinguem-se da simples contradição, especialmente na escolha de uma solução nesta última mas que não é possível sequer na primeira. As duas espécies de paradoxos pragmáticos são as *injunções paradoxais* (dupla vinculação) e as *previsões paradoxais*.

Capítulo 7

O PARADOXO EM PSICOTERAPIA

7.1

A Ilusão de Alternativas

7.11

No *Conto da Mulher de Bath*, Chaucer relata a história de um dos cavaleiros do Rei Artur que, "certo dia, quando regressava a casa, excitado, após uma caçada de falcoaria", encontrou uma donzela em seu caminho e a violou. Esse crime, "em torno do qual foi grande o clamor", quase lhe custou a vida, não fosse o fato de a rainha e suas damas resolverem perdoá-lo, pois Artur deixou o destino do cavaleiro nas mãos da rainha. Esta disse ao prevaricador que lhe poupará a vida se ele encontrar resposta para esta pergunta: "O que é que quase todas as mulheres mais desejam?" Ela concedeu-lhe um ano e um dia para regressar ao castelo e, tendo uma sentença de morte como única alternativa, o cavaleiro aceitou a tarefa. Como se pode imaginar, passou-se um ano, chega o último dia e o cavaleiro põe-se a caminho do castelo sem ter encontrado a resposta. Desta vez, topa com uma velha ("uma bruxa tão feia quanto a imaginação possa inventar"), sentada num prado, que lhe dirige estas palavras quase proféticas: "Senhor cavaleiro, por aqui não há caminho com saída". Ao ouvir a situação em que ele se encontra, de tamanho apuro, a velha diz-lhe que conhece a resposta e que lha revelará se ele jurar que "seja qual for a coisa que eu vos peça em seguida, a fareis se estiver ao vosso alcance". Uma vez mais diante de uma opção entre duas alternativas (ser degolado a mando da rainha ou o desejo da bruxa, fosse qual fosse), ele escolheu a segunda, naturalmente, e fica então conhecendo o segredo ("Quase todas as mulheres desejam ser soberanas e governar acima de seus maridos e impor o seu modo de amar"). Esta resposta satisfaz plenamente às damas da corte mas, agora, a bruxa, tendo cumprido a sua parte no trato, exige que o cavaleiro a espose. Na noite de núpcias, o cavaleiro jaz desesperado ao lado da noiva, incapaz de superar a repugnância que a feldade dela lhe causa. Finalmente, a bruxa volta a propor-lhe duas alternativas: ou a aceita tão feia como é, e ela será uma esposa fiel e obediente toda a sua vida, ou transformar-se numa jovem e formosa donzela mas nunca lhe será fiel. O cavaleiro pondera largo tempo sobre as duas alternativas e, finalmente, *não escolhe nem uma nem outra mas recusa-se a escolher*. Este clímax do Conto está contido numa única frase: "*I do no fors the whether of the two*" (Não escolho nenhuma das duas). Nesse momento, a bruxa não só se converte numa bela jovem mas também numa esposa muito fiel e obediente.

Para o cavaleiro, a mulher aparece como uma inocente donzela, rainha, bruxa e prostituta, mas o seu poder sobre ele permanece o mesmo sob todos esses disfarces, até que deixou de sentir-se obrigado a optar e a cair em outro desesperado transe mas, finalmente, põe em dúvida a própria necessidade de opção.[72] O *Conto da Mulher de Bath* é também um magnífico retrato da psicologia feminina e como tal recebeu uma interessantíssima análise de Stein (148). Em nosso quadro conceitual, diríamos que, conquanto esse gênero de mulher seja capaz de tolher o homem numa dupla vinculação, mediante uma interminável ilusão de alternativas (e, é claro, enquanto o homem não puder livrar-se disso), ela tampouco pode ser livre e mantém-se presa a uma ilusão de alternativas que envolve como únicas opções a fealdade ou a promiscuidade.

7.12

A expressão *ilusão de alternativas* foi usada, pela primeira vez, por Weakland e Jackson (161), num relatório sobre as circunstâncias interpessoais de um episódio esquizofrênico. Eles observaram que, ao tentarem fazer a escolha certa entre duas alternativas, os pacientes esquizofrênicos defrontam-se com um dilema típico: não podem, na natureza da situação comunicacional,

---

(72) Compare-se isto com uma famosa *koan* (meditação paradoxal) Zen, imposta por Tai-hui com uma vara de bambu: "Se chamas a isto uma vara, afirmas; se dizes que não é uma vara, negas. Mais além da afirmação e negação, como lhe chamarias?"

tomar uma decisão *correta*, porque ambas as alternativas são parte integrante de uma dupla vinculação e, por conseguinte, o paciente "perde se a toma e perde se não a toma". Não há alternativas reais entre as quais a "correta" "deve" ser escolhida, pois toda a suposição de que a escolha é possível e deve ser feita constitui uma ilusão.[73] Mas compreender a ausência de opção seria equivalente ao reconhecimento não só das "alternativas" manifestas que se oferecem mas também a verdadeira natureza da dupla vinculação. Com efeito, tal como foi demonstrado em s. 6.431, a impossibilidade de escapar à situação duplamente vinculatória e, por conseguinte, de observá-la de fora, constitui um ingrediente essencial da dupla vinculação. As pessoas que se encontram nessas situações estão tão encurraladas quanto o réu a quem se pergunta: "O senhor abandonou o costume de espancar sua mulher?" Quer a resposta seja "sim" ou "não", o acusado ficará sob a ameaça de uma acusação de desacato ao tribunal se tentar rejeitar ambos as alternativas como inaplicáveis, porque nunca a surrou. Mas, enquanto que neste exemplo o acusador sabe estar usando um ardil de má fé, esse conhecimento e intenção inexiste, usualmente, na vida real. Como já observamos, as comunicações paradoxais invariavelmente vinculam todas as partes afetadas: a Bruxa está tão envolvida quanto o cavaleiro, o marido do exemplo em s. 6.445 tanto quanto sua esposa etc. O que todos estes padrões têm em comum é a impossibilidade de se gerar qualquer mudança de *dentro para fora* e o fato de uma mudança poder ocorrer somente no caso de se *sair* do padrão. Este problema da intervenção eficaz, destinada a provocar uma mudança em tal sistema, será agora examinado.

## 7.2

### O "Jogo Sem Fim"

Para começar com um exemplo sumamente teórico, imaginemos o seguinte.

Duas pessoas decidem fazer um jogo que consiste em substituir a afirmação pela negação e vice-versa em tudo o que mutuamente comunicam. Assim, "sim" converte-se em "não", "Não

---

(73) É esta, evidentemente, a diferença básica entre uma dupla vinculação e uma contradição simples (ver s. 6.434).

quero" significa "Quero" e assim por diante. Como pode ser observado, esta codificação das duas mensagens é uma convenção semântica e semelhante às inúmeras convenções utilizadas por duas pessoas que têm uma linguagem comum. Entretanto, não é imediatamente evidente que, uma vez iniciado o jogo, os jogadores não podem reverter facilmente ao seu anterior modo "normal" de comunicação. De acordo com a regra de inversão do significado, a mensagem "Vamos parar de jogar" significa "Vamos continuar jogando". Para que o jogo parasse, seria necessário sair do jogo e comunicar sobre este. Uma tal mensagem teria de ser interpretada, claramente, como uma metamensagem mas, qualquer que fosse o qualificador que se tentasse usar para tal fim estaria igualmente sujeito à regra de inversão do significado e, portanto, seria inútil. A mensagem "Vamos parar de jogar" é indeterminável, porquanto (1) é significativa tanto no nível objetal (como parte do jogo) como no metanível (como mensagem *sobre* o jogo); (2) os dois significados são contraditórios; e (3) a natureza peculiar do jogo não prevê um procedimento que permita aos jogadores decidirem-se por um ou outro significado. Essa indeterminabilidade impede-os de parar o jogo, uma vez iniciado. Tais situações têm o nome de *jogos sem fim*.

É possível argumentar que o dilema poderia ser evitado e que o jogo terminaria à vontade se fosse utilizada, simplesmente, a mensagem oposta, isto é, "Continuemos jogando". Mas um exame mais meticuloso revela não ser esse o caso, de um ponto de vista estritamente lógico, dado que, como vimos repetidas vezes, nenhum enunciado feito dentro de um determinado quadro de referência (aqui, o jogo de inversão do significado) pode constituir, ao mesmo tempo, uma afirmação válida sobre o quadro. Mesmo que a mensagem "Continuemos jogando" fosse proferida por um dos jogadores e, mediante a regra de inversão, entendida pelo outro como "Vamos parar de jogar", ele continuaria diante de uma mensagem indeterminável, desde que mantivesse uma atitude estritamente lógica a tal respeito. De fato, as regras do jogo não levam em conta, simplesmente, a possibilidade de metamensagens e uma mensagem que propõe o fim do jogo é, necessariamente, uma metamensagem. Pelas regras do jogo, toda e qualquer mensagem faz parte do jogo, nenhuma mensagem está excetuada dele.

Apresentamos este exemplo com certo detalhe porque é paradigmático não só de exemplos teatrais como os descritos em s. 5.43 mas de inúmeros dilemas relacionais na vida real. Elucida um aspecto importante da espécie de sistema que estamos agora examinando: uma vez estabelecido o acordo original a respeito da inversão de significado, os dois jogadores já não podem alterá-lo, pois para isso teriam de comunicar-se e as suas comunicações são a própria substância do jogo. Isto significa que, num tal sistema, *nenhuma mudança pode ser gerada desde dentro.*

7.21

Que poderiam os jogadores ter feito para evitar o seu dilema? Apresentam-se três possibilidades.

(1) Prevendo a possível necessidade de comunicações sobre o jogo, uma vez este iniciado, os jogadores poderiam ter combinado que o jogariam em inglês mas usariam o francês para as suas metacomunicações. Qualquer declaração em francês, como a proposta de parar o jogo, ficaria claramente fora do corpo daquelas mensagens que estão sujeitas à regra de inversão do significado, isto é, fora do próprio jogo. Isso constituiria um procedimento de decisão perfeitamente eficaz para esse jogo. Entretanto, seria inaplicável na comunicação humana habitual, visto não existir uma metalinguagem que seja exclusivamente empregada para as comunicações sobre a comunicação. Com efeito, o comportamento e, de um modo mais limitado, a linguagem natural são empregados para as comunicações tanto em nível objetal como no da metalinguagem e isto resulta em alguns dos problemas que estamos descrevendo (s. 1.5).

(2) Os jogadores poderiam ter combinado de antemão um limite de tempo, após o qual reverteriam ao seu modo normal de comunicar. Vale destacar que esta solução, embora impraticável na comunicação humana real, acarreta o recurso a um fator externo — o tempo — que não está participando no jogo.

(3) Isto leva-nos à terceira possibilidade, que parece ser o único procedimento geralmente eficaz e tem a vantagem adicional de que se pode recorrer a ela depois de o jogo iniciado: os jogadores poderiam apresentar o seu dilema a uma terceira pessoa, com a qual ambos mantêm seu modo normal de comunicação, e fazer com que essa terceira pessoa decida que o jogo acabou.

A qualidade terapêutica da intervenção do árbitro pode ficar mais clara por comparação com um outro exemplo de um jogo sem fim, em que, pela natureza da situação, não existe um mediador cuja intervenção possa ser invocada.

A constituição de um país imaginário garante o direito de ilimitado debate parlamentar. Depressa se conclui que essa cláusula constitucional é impraticável, visto que qualquer partido poderá impedir a aprovação de qualquer decisão recorrendo, simplesmente, a intermináveis discursos. É obviamente necessária uma emenda constitucional mas a própria adoção da emenda está sujeita ao mesmo direito de ilimitado debate sobre o que se pretende emendar e, portanto, pode ser indefinidamente protelada por discussões infindáveis. Por conseguinte, a máquina governamental do país fica paralisada e impotente para realizar uma mudança em suas próprias regras, dado que se viu tolhida num jogo sem fim.

Neste caso, não existe, obviamente, um mediador capaz de permanecer fora das regras do jogo configuradas na constituição. A única mudança que pode ser concebivelmente provocada é de caráter violento: uma revolução por meio da qual um partido alcance mais poder do que os outros e imponha uma nova constituição. O equivalente dessa violenta mudança na área das relações entre indivíduos apanhados nas malhas de um jogo sem fim seria a separação, o suicídio ou o homicídio. Como vimos no Capítulo 5, uma variação menos violenta desse tema é a "morte" do filho imaginário por George, o que destrói as antigas regras do jogo conjugal de George e Martha.

7.22

*Em nossa opinião, esta terceira possibilidade* (de intervenção externa) *é um paradigma da intervenção psicoterapêutica.* Por outras palavras, o terapeuta, como pessoa de fora, é capaz de suprir o que o próprio sistema não pode gerar: uma mudança de suas próprias regras. Por exemplo, no caso apresentado em s. 6.445, o casal estava colhido num jogo sem fim cuja regra básica era a afirmação, por parte do marido, de ser de uma idoneidade absoluta, e a aceitação completa, por parte da mulher, dessa autodefinição. Neste jogo de relação surgiu um paradoxo irreversível no momento em que o marido prometeu que seria indigno de confiança (infiel). A natureza irreversível da situação reside no fato de que, como qualquer outro jogo sem fim, também este era governado por regras mas carecia de meta-regras para modificar as suas regras. Poder-se-ia dizer que a essência da intervenção psicoterapêutica consiste, num tal caso, na formação de um novo e ampliado sistema (marido, esposa e terapeuta), em que não só é possível ver de fora o antigo sistema (a díade conjugal) mas em que o terapeuta pode também utilizar o poder do paradoxo para produzir melhoras; o terapeuta pode impor a esse novo jogo de relações aquelas regras que considere apropriadas aos seus objetivos terapêuticos.[74]

**7.3**

PRESCRIÇÃO DO SINTOMA

7.31

Assim, a comunicação terapêutica deve transcender, necessariamente, os conselhos que, habitual mas ineficazmente, são dados pelos próprios protagonistas, assim como pelos seus amigos e parentes. Prescrições tais como "Sejam amáveis um com o outro", "Não te metas em encrencas com a polícia" etc., dificilmente poderão ser qualificadas de terapêuticas, ainda que ingenuamente definam a mudança desejada. Essas mensagens são baseadas no pressuposto de que "com um pouco de força de vontade" as coisas poderiam mudar e que, portanto, a pessoa ou pessoas afetadas podem escolher entre a saúde e o sofrimento. Contudo, essa suposição nada mais é do que uma ilusão de alternativas, pelo menos, na medida em que o paciente pode, a qualquer momento, rejeitá-la com esta resposta inatacável: "Eu não posso evitá-lo". Os pacientes de boa-fé — com o que simplesmente queremos dizer pessoas que não estão deliberadamente simulando — tentaram e falharam, usualmente, todas as espécies de autodisciplina e exercícios de força de vontade, muito antes de

---

(74) Entretanto, a nossa experiência e a de muitos outros que trabalham neste campo diz-nos que a intervenção terapêutica bem sucedida está sujeita a um importante fator temporal. O fato de o terapeuta contar com um limitado período de graça para alcançar a sua meta parece ser inerente à natureza das relações humanas. Antes que transcorra muito tempo, o novo sistema consolida-se ao ponto de o terapeuta ver-se quase inextricavelmente colhido nele e, a partir desse momento, está muito menos apto a provocar uma mudança do que no começo do tratamento. Isto é especialmente verdadeiro no caso de famílias com um membro esquizofrênico; o seu poder de "absorção" de qualquer coisa que ameace a sua rígida estabilidade (apesar das caóticas manifestações superficiais) é realmente impressionante. Tipicamente e de um modo muito apropriado, um terapeuta consulta um outro sempre que se sente envolvido no jogo de seu paciente ou pacientes. Somente levando esse problema a um outro colega ele poderá sair do contexto em que foi apanhado.

revelarem seu infortúnio a outros e obterem como resposta: "Vamos, controle-se." Um sintoma é sempre, em sua essência, algo involuntário e, por conseguinte, autônomo. Mas isto é apenas uma outra maneira de dizer que um sintoma é um fragmento de comportamento espontâneo, tão espontâneo, na verdade, que até o paciente o sente como algo incontrolável. É essa oscilação entre espontaneidade e coerção que faz com que o sintoma seja paradoxal, na experiência do paciente, tanto quanto em seu efeito sobre os outros.

Se uma pessoa quer influenciar o comportamento de uma outra pessoa, só dispõe, basicamente, de duas maneiras de fazê-lo. A primeira consiste em tentar que a outra se comporte de maneira diferente. Como já vimos, esta abordagem fracassa no caso dos sintomas, porque o paciente não tem controle deliberado sobre esse comportamento. A outra abordagem (da qual demos exemplos em s. 7.5) consiste em fazer com que se comporte da maneira que já está se comportando. À luz do que acima se diz, isso equivale a um paradoxo do tipo "Seja espontâneo". Se pedirmos a alguém que se empenhe num tipo específico de comportamento que é tido como espontâneo, então deixará de ser espontâneo, visto que a ordem ou intimação torna a espontaneidade impossível. [75] Analogamente, se um terapeuta instrui o paciente para que represente o seu sintoma, está exigindo um comportamento espontâneo e, mediante essa injunção paradoxal, impõe ao paciente uma mudança comportamental. O comportamento sintomático deixa de ser espontâneo; ao submeter-se à ordem do terapeuta, o paciente sai do contexto de seu jogo sintomático sem fim, o qual, até esse momento, carecia de meta-regras para a modificação de suas próprias regras. Não poderia existir nada mais diferente do que alguma coisa feita "porque não posso evitá-lo" e o mesmo comportamento provocado "porque o meu terapeuta me disse para fazê-lo".

---

(75) O inevitável efeito deste tipo de comunicação pode ser facilmente testado. Se P comenta para O: "Pela maneira como você está sentado nessa cadeira, parece-me deveras descontraído", e continuar olhando para O, não prescreveu sequer o comportamento de O mas limitou-se a descrevê-lo; contudo, é provável que O sinta-se imediatamente sem jeito e até com cãibras, e terá de mudar da postura descrita para recuperar a sensação de conforto e descontração. E há a fábula da barata que perguntou à centopéia como é que ela conseguia mover suas cem patas com tanta elegância, facilidade e coordenação. A partir desse instante, a pobre centopéia nunca mais foi capaz de andar.

A técnica de *prescrição do sintoma* (como uma técnica de dupla vinculação para a sua remoção) parece estar em clara contradição com aqueles princípios da psicoterapia de orientação psicanalítica que proíbem a interferência direta com os sintomas. Contudo, em anos recentes, acumularam-se muitas provas que corroboram a proposição de que, se apenas o sintoma for removido, nenhuma conseqüência funesta advirá — dependendo, é claro, de como for abordado o comportamento sintomático.[76] Não cabe dúvida de que, por exemplo, um paciente anoréxico que é alimentado à força pode apresentar idéias repressivas e suicidas mas não é esta a espécie de intervenção terapêutica que estamos aqui descrevendo. Além disso, deve ter-se em mente que as expectativas sobre o resultado de uma intervenção dependem da filosofia terapêutica que se tenha. Os chamados terapeutas comportamentais (Wolpe, Eysenck, Lazarus e outros), por exemplo, preferem aplicar a teoria da aprendizagem em vez da psicanalítica aos distúrbios emocionais e, por conseguinte, preocupam-se muito pouco com os possíveis efeitos nocivos do tratamento puramente sintomático. A afirmação deles de que a remoção do sintoma não produz novos e piores sintomas e de que os seus pacientes não se tornam suicidas deve ser atualmente levada a sério. Analogamente, se um paciente for instruído para representar o seu sintoma e, ao fazê-lo, descobre que pode livrar-se dele, isto é virtualmente equivalente, em nossa opinião, ao resultado da introvisão (*insight*) na psicanálise clássica, embora não pareça ser alcançada introvisão alguma. Mas, inclusive na vida real, o fenômeno onipresente da mudança raramente se faz acompanhar de introvisão: na maioria das vezes, uma pessoa muda sem saber por quê. Chegaríamos até a sugerir que, de um ponto de vista comunicacional, provavelmente a maioria das formas tradicionais de psicoterapia está mais orientada para a sintomatologia do que à primeira vista parece. O terapeuta que, coerente e deliberadamente, põe de lado as queixas do paciente sobre o seu sintoma, está assinalando, de uma forma mais ou menos aberta, que, de momento, nada acontece se se tem esse sintoma e que o único que importa é o que está "detrás"

---

[76] Um modo de não abordar o comportamento sintomático seria o de provocar uma mudança numa *só* pessoa envolvida numa relação estreita (ver s. 7.33).

dele. É provável que essa atitude condescendente em relação ao sintoma tenha sido alvo de muito pouca atenção como fator curativo.

7.33

Entretanto, há uma questão importante em que a nossa perspectiva interacional da psicopatologia, centrada no sistema, nos força a discordar dos terapeutas comportamentalistas e que, numa acepção mais ampla, corrobora o princípio psicodinâmico contra o alívio puramente sintomático. Conquanto estejamos convencidos da eficácia da terapia comportamental (descondicionante), desde que o paciente seja considerado uma unidade monádica, estranha-nos não encontrar na teoria nem nos casos clínicos relatados qualquer referência ao efeito interacional das melhoras do paciente, freqüentemente muito drásticas. Segundo a nossa experiência (s. 4.44; s. 4.443), essa mudança faz-se amiúde acompanhar do aparecimento de um novo problema ou da exacerbação de um estado existente num outro membro da família. A literatura relativa à terapia comportamental deixa-nos com a impressão de que o terapeuta (interessado como está no seu paciente individual, apenas) não vê qualquer ligação recíproca entre esses dois fenômenos e se os seus serviços fossem requeridos voltaria a considerar o novo problema no mesmo isolamento monádico.

7.34

A técnica de prescrever o sintoma foi, provavelmente, usada pelos psiquiatras intuitivos desde há muito tempo. Até onde chegam os nossos conhecimentos, foi introduzida na literatura psicológica por Dunlap (39, 40) em 1925, num trecho que se ocupava da sugestão negativa. Embora o descreva sucintamente, o seu método consistia em dizer a um paciente que ele (o paciente) *não* podia fazer alguma coisa, a fim de motivá-lo para que a fizesse. Frankl (46, 47) refere-se a essa intervenção como uma "intenção paradoxal" mas não oferece um fundamento lógico para a sua eficácia. Na psicoterapia da esquizofrenia, a mesma técnica constitui uma tática importante da *análise direta*, de Rosen (129). Este autor refere-se-lhe como "*reductio ad absurdum*" ou "reatuação da psicose"; uma descrição detalhada dessa técnica pode ser encontrada na extensa apreciação feita por Scheflen (137). A expressão "prescrição do sintoma" foi apresentada, pela primeira vez, durante a elaboração do projeto de estudo de

Bateson, "Family Therapy in Schizophrenia". Esse projeto, realizado pelo grupo de Bateson, aclarou explicitamente a natureza paradoxal, do tipo de dupla vinculação, dessa técnica. Por exemplo, Haley (60, págs. 20-59) mostrou que esse tipo de injunções paradoxais desempenham um papel essencial em quase todas as técnicas de indução de transe e ofereceu numerosos exemplos do seu emprego na hipnoterapia, tomados da sua observação da técnica de Milton Erickson e de suas próprias experiências com ela. Jackson referiu-se à aplicação desse método a, sobretudo, pacientes paranóides (71, 72, 77) e esse trabalho será descrito em maior detalhe neste mesmo capítulo. Num artigo anterior, Jackson e Weakland (75) examinaram essas técnicas aplicadas à terapia familiar.

## 7.4
### Duplas Vinculações Terapêuticas

A prescrição do sintoma é apenas uma forma entre muitas e diferentes intervenções paradoxais que podem ser resumidas pela expressão "duplas vinculações terapêuticas"; por seu turno, elas constituem, é claro, apenas uma classe de comunicações terapêuticas e há muitas outras abordagens que têm sido usadas, tradicionalmente, na psicoterapia. Se neste capítulo nos concentramos nas comunicações paradoxais como fatores curativos é porque, do ponto de vista da comunicação, constituem as intervenções mais complexas e eficazes que conhecemos e porque é difícil imaginar que as duplas vinculações sintomáticas possam ser quebradas por qualquer outra coisa que não sejam contra-duplas vinculações ou jogos sem fim que possam ser interrompidos por algo menos complexo do que um contrajogo (155). *Similia similibus curantur* — por outras palavras, o que se apurou ter feito enlouquecer uma pessoa deve, em última instância, ser útil para voltar a torná-la sã. Isto não nega a tremenda importância da atitude humana do terapeuta em relação aos seus pacientes ou que a firmeza, a compreensão, a sinceridade, o calor e a compaixão não tenham lugar neste contexto, nem implica tampouco que tudo o que importa são ardis, jogos e táticas. A psicoterapia seria inconcebível sem essas qualidades no terapeuta e veremos nos exemplos seguintes que as técnicas mais tradicionais de explicação e compreensão vão freqüentemente a par das intervenções de dupla vinculação. Contudo, o que sugerimos é que essas qualidades, por si sós, não bastam para tratar as complexidades paradoxais da interação perturbada.

Estruturalmente, um duplo vínculo terapêutico é a imagem especular de um patogênico (cf. s. 6.431).

(1) Pressupõe uma relação intensa, neste caso, a situação psicoterapêutica, que possuem um elevado grau de valor de sobrevivência e de expectativa para o paciente.

(2) Neste contexto, uma instrução é dada, a qual se encontra estruturada de tal modo que (a) reforça o comportamento que o paciente espera ver modificado; (b) implica que esse reforço constitui o veículo de mudança; e (c) cria, assim, um paradoxo, porque ao paciente se diz que mude para permanecer igual ao que está. Ele é colocado numa situação insustentável com respeito à sua patologia. Se obedece, deixa de ser certo que "não posso evitá-lo"; fá-"lo" e isso, como tentamos mostrar, torna-"o" impossível, o que constitui a finalidade da terapia. Se ele resistir à injunção, só poderá fazê-lo *não* se comportando sintomaticamente, o que constitui a finalidade da terapia. Se num duplo vínculo patogênico o paciente está "perdido se o faz e perdido se não o faz", num duplo vínculo terapêutico ele "muda se o faz e muda se não o faz".

(3) A situação terapêutica impede que o paciente se retraia ou de algum outro modo dissolva o paradoxo, fazendo comentários sobre ela.[77] Portanto, mesmo que a injunção seja logicamente absurda, ela constitui uma realidade pragmática: o paciente não pode *não* reagir-lhe mas tampouco pode reagir em sua forma sintomática usual.

Os exemplos seguintes têm a finalidade de mostrar como uma dupla vinculação terapêutica sempre força o paciente a sair do contexto fixado pelo seu dilema. Esse é o passo que ele não pode dar por si só mas que se torna possível quando o sistema original é ampliado — seja a partir de um indivíduo e seu sintoma ou de duas ou mais pessoas e seu jogo sem fim (mas, mais freqüentemente, uma combinação de ambos) — para constituir um sistema muito mais vasto que inclui agora um especialista de fora. Isto não só possibilita que todos os envol-

---

(77) Isto pode não parecer muito convincente mas, na realidade, é extraordinariamente raro encontrar um paciente que não aceite as injunções até as mais absurdas (por exemplo, "Quero que aumente a sua dor"), sem fazer muitas perguntas.

vidos observem o velho sistema desde fora mas também permite a introdução de meta-regras que o velho sistema era incapaz de gerar desde o seu próprio interior.

Tratamos até aqui dos aspectos teóricos das duplas vinculações terapêuticas. A sua aplicação prática constitui um tema muito mais espinhoso. Basta dizer aqui que a escolha da apropriada injunção paradoxal é extremamente difícil e que, se ficar o menor resquício, o paciente não terá, usualmente, dificuldade em descobri-lo e, por conseguinte, furtar-se à situação supostamente insustentável planejada pelo terapeuta.

### 7.5

Exemplos de Duplas Vinculações Terapêuticas

A seguinte série de exemplos não pretende ser especialmente representativa nem mais ilustrativa do que os que podem ser encontrados nas referências citadas em s. 7.34. Contudo, mostram algumas das possíveis aplicações dessa técnica terapêutica; os exemplos foram extraídos tanto de tratamentos individuais como conjuntos, abrangendo uma grande variedade de entidades diagnósticas.

*Exemplo 1*: No exame da teoria de dupla vinculação, já foi sugerido que o paciente paranóide ampliará freqüentemente a sua busca de significado a fenômenos totalmente periféricos e díspares, visto que a percepção correta da questão central (o paradoxo) e qualquer comentário sobre ela estão fora do seu alcance. De fato, o que é tão impressionante no comportamento paranóide é a extrema desconfiança, acompanhada de uma virtual incapacidade para submeter as suas suspeitas a um teste definitivo que as resolveria de uma ou outra maneira. Assim, enquanto que o paciente parece arrogante e onisciente, ele sofre, na verdade, de gigantescas lacunas em sua experiência de vida e a instrução constante contra a percepção correta exerce um duplo efeito: impede o paciente de preencher essas lacunas com a informação apropriada e, ao mesmo tempo, fortalece as suas desconfianças. Baseando-se no conceito das comunicações paradoxais, Jackson (72, 77) descreveu uma técnica específica para a interação com pacientes paranóides, à qual se refere, simplesmente, como *ensinar o paciente a ser mais desconfiado*. Eis dois dos exemplos por ele dados:

(a) Um paciente expressou o seu temor de que alguém tivesse instalado um microfone escondido no consultório do terapeuta. Em vez de tentar interpretar essa suspeita, o terapeuta mostrou-se "apropriadamente" preocupado e colocou o paciente numa dupla vinculação terapêutica, ao sugerir-lhe que fizessem juntos uma revista do gabinete, de alto a baixo, antes de prosseguirem com a sessão. Isso deixou o paciente com uma ilusão de alternativas: ele podia aceitar a busca ou abandonar a idéia paranóide. Ele preferiu a primeira alternativa e, à medida que a busca se desenvolvia laboriosamente, começou sentindo-se cada vez mais inseguro e embaraçado a respeito da sua suspeita; mas o terapeuta não deixou que as coisas ficassem por aí e insistiu em esquadrinhar até o último recesso do gabinete, sempre com o paciente a seu lado. Este mergulhou então numa descrição significativa do seu casamento e ficou comprovado que *nessa* área ele tinha boas razões para alimentar suspeitas. Contudo, ao concentrar-se numa suspeita que não estava relacionada com o problema real, ele tornara-se incapaz de fazer algo de útil no tocante às suas preocupações e dúvidas. Se, por outro lado, o paciente tivesse rejeitado as sugestões do terapeuta para revistarem o consultório, ele teria implicitamente desqualificado a sua própria suspeita ou tê-la-ia qualificado como uma idéia que não valia a pena levar a sério. Num ou outro caso, a função terapêutica da dúvida pôde ser transferida para o contexto apropriado.

(b) Uma demonstração clínica para médicos psiquiátricos residentes consistiu em apresentar técnicas para o estabelecimento de *rapport* com esquizofrênicos retraídos. Um dos pacientes era um jovem barbudo, de elevada estatura, que se considerava Deus e se mantinha completamente arredado dos outros pacientes e do quadro hospitalar. Ao entrar na sala de conferências, ele colocou deliberadamente a sua cadeira a uns cinco metros do terapeuta e ignorou quaisquer perguntas ou comentários. Então, o terapeuta disse-lhe que essa idéia de ser Deus era perigosa, porquanto o paciente poderia ser facilmente levado a uma falsa sensação de onisciência e onipotência e, portanto, a baixar a guarda e deixar de controlar constantemente o que se passava à sua volta. Deixou claro que, se o paciente queria aceitar esse tipo de mudança, o problema era exclusivamente dele e se queria ser tratado como se fosse Deus, ele (o terapeuta) estava de acordo com isso. Durante essa estruturação da dupla vinculação, o paciente foi ficando cada vez mais nervoso e, ao mesmo tempo, mostrava-se mais interessado no que se passava. O entrevistador tirou então do bolso a chave da sala, ajoelhou diante do paciente e ofereceu-lhe a chave, declarando que, como o paciente era Deus, ele não precisava da chave mas, se era Deus, era mais merecedor de ter a chave do que o médico. Mal o entrevistador regressara à sua mesa, o paciente já estava pegando na sua cadeira e colocando-a a meio metro do entrevistador. Debruçando-se, disse em tom muito grave e com verdadeira preocupação: "Homem, um de nós dois está certamente louco".

*Exemplo 2:* Não só o contexto psicanalítico mas, de um modo geral, quase todos os contextos psicoterapêuticos são ricos em duplas vinculações implícitas. A natureza paradoxal da psicanálise foi percebida por um dos mais antigos colaboradores de Freud, Hans Sachs, a quem se credita por ter afirmado que *uma análise termina quando o paciente compreende que ela poderia continuar eternamente*, uma afirmação estranhamente reminiscente do princípio do Budismo Zen, segundo o qual o esclarecimento chega quando o discípulo se apercebe de que não existe segredo algum, nenhuma resposta final e que, portanto, não faz sentido continuar formulando perguntas. Para um amplo tratamento deste tema, remetemos o leitor a Jackson e Haley (76), cujo estudo se resumirá aqui muito brevemente.

Tradicionalmente, supõe-se que na situação de transferência o paciente "regressa" a padrões de comportamento mais primitivos e "inapropriados". Jackson e Haley adotaram a abordagem inversa e perguntaram: Qual seria o comportamento adequado na situação psicanalítica? Nesta abordagem, parece que a única reação madura ante todo o ritual do divã, livres associações, espontaneidade imposta, honorários, horários rigorosos etc., consistiria em rejeitar completamente a situação. Mas isso é exatamente o que o paciente, que necessita de ajuda, não pode fazer. Assim, o palco está preparado para um contexto comunicacional muito peculiar. Alguns dos mais notáveis paradoxos nele incluídos são os seguintes:

(a) O paciente espera que o analista seja um especialista que, é claro, lhe dirá o que fazer. O analista responde fazendo com que o paciente se encarregue de suas dificuldades e assuma a responsabilidade pelo curso do tratamento, exigindo espontaneidade e, ao mesmo tempo, fixando as regras que circunscrevem completamente o comportamento do paciente. Com efeito, o que se diz ao paciente é isto: "Seja espontâneo".

(b) Seja qual for a atitude do paciente nessa situação, terá que enfrentar sempre uma resposta paradoxal. Se assinala que não está melhorando, é-lhe dito que isso se deve às suas resistências, mas que é uma boa coisa porque permite uma melhor oportunidade para entender o seu problema. Se ele declara que acredita estar melhorando, é-lhe dito que também está resistindo ao tratamento, tentando refugiar-se na saúde antes de o seu verdadeiro problema ter sido analisado.

(c) O paciente encontra-se numa situação em que não pode comportar-se de maneira adulta mas, quando não o faz, o analista interpreta o seu comportamento como um resíduo da infância e, portanto, inadequado.

(d) Um outro paradoxo reside na muito espinhosa questão de saber se a relação analítica é compulsória ou voluntária. Por um lado, diz-se constantemente ao paciente que a sua relação é voluntária e, por conseguinte, *simétrica*. Mas se o paciente chega atrasado, perde uma sessão ou de algum outro modo viola uma das regras, fica evidenciado que a relação é compulsória, *complementar*, com o analista ocupando a posição de superioridade.

(e) A posição de ascendência do analista torna-se especialmente óbvia sempre que é invocado o conceito de inconsciente. Se o paciente refuta uma interpretação, o analista pode sempre explicar-lhe que está assinalando algo de que o paciente não pode, por definição, ter conhecimento, dado que é inconsciente. Se, por outro lado, o paciente afirma que não tem consciência de algo, o analista poderá refutar a sua afirmação dizendo que, se isso fosse inconsciente, o paciente não poderia referir-se-lhe. [78]

Do acima dito se depreende que, à margem de toda e qualquer outra coisa que o analista possa fazer para provocar uma mudança, a situação é, virtualmente, uma dupla vinculação terapêutica de natureza complexa, em que o paciente "muda se o faz e muda se não o faz". Também se verá que isto não só se aplica à situação terapêutica estritamente psicanalítica mas também à psicoterapia, em sua mais ampla acepção.

*Exemplo 3*: Supõe-se que os médicos curam. De um ponto de vista interacional, isso coloca-os numa posição muito curiosa: ocupam a posição complementar de superioridade na relação médico-paciente, na medida em que o seu tratamento seja bem

---

([78]) Sublinhar as suas implicações interpessoais não é negar a existência do inconsciente nem a utilidade do conceito (cf. s. 1.62).

sucedido. Por outro lado, quando os seus esforços fracassam, as posições invertem-se: a natureza da relação médico-paciente está então dominada pela impossibilidade de curar o paciente e o médico vê-se na posição de inferioridade. É provável que se encontre então numa situação de dupla vinculação pelos pacientes que, por razões freqüentemente recônditas, não podem aceitar uma mudança para melhor ou para quem é mais importante ser superior a qualquer parceiro numa relação, incluindo o médico, apesar do mal-estar e dor que isso possa produzir-lhes. Em qualquer dos casos, é como se esses pacientes comunicassem através dos seus sintomas: "Ajude-me, mas eu não o deixarei".

Um desses pacientes, uma mulher de meia-idade, foi enviada a um psiquiatra por causa de suas persistentes e incapacitantes dores de cabeça. As dores tinham começado pouco depois de sofrer uma lesão ocipital num acidente. Essa lesão tinha desaparecido sem complicações e os meticulosos exames médicos não conseguiram revelar coisa alguma que explicasse as dores de cabeça. A paciente tinha sido adequadamente indenizada por uma companhia de seguros e não havia pendente qualquer ação judicial ou outras reclamações. Antes de ser enviada a um psiquiatra, vários especialistas tinham-na examinado e tratado numa importante clínica. No decurso dessas consultas, a ficha pessoal da paciente convertera-se num volumoso processo e ela tornara-se uma fonte de considerável frustração profissional para todos esses médicos.

Ao estudar o seu caso, o psiquiatra apercebeu-se de que, com essa história de "fracassos" médicos, qualquer implicação de que a psicoterapia podia ser uma *ajuda* estaria condenando fatalmente esse tratamento desde o seu início. Portanto, o psicoterapeuta começou por informar a paciente de que, pelos resultados de todos os exames prévios e em vista do fato de nenhum tratamento lhe ter proporcionado o menor alívio, não cabia dúvida de que o seu estado era irreversível. Em conseqüência de tão lamentável fato, a única coisa que poderia fazer por ela era ajudá-la a aprender a viver com suas dores. A paciente parecia mais zangada do que perturbada por essa explicação e indagou, com certo azedume, se isso era tudo o que a psiquiatria tinha a oferecer. O médico replicou a isso agitando no ar a volumosa pasta que continha toda a história clínica da paciente e repetiu que, diante de semelhantes provas, não havia a menor esperança de melhoras e que ela teria de aprender a resignar-se a tal fato. Quando a paciente voltou para a segunda entrevista, uma semana depois, anunciou que, durante esse ínterim, sofrera muito menos de dores de cabeça. O psiquiatra manifestou então grande preocupação; criticou-se por não tê-la advertido antecipadamente sobre a possibilidade de um declínio temporário e puramente subjetivo da dor; e expressou o seu receio de que a dor voltasse, inevitavelmente, com a sua antiga intensidade e ela se sentisse ainda mais infeliz por ter experimentado uma absurda esperança, devido a essa diminuição meramente temporária da sua percepção da dor. Voltou a mostrar-lhe a sua história clínica, sublinhou até que ponto os exames tinham sido meticulosos e repetiu que quanto antes ela abandonasse toda a esperança de melhoras mais depressa aprenderia a conviver com a sua dor. A partir desse momento, a psicoterapia deu uma virada algo tempestuosa, com o psiquiatra mostrando-se cada vez mais cético a respeito da sua possibilidade de ser-lhe útil, porque ela não queria aceitar a "irreversibilidade do seu estado" e, furiosa e impaciente, jurava estar cada vez melhor. Contudo, grandes trechos das sessões, entre esses "assaltos" do combate, puderam ser utilizados para explorar outros aspectos significativos das relações interpessoais dessa mulher, que finalmente abandonou o tratamento, muito melhor, por sua própria decisão, tendo obviamente compreendido que o seu jogo com o psiquiatra poderia continuar indefinidamente.

*Exemplo 4*: Os casos de dores psicogênicas como o acima descrito costumam ser particularmente acessíveis à psicoterapia breve, baseada na comunicação paradoxal. A imposição de uma dupla vinculação terapêutica pode começar, freqüentemente, com o primeiro contato, inclusive com o telefonema de um novo paciente para marcar a hora da entrevista. Se o terapeuta está razoavelmente convencido do caráter psicogênico do sintoma (como pode ocorrer, por exemplo, através de uma conversa prévia com o médico assistente), ele poderá advertir quem o chamou de que não é raro as pessoas sentirem acentuadas melhoras antes de comparecerem à primeira entrevista mas que essas melhoras são puramente momentâneas e não convém alimentar muitas esperanças. Se o paciente não sentiu melhoras quando comparece à sua primeira entrevista, nenhum dano terá sido ocasionado e o paciente apreciará a preocupação e a previdência do terapeuta. Mas se se sente melhor, o palco está preparado para uma ulterior estruturação da dupla vinculação terapêutica. O passo seguinte pode ser a explicação de que a psicoterapia não alivia a dor mas que o próprio paciente pode, usualmente, "alterar o tempo da dor" e "aumentar a sua intensidade". Por exemplo, pede-se ao paciente que indique um período de duas horas cada dia em que lhe seria menos incômodo sentir *mais* dor. Diz-se-lhe então que aumente a sua dor durante essas duas horas, no qual está subentendido que assim se sentiria melhor no resto do dia. A coisa extraordinária a esse respeito é que, usualmente, os pacientes conseguem sentir-se pior no período de tempo escolhido e, graças a essa experiência, não podem deixar de compreender que, de algum modo, exercem um certo controle sobre a dor. Em momento nenhum, é claro, o terapeuta sugere que eles devem procurar sentir-se melhores; pelo contrário, ele mantém a mesma atitude cética em relação às melhoras, conforme se explicou no Exemplo 3. Para numerosos exemplos desta técnica paradoxal, envolvendo insônia, micção noturna, cacoetes e uma variedade de outros estados e condições, cf. Haley (60, págs. 41-59).

*Exemplo 5*: Uma jovem estudante universitária estava em perigo de fracassar em seus estudos porque era incapaz de se levantar a tempo de assistir às aulas das oito da manhã. Por mais que ela se esforçasse, achava sempre impossível chegar à faculdade antes das dez horas. O terapeuta disse-lhe que esse problema podia solucionar-se de um modo bastante simples, embora desagradável, e acrescentou estar seguro de que ela não colaboraria nisso. Tais palavras instigaram a moça (que estava muito preocupada com o seu futuro imediato e desenvolvera um razoável grau de confiança no terapeuta, durante as entrevistas precedentes) a prometer que faria tudo o que ele lhe dissesse. Então, foi-lhe pedido que pusesse o seu despertador para as sete horas. Na manhã seguinte, quando o despertador soasse, ela encontrar-se-ia diante de duas alternativas: ela saltaria da cama, tomaria o café e estaria nas aulas às oito, em cujo caso nada mais havia a fazer sobre o problema; ou ficaria na cama, como de costume. Nesta última hipótese, porém, não lhe seria consentido levantar-se pouco antes das dez, como acontecia usualmente, mas teria de voltar a pôr o despertador para as *onze* horas da manhã e ficar na cama essa manhã e a seguinte, até que o relógio soasse. Durante essas duas manhãs, não poderia ler, escrever, escutar rádio ou fazer qualquer outra coisa, exceto dormir ou, simplesmente, ficar deitada. Depois das onze poderia fazer o que quisesse. Na noite do segundo dia, ela deveria pôr novamente o despertador para as sete e, se ainda não fosse capaz de levantar-se quando ele soasse, teria de permanecer outra vez na cama até às onze nessa manhã e na seguinte, e assim sucessivamente. Finalmente, o terapeuta completou a dupla vinculação dizendo à paciente que se ela não respeitasse as condições desse acordo, que ela aceitara por sua livre e espontânea vontade, ele já não lhe seria de utilidade alguma como terapeuta e, portanto, teria de interromper o tratamento. A moça ficou deliciada com essas instruções aparentemente agradáveis. Quando voltou três dias depois, para a sua sessão seguinte, informou que, como de costume, não conseguira levantar-se a tempo na primeira manhã, que ficara na cama até às onze, segundo as instruções que lhe haviam sido dadas, mas que esse repouso forçado na cama (em especial, o período entre as dez e onze horas) resultara quase intoleravelmente cacete. A segunda manhã tinha sido ainda pior e foi-lhe impossível dormir um minuto depois das sete, se bem que o despertador, é claro, só soasse às onze horas. Desse momento em diante, assistiu às suas aulas matutinas e só então foi possível iniciar uma exploração dos motivos que, aparentemente, a obrigavam a fracassar na universidade.

*Exemplo 6*: A psicoterapia conjunta de uma família, composta dos pais e duas filhas (de dezessete e quinze anos), tinha progredido até um ponto em que começou a surgir um antigo problema de relação dos pais. Nesse ponto, houve uma acentuada mudança no comportamento da filha mais velha. Ela começou a discutir e a furtar-se às discussões de todas as maneiras concebíveis. Qualquer tentativa, por parte do pai, para a controlar era ineficaz e a moça, finalmente, disse ao terapeuta que não estava disposta a continuar colaborando, de jeito nenhum, no tratamento. O terapeuta replicou dizendo que a sua ansiedade era compreensível e que ele *queria* que o seu comportamento fosse tão negativo quanto possível. Mediante essa simples instrução, colocou-a numa situação insustentável: se ela continuasse perturbando o curso da terapia, então estaria cooperando e ela estava decidida a não fazê-lo; mas se desobedecesse à instrução, só poderia consegui-lo *não* agindo negativamente, o que tornaria possível que a terapia seguisse o seu curso normal. Ela poderia, é claro, recusar-se a continuar assistindo às sessões mas o terapeuta bloqueara-lhe essa saída, dando a entender que ela seria então o tema exclusivo da discussão de família, uma perspectiva que ele já sabia que a moça não estava disposta a tolerar.

*Exemplo 7*: O cônjuge alcoólico costuma manter um padrão estereotipado de comunicação com o outro cônjuge. Por uma questão de simplicidade, vamos supor que quem bebe é o marido mas os papéis poderiam ser invertidos sem que se alterasse de maneira significativa o padrão geral.

A dificuldade primária é, freqüentemente, uma discrepância na pontuação da seqüência de eventos. O marido, por exemplo, pode afirmar que sua esposa é muito controladora e que ele só se sente mais homem depois de alguns tragos. A esposa replica rapidamente, declarando que renunciaria de bom grado ao comando se o marido fosse um pouco mais responsável; mas, como ele se embriaga todas as noites, ela vê-se obrigada a cuidar do marido. Poderá dizer ainda que, se não fosse por ela, o marido já poderia ter incendiado a casa em numerosas ocasiões, pois adormece na cama com um cigarro aceso; provavelmente, ele responderá então que jamais sonharia em correr esse risco se fosse solteiro. Talvez acrescente ser esse um bom exemplo da influência castradora que sua mulher sobre ele exerce. De qualquer maneira, após algumas escaramuças deste gênero, o jogo sem fim do casal tornar-se-á muito óbvio para o observador não--participante. Por detrás da fachada de descontentamento, frustrações e acusações, eles confirmam-se mutuamente por meio de um *quid pro quo* (73): o marido, ao permitir que a esposa seja sóbria, razoável e protetora; e ela, ao possibilitar-lhe que seja irresponsável, infantil e, em geral, um fracasso incompreendido.

Uma das possíveis duplas vinculações terapêuticas que poderiam ser impostas a um semelhante casal consistiria em instruí-los a que bebessem juntos mas com a condição adicional de que a esposa bebesse sempre um copo a mais do que o marido. A introdução desta nova regra em sua interação destrói, virtualmente, o velho padrão. Em primeiro lugar, beber é agora uma tarefa e já não mais algo que ele "não pode evitar". Segundo, ambos têm de vigiar constantemente as doses que tomam. Terceiro, a esposa que, usualmente, bebe com moderação, se é que bebe, alcança rapidamente um grau de embriaguez que obriga *o marido* a cuidar *dela*. Isto constitui não só uma inversão total dos seus papéis habituais mas, além disso, coloca o marido numa posição insustentável com respeito ao seu hábito: se cumpre as instruções do terapeuta, deve agora deixar de beber ou então obrigar a esposa a beber mais, correndo o risco de fazê-la passar mal, mais desamparada etc. Se, quando a sua esposa já não pode beber mais, ele quer violar a regra (de que ela beba sempre um copo a mais do que ele) e continuar bebendo sozinho, defrontar-se-á com a situação pouco familiar de ver-se privado do seu anjo da guarda e, inclusive, de ser responsável por si mesmo e por ela. (Não estamos querendo dizer, é claro, que seja fácil levar um casal a cooperar numa tal prescrição nem que essa intervenção constitua, por si só, uma "cura" para o alcoolismo.)

*Exemplo 8*: Um casal solicita ajuda porque discute demais. Em vez de concentrar sua atenção numa análise dos seus conflitos, o terapeuta redefine essas brigas dizendo-lhes que, na realidade, estão apaixonados e que, quanto mais discutirem mais se querem, pois essas discussões são uma prova do interesse que alimentam um pelo outro e brigarem da forma como eles o fazem pressupõe um profundo envolvimento emocional. Por muito ridícula que o casal considere essa interpretação — ou precisamente *porque* é tão ridícula para eles — empenhar-se-ão em demonstrar ao terapeuta como ele está equivocado. A melhor maneira de fazê-lo é pondo fim às suas brigas, simplesmente para mostrar-lhe que *não* estão apaixonados. Mas no momento em que deixam de discutir, comprovam que estão se dando muito melhor.

*Exemplo 9*: Que o efeito terapêutico da comunicação paradoxal não é, de maneira alguma, uma descoberta recente, demonstra-se pela seguinte história Zen, que contém todos os ingredientes de uma dupla vinculação terapêutica:

Uma jovem esposa adoeceu e estava a morrer. "Amo-te tanto", disse ela ao esposo. "Não quero deixar-te. Não me abandones por qualquer outra mulher. Se o fizeres, voltarei como um fantasma e causar-te-ei intermináveis problemas."

A esposa não tardou em morrer. O marido respeitou o seu último desejo durante os primeiros três meses mas, depois, conheceu uma outra mulher e apaixonou-se por ela. Logo contraíram noivado.

Imediatamente após o compromisso, um fantasma começou a aparecer ao homem todas as noites, acusando-o de não cumprir a sua promessa. O fantasma também era muito arguto. Repetia-lhe exatamente o que acontecera entre o homem e a sua noiva prometida. Sempre que ele lhe dava um presente, o fantasma descrevia-o com riqueza de pormenores. Repetia até conversas inteiras e perturbava de tal maneira o homem que este não conseguia conciliar o sono. Alguém o aconselhou a que levasse o seu problema a um mestre Zen que vivia perto da sua aldeia. Por último, já desesperado, o pobre homem foi em busca de ajuda.

"A tua esposa anterior converteu-se em fantasma e sabe tudo o que fazes", comentou o mestre. "Ela sabe tudo o que fazes ou dizes, tudo o que dás à tua amada. Deve ser um fantasma muito astuto. Realmente, deverias admirar um tal fantasma. Na próxima vez que te apareça, propõe-lhe um trato. Diz-lhe que ela sabe tanto que é impossível ocultares-lhe coisa alguma e que se ela responder a uma pergunta, prometes romper o teu noivado e permanecerás solteiro."

"Qual é a pergunta que lhe devo fazer?" perguntou o homem.

O mestre replicou: "Toma um bom punhado de sementes de soja e pergunta-lhe quantas sementes tens, exatamente, na mão. Se ela não for capaz de dizer-te, saberás que ela não passa de um produto da tua imaginação e não terás mais por que te preocupar."

Na noite seguinte, quando o fantasma apareceu, o homem lisonjeou-a e disse-lhe que ela tudo sabia.

"Assim é", respondeu o fantasma, "e também sei que foste hoje visitar o mestre Zen."

"Pois que tanto sabes", disse o homem, "diz-me quantas sementes tenho nesta mão."

Já não havia nenhum fantasma para responder à pergunta. (131, pág. 82)

## 7.6

PARADOXO NO JOGO, NO HUMOR E NA CRIATIVIDADE

Por que motivo os organismos, desde os invertebrados aos humanos, são tão suscetíveis aos efeitos do paradoxo ainda não foi esclarecido mas é evidente que esses efeitos excedem em muito os fatores meramente culturais ou específicos de uma espécie. Como este capítulo procurou mostrar, uma complexidade adicional ocorre no nível humano por causa do fato de o paradoxo poder ser terapêutico e não apenas patogênico. Mas isto não esgota, em absoluto, os aspectos positivos do paradoxo, porquanto se pode ver que muitas das mais nobres iniciativas e realizações do espírito humano estão intimamente ligadas à capacidade do homem para experimentar o paradoxo. Fantasia, jogo, humor, amor, simbolismo, experiência religiosa, em seu mais amplo sentido (do ritual ao misticismo), e, sobretudo, a *criatividade* nas artes e nas ciências, parece serem essencialmente paradoxais.

Contudo, essas áreas são tão vastas e estendem-se tão além do âmbito deste livro que só as mais leves sugestões e referências poderão ser aqui dadas. O esboço de uma teoria de *jogo* e *fantasia*, baseada na teoria dos tipos lógicos (e seus paradoxos), foi oferecido por Bateson em 1954. Relatando suas observações no Fleishacker Zoo, em São Francisco, ele mencionou que

> viu dois jovens macacos *brincando*, isto é, empenhados numa seqüência interacional de que as ações ou sinais unitários eram semelhantes mas não idênticos aos de combate. Era evidente, mesmo para o observador humano, que a seqüência, como um todo, não era um combate; e era evidente para o observador humano que, para os macacos participantes, isso era "não combate".

Ora, esse fenômeno lúdico só podia ocorrer se os organismos participantes fossem capazes de um certo grau de metacomunicação, isto é, de intercâmbio de sinais que transmitissem a mensagem "isto é um jogo".

O passo seguinte foi o exame da mensagem "isto é um jogo" e a compreensão de que essa mensagem contém aqueles elementos que geram, necessariamente, um paradoxo do tipo russelliano ou de Epimênides — um enunciado negativo contendo um implícito meta--enunciado negativo. Ampliado, o enunciado "isto é um jogo" fica mais ou menos assim: "Estas ações em que estamos agora empenhados não denotam o que aquelas ações *que elas representam* denotariam." (8, pág. 41)

Fry, um dos colaboradores de Bateson, aplicou essa perspectiva ao fenômeno do *humor* e, num extenso estudo de muitas formas de anedotas, resumiu as suas conclusões da seguinte maneira:

Durante o desenvolvimento do humor, defrontamo-nos subitamente com uma inversão explícito-implícito quando a frase mordaz é proferida. A inversão ajuda a distinguir o humor do jogo, dos sonhos etc. As súbitas inversões, como as que caracterizam o momento em que a piada surge, são perturbadoras e alheias ao jogo etc. (Somente na psicoterapia esse tipo de operação de inversão é compatível com a estrutura geral da experiência.) Mas a inversão também possui o efeito singular de impor aos participantes no humor uma redefinição interna da realidade. Inevitavelmente, o trecho mordaz combina comunicação e metacomunicação. Uma pessoa recebe a comunicação explícita da piada. Também a piada comporta, em um nível superior de abstração, uma metacomunicação implícita sobre si mesma e sobre a realidade, tal como exemplificada pela anedota... Esse material implícito-agora-explícito da piada converte-se numa mensagem metacomunicacional sobre o conteúdo da anedota, em geral (como uma amostra de comunicação). Nessa inversão de conteúdo, o que parece ser realidade pode ser apresentado em termos do que parece ser irrealidade. O conteúdo comunica a mensagem "Isto é irreal" e, ao fazê-lo, refere-se ao todo de que é uma parte. Assim, defrontamo-nos de novo com o paradoxo da parte negativa definindo o todo. O real é irreal e o irreal é real. O trecho mordaz (a piada) precipita o paradoxo interno *específico do conteúdo anedótico* e estimula a reverberação do paradoxo gerado pelo quadro jocoso circundante. (53, págs. 153-4)

A *criatividade*, finalmente, foi o tema de muitos estudos significativos, dos quais um dos mais recentes é *The Act of Creation*, de Koestler. Em sua monumental obra, propõe-se que o humor e a descoberta científica, assim como a criação artística, são o resultado de um processo mental denominado *bissociação*. A bissociação é definida como "a percepção de uma situação ou idéia ( ... ) em dois quadros de referência intrinsecamente coerentes mas habitualmente incompatíveis ( ... )" (87, pág. 35). O autor faz uma distinção

> entre as aptidões rotineiras de pensar num único "plano", por assim dizer, e o ato criador, que ( ... ) opera sempre em mais de um plano. O primeiro estado pode ser denominado de pensamento coeso, o segundo de pensamento indeciso, um estado transitório de equilíbrio instável, em que o equilíbrio entre emoção e pensamento é perturbado. (87, págs. 35-6)

Embora em parte nenhuma do seu livro o autor considere a possibilidade de que a bissociação tenha a estrutura do paradoxo (isto é, de que os "dois quadros de referência intrinsecamente coerentes mas habitualmente incompatíveis" possam estar um para o outro numa relação de nível e metanível), a sua concepção de criatividade tem muitas afinidades com as hipóteses por nós relatadas ou propostas na área da patologia e da terapia. Compare-se, por exemplo, um resumo parcial oferecido por Koestler em um de seus capítulos de conclusões finais.

> Uma das principais afirmações sustentadas neste livro é que a vida orgânica, em todas as suas manifestações, desde a morfogênese ao pensamento simbólico, é governada por "regras do jogo" que lhe conferem coerência, ordem e unidade-na-variedade; e que essas regras (ou funções, na acepção matemática), quer sejam inatas ou adquiridas, são representadas em forma codificada nos vários níveis, desde os cromossomos até à estrutura, no sistema nervoso, que é responsável pelo pensamento simbólico. ( ... ) As regras são fixas mas existem variações infinitas em cada jogo, variabilidade essa que aumenta em ordem ascendente. ( ... ) Também há uma regra geral do jogo, a qual diz que nenhuma regra é absolutamente final; que, em certas circunstâncias, podem ser alteradas e combinadas num jogo mais sofisticado, o qual proporciona uma forma superior de unidade e uma variedade ainda maior; a isso damos o nome de potencial criativo do indivíduo. (87, pág. 631)

Levando em conta a extensão enciclopédica da investigação do autor, apenas podemos lamentar mas não censurar o fato de ele não a ter ampliado além dos limites do indivíduo como uma mônade.

Epílogo

# O EXISTENCIALISMO E A TEORIA DE COMUNICAÇÃO HUMANA: UMA PERSPECTIVA

> Não são as próprias coisas que nos perturbam mas as opiniões que temos sobre essas coisas.
> — EPICTETO (Século I d.C.)

## 8.1

Nos capítulos antecedentes, consideramos os indivíduos em seu nexo social — em sua interação com outros seres humanos — e vimos que o veículo dessa interação é a comunicação. Esta pode ser ou não a medida em que deve aplicar-se uma teoria da comunicação humana. Em qualquer caso, parece-nos evidente que conceber o homem unicamente como um "animal social" não logra explicar o homem em seu nexo *existencial*, do qual a sua participação social é apenas um aspecto, embora muito importante.

Surge então a pergunta sobre se qualquer dos princípios da nossa teoria da pragmática de comunicação humana pode ser útil quando o enfoque se desloca do interpessoal para o existencial e, em tal caso, de que maneira. Não respondemos aqui a essa pergunta; talvez não seja possível dar-lhe uma resposta final, visto que para explorar essa questão devemos abandonar o domínio da ciência e assumir uma atitude confessadamente subjetiva. Como a existência do homem não é observável no mesmo sentido em que o são as suas relações sociais, somos forçados a abandonar a posição objetiva, "de fora", que procuramos manter ao longo dos sete capítulos precedentes deste livro. Pois a esta altura da nossa investigação já não existe um "de fora". O homem não pode ir além dos limites fixados pela sua própria mente; sujeito e objeto são idênticos, em última instância, a mente estuda a si própria, e é provável que qualquer enunciado sobre o homem em seu nexo existencial leve aos mesmos fenômenos de auto-reflexão que, como vimos, geram o paradoxo.

Portanto, num certo sentido, este capítulo é uma declaração de fé: a convicção de que o homem existe numa relação ampla, complexa e íntima com a vida. Desejamos alinhar algumas especulações sobre a possibilidade de que alguns dos nossos conceitos sejam úteis na exploração dessa área, tão freqüentemente negligenciada nas teorias puramente psicológicas do homem.

## 8.2

Na moderna biologia, seria impensável estudar qualquer organismo, ainda o mais primitivo, isolando-o artificialmente do seu meio. Tal como é postulado, em particular, pela Teoria dos Sistemas Gerais (s. 4.2 e segs.), os organismos são sistemas abertos que mantêm o seu estado constante (estabilidade) e até evoluem para estados de maior complexidade por meio de um intercâmbio constante de energia e informação com o seu meio ambiente. Se recordarmos que, para sobreviver, qualquer organismo tem de obter não só as substâncias necessárias ao seu metabolismo mas também as informações adequadas sobre o mundo circundante, veremos que a comunicação e a existência constituem conceitos inseparáveis. Assim, o meio é subjetivamente experimentado como um conjunto de instruções sobre a existência do organismo e, neste sentido, os efeitos ambientais são semelhantes a um programa de computador; Norbert Wiener disse uma vez, a respeito do mundo, que ele pode "ser visto como uma miríade de mensagens do gênero A Quem Possa Interessar". Contudo, existe uma diferença importante: enquanto que o programa do computador é apresentado numa linguagem que a máquina "compreende" completamente, o impacto do meio sobre um organismo abrange uma série de instruções cujo significado não é evidente, de modo algum, mas compete ao organismo, outrossim, decodificar da melhor maneira possível. Se a esta consideração adicionarmos o fato óbvio de que, por seu turno, as reações do organismo afetam o meio, torna-se evidente que mesmo nos níveis muito primitivos de vida, ocorrem complexas e contínuas interações que não são fortuitas e que, portanto, estão governadas por um programa ou, usando um termo existencialista, por *significado*.

Vista por este prisma, a existência é, pois, uma *função* (tal como foi definida em s. 1.2) das relações entre o organismo e o seu meio. No nível humano, essa interação entre o organismo e o seu meio atinge o seu mais alto grau de complexidade. Se bem que, nas sociedades modernas, os problemas de sobrevivência biológica tenham passado a segundo plano e o meio ambiente, no sentido ecológico do termo, esteja em grande parte sob o controle do homem, as mensagens vitais provenientes do meio que devem ser corretamente decodificadas sofreram, meramente, uma transferência do domínio biológico para um mais psicológico.

### 8.3

O homem, segundo parece, tem uma arraigada propensão para substanciar a realidade, para fazer dela um amigo ou um antagonista com quem tem de chegar a algum acordo. Um pensamento sumamente pertinente pode ser encontrado no estudo clássico de Zilboorg sobre o suicídio:

> Parece que, originalmente, o homem aceitou a vida segundo os seus próprios termos: uma doença, qualquer espécie de mal-estar, qualquer tensão afetiva intensa, fê-lo sentir que *a vida violou o seu contrato com ele*, por assim dizer, e então, abandonava o seu infiel sócio (...) Evidentemente, [a idéia de] Paraíso foi assim criada pela humanidade, não através do nascimento de Adão e Eva mas através da aceitação da morte pelo homem primitivo, *que preferia a morte voluntária a ter que renunciar ao seu ideal do que a vida devia ser.* (170, págs. 1364-6; o grifo é nosso)

A vida — ou a realidade, destino, Deus, natureza, existência ou qualquer outro nome que se prefira dar-lhe — é um sócio a quem aceitamos ou rejeitamos e pelo qual nos sentimos aceitos ou rejeitados, apoiados ou traídos. A esse sócio existencial, talvez tanto quanto ocorreria com um sócio humano, o homem propõe a sua definição do eu e vê-a então confirmada ou desconfirmada; e esforça-se por receber desse sócio indícios sobre a natureza "real" das suas relações.

### 8.4

Mas, então, que poderemos dizer sobre aquelas mensagens vitais que o homem deve decodificar da melhor maneira possível para garantir a sua sobrevivência como ser humano? Voltemos, brevemente, ao cão de Pavlov (s. 6.434) e procuremos, a partir daí, passar ao domínio da experiência especificamente humana. Em primeiro lugar, sabemos que existem duas espécies de conhecimentos: conhecimento das coisas e conhecimento *sobre* as coisas. O primeiro é aquela percepção dos objetos que os nossos sentidos nos transmitem; é o que Bertrand Russell chamou "conhecimento por familiaridade" ou Langer "um conhecimento muito direto e sensual". É o tipo de conhecimento que o cão de Pavlov possui ao perceber o círculo ou a elipse, um conhecimento que nada conhece *sobre* o percebido. Mas, na situação experimental, o cão depressa aprende também algo sobre essas duas figuras geométricas, notadamente, que elas indicam, de algum modo, prazer e dor, respectivamente, e que comportam, por conseguinte, um significado para a sua sobrevivência. Assim, se a percepção sensorial pode ser denominada um conhecimento de primeira ordem, esse segundo tipo de conhecimento (conhecimento sobre um objeto) é conhecimento de uma segunda ordem; é conhecimento sobre o conhecimento de primeira ordem e, por conseguinte, é metaconhecimento. (Trata-se da mesma distinção já proposta em s. 1.4, quando observamos que conhecer uma linguagem e conhecer algo sobre uma linguagem são duas ordens muito diferentes de conhecimento.) [79] Logo que o cão entendeu o significado do círculo e da elipse em relação à sua sobrevivência, comportar-se-á como se tivesse chegado a esta con-

---

(79) Tivemos ocasião, ao longo deste livro, de assinalar o fato de que uma hierarquia de níveis parece impregnar o mundo em que vivemos e a nossa experiência de nós próprios e dos outros, e de que os enunciados válidos sobre um nível só podem ser formulados desde o nível superior seguinte. Essa hierarquia torna-se evidente em:

(1) A relação entre a matemática e a metamatemática (s. 1.5), assim como entre a comunicação e a metacomunicação (s. 1.5 e 2.3)
(2) Os aspectos de conteúdo e relacionais da comunicação (s. 2.3 e 3.3)
(3) As definições de eu e dos outros (s. 3.33)
(4) Os paradoxos lógico-matemáticos e a teoria dos tipos lógicos (s. 6.2)
(5) A teoria dos níveis de linguagem (s. 6.3)
(6) Os paradoxos pragmáticos, as duplas vinculações e as previsões paradoxais (s. 6.4)
(7) A ilusão de alternativas (s. 7.1)
(8) O jogo sem fim (s. 7.2)
(9) As duplas vinculações terapêuticas (s. 7.4)

clusão: "Este é um mundo em que estou a salvo enquanto diferençar o círculo da elipse." Esta conclusão, entretanto, já não seria de segunda ordem; seria, outrossim, um conhecimento obtido sobre o conhecimento de segunda ordem e, portanto, seria conhecimento de terceira ordem. No caso do homem, o processo de aquisição de conhecimentos, de atribuição de níveis de significado ao seu meio ambiente, à realidade, é essencialmente idêntico.

Num ser humano adulto, o conhecimento de primeira ordem raramente acontece sozinho. Seria equivalente a uma percepção para a qual nem a experiência passada nem o contexto atual fornecem uma explicação e a impossibilidade de explicá-la e prevê-la faria, provavelmente, com que essa percepção gerasse grande ansiedade. O homem jamais deixa de procurar conhecimentos sobre os objetos de sua experiência, de procurar entender o seu significado para a sua existência e de reagir a esses objetos segundo a sua compreensão. Finalmente, da soma total de significados que deduziu através de seus contatos com numerosos objetos singulares do seu meio, surge uma visão unificada do mundo em que ele próprio se vê "jogado" (para usarmos, uma vez mais, um termo existencialista); e tal visão é de terceira ordem. Há fortes razões para acreditar que, na realidade, é desimportante saber em que consiste essa concepção do mundo de terceira ordem, desde que ofereça uma premissa significativa para a própria existência. O sistema delirante de um paranóico parece preencher a sua função como princípio explicativo do universo do paciente, tal como acontece com a visão "normal" do mundo para outras pessoas.[80] Contudo, o que é importante é

---

(80) Poder-se-ia objetar a isto que o segundo critério está melhor adaptado à realidade do que o primeiro. Mas o tão usado critério de realidade deve ser tratado com grande prudência. A usual falácia é, neste caso, o pressuposto tácito de que existe algo a que se chama "realidade objetiva" e que as pessoas mentalmente sãs têm mais consciência dela do que os lunáticos. De um modo geral, essa suposição lembra, incomodamente, uma premissa semelhante da geometria euclidiana. Durante dois mil anos, ninguém pôs em dúvida que os axiomas de Euclides abrangiam correta e totalmente a realidade do espaço, até ao momento em que se compreendeu que a geometria euclidiana nada mais era do que uma das várias geometrias possíveis que não só podiam ser distintas mas também incompatíveis entre si. Citando Nagel e Newman:

> A crença tradicional em que os axiomas da geometria (ou *os axiomas de qualquer disciplina*) podem ser estabelecidos pela sua

que o homem opera com um conjunto de premissas sobre os fenômenos que percebe e que a sua interação com a realidade, no mais lato sentido (isto é, não só com outros seres humanos), será determinada por essas premissas. Até onde nos é possível especular, essas premissas são o fruto de toda a imensa gama de experiências individuais e, por conseguinte, a sua origem está, virtualmente, mais além da exploração. Mas não podemos duvidar de que o homem não só pontua as seqüências de eventos numa relação interpessoal mas esse mesmo processo de pontuação também está em ação no processo constantemente necessário de avaliar e selecionar as dezenas de milhares de impressões sensoriais que o homem recebe em cada segundo, oriundas de seu meio interno e externo. Repetindo uma especulação de s. 3.42: a realidade é, em grande parte, o que nós a fazemos ser. Os filósofos existenciais propõem uma relação muito semelhante entre o homem e a sua realidade; eles concebem o homem jogado num mundo opaco, amorfo e carente de significado, a partir do qual o próprio homem cria a sua situação. Portanto, a sua maneira específica de "ser-no-mundo" é o resultado de sua escolha, é o significado que *ele* confere ao que, presumivelmente, está mais além da compreensão humana objetiva.

8.41

Conceitos equivalentes ou análogos a premissas de terceira ordem têm sido definidos por outros investigadores, no domínio das ciências do comportamento. Na teoria da aprendizagem, níveis de aprendizagem correspondentes aos níveis de conhecimento postulados acima foram independentemente identificados e investigados por Hull e outros (66), em 1940, por Bateson (7, 13), em 1942 e de novo em 1960, e por Harlow (63), em 1949, para mencionarmos apenas os estudos mais importantes. Em poucas palavras, esse ramo da teoria da aprendizagem postula que, juntamente com a aquisição de conhecimento ou de uma aptidão, também tem lugar um processo que torna progressivamente mais fácil a própria aquisição. Por outras palavras, não só se aprende

---

aparente evidência intrínseca viu-se, pois, radicalmente abalada. Além disso, tornou-se cada vez mais óbvio que o verdadeiro interesse do matemático puro consiste em *derivar teoremas de pressupostos postulados* e que, como matemático, não lhe incumbe decidir se os axiomas pressupostos são realmente verdadeiros. (108, pág. 11; o grifo é nosso)

como também se *aprende a aprender*. Bateson criou o termo *deutero-aprendizagem* para esse tipo de aprendizagem de ordem superior e descreveu-o da seguinte maneira:

> Na terminologia semigestalt ou semi-antropomórfica, diríamos que o sujeito está aprendendo a orientar-se para certos tipos de contextos, ou está adquirindo "introvisão" (*insight*) em relação aos contextos de resolução de problemas (...) Podemos dizer que o sujeito adquiriu o hábito de procurar contextos e seqüências mais de um tipo do que de outro, um hábito de "pontuar" a corrente de acontecimentos para produzir repetições de um certo tipo de seqüência significativa. (7, pág. 88)

Um conceito semelhante está na base de monumental obra de Kelly, *Psychology of Personal Constructs* (83), embora este autor não considere a questão dos níveis e apresente a sua teoria quase exclusivamente em termos de psicologia intrapsíquica e não interacional. Miller, Galanter e Pribram, em sua obra *Plans and the Structure of Behavior* (104), propuseram que o comportamento intencional é guiado por um plano, de um modo muito semelhante àquele como um computador é guiado por um programa. O seu conceito de *plano* é sumamente pertinente para as idéias sugeridas neste capítulo e, sem exagero, o estudo desses autores constitui uma das mais importantes inovações recentes para a compreensão do comportamento. Relacionados com essa obra estão alguns dos muito elegantes *experimentos de recompensa não-contingente* realizados na Universidade de Stanford, sob a direção do Dr. Bavelas, se bem que a sua finalidade manifesta seja alheia aos problemas examinados neste capítulo. Um desses experimentos merece, em particular, ser aqui mencionado (169): O dispositivo experimental consiste numa série de teclas. Diz-se ao sujeito que deve premir algumas dessas teclas numa certa ordem e que a sua tarefa é descobrir essa ordem ao cabo de um determinado número de ensaios. Também se lhe diz que o desempenho correto será assinalado por um toque de campainha. Contudo, as teclas não estão, de fato, ligadas a coisa nenhuma e a campainha soa independentemente do desempenho do sujeito e cada vez com maior freqüência, isto é, de um modo relativamente espaçado no começo e, depois, cada vez mais insistente no final do experimento. Invariavelmente, a pessoa que se sujeita a esse experimento não tarda em formar o que designamos como premissas de terceira ordem e mostra uma extraordinária relutância em abandoná-las, mesmo depois de se lhe mostrar que o seu desempenho não tinha ligação alguma com os toques da campainha. Assim, de certa maneira, esse dispositivo experimental é um micromodelo do universo em que todos desenvolvemos as nossas premissas específicas de terceira ordem, os nossos modos de ser-no-mundo.

## 8.5

Uma impressionante diferença se nos depara quando comparamos a capacidade do homem para aceitar ou tolerar mudanças no segundo e no terceiro nível, respectivamente. O homem tem uma capacidade quase incrível para adaptar-se às mudanças no segundo nível, como concordarão todos os que tiveram ocasião de observar a resistência humana sob as circunstâncias mais excruciantes. Mas parece que essa resistência só é possível na medida em que não forem violadas as suas premissas de terceira ordem sobre a sua existência e o significado do mundo em que vive. [81] Deve ser isto o que Nietzsche tinha em mente quando postulou que quem tem um *por que* para viver suportará quase qualquer *como*. Mas o homem, talvez muito mais do que o cão de Pavlov, parece estar singularmente mal equipado para enfrentar as incongruências que ameaçam as suas premissas de terceira ordem. O homem não pode sobreviver psicologicamente num universo que suas premissas de terceira ordem sejam incapazes de explicar, um universo que para ele é carente de sentido. Como já vimos, a dupla vinculação acarreta esse resultado desastroso; mas o mesmo resultado é igualmente possível através de circunstâncias ou desenvolvimentos que estão além do controle ou intento humano. Os escritores existenciais, de Dostoevsky a Camus, trataram extensamente esse tema, que é tão velho, pelo menos, quanto o Livro de Jó. Por exemplo, Kirillov, um personagem de *Os Possessos*, de Dostoevsky, decidiu que "Deus não existe" e, portanto, não vê sentido algum em continuar vivendo.

---

[81] Por exemplo, essa diferença reflete-se nas cartas (por exemplo, 57) escritas por prisioneiros condenados pelos nazistas por crimes políticos de diversos graus. Aqueles que sentiam que as suas ações tinham servido como contribuição para derrotar o regime, eram capazes de enfrentar a morte com uma certa serenidade. Por outro lado, os protestos realmente trágicos e desesperados correspondiam aos que tinham sido sentenciados à morte por crimes tão insignificantes como escutar as emissoras aliadas ou fazer um comentário hostil sobre Hitler. A morte desses constituía, aparentemente, uma violação de uma premissa significativa de terceira ordem: a de que a própria morte deve ser significativa e não mesquinha.

(...) Escuta-me." Kirillov permaneceu imóvel, o olhar fixo e extático. "Escuta uma grande idéia: houve um dia na terra e no centro da terra erguiam-se três cruzes. Um dos que estavam crucificados tinha tanta fé que disse a outro: "Hoje estarás comigo no Paraíso". O dia terminou; ambos morreram e nenhum deles encontrou o paraíso nem a ressurreição. Suas palavras não se cumpriram. Escuta: esse Homem era o mais sublime de quantos houve na terra, o que deu significado à vida. Todo o planeta, com tudo o que nele existe, é mera loucura sem esse homem. Nunca houve ninguém como Ele, antes ou depois, nunca, até um milagre. Pois esse é o milagre, que nunca houve nem haverá outro como Ele. E, sendo assim, se as leis da natureza não o respeitaram, nem sequer a Ele pouparam, nem sequer pouparam o milagre que as originou, e fizeram-no viver numa mentira e morrer por uma mentira, então todo o planeta é uma mentira e assenta numa mentira e uma zombaria. Assim, as próprias leis do planeta são, pois, uma mentira e uma farsa diabólica. Para que havemos de viver? Responde, se és um homem."

E Dostoevsky faz com que o homem a quem essa pergunta foi dirigida dê esta impressionante resposta: "Isso é uma questão diferente. Parece-me que misturaste duas causas diferentes e isso é uma coisa muito perigosa... (37, págs. 581-2)

É nossa opinião que, sempre que este tema surge, a questão de *significado* está implícita e "significado" não deve ser aqui entendido em sua conotação semântica mas na existencial. A ausência de significado é o horror do Não-Ser existencial. É aquele estado subjetivo em que a realidade retrocedeu ou desapareceu por completo e, com ela, toda a consciência do eu e dos outros. Para Gabriel Marcel, a "Vida é uma luta contra o Nada." E há mais de cem anos escreveu Kierkegaard: "Quero ir para um manicômio e apurar se a profundidade da loucura não poderá ajudar-me a resolver o enigma da vida."

Neste sentido, a posição do homem em face do seu misterioso sócio não é essencialmente diferente da do cão de Pavlov. O cão aprende rapidamente o *significado* do círculo e da elipse, e o seu mundo desmorona quando o experimentador subitamente destrói esse significado. Se examinarmos a nossa experiência subjetiva em situações comparáveis, verificaremos que somos propensos a supor as ações de um "experimentador" secreto por detrás das vicissitudes de nossas vidas. A perda ou a ausência de um significado vital é, talvez, o máximo denominador comum de todas as formas de perturbação emocional; é, especialmente, a tão comentada doença "moderna". A dor, a doença, a perda, o fracasso, o desespero, a desilusão, o temor da morte ou, meramente, o tédio — tudo leva ao sentimento de que a vida carece de sentido. Parece-nos que, em sua definição mais básica, o desespero existencial é a penosa discrepância entre o que *é* e o que *deveria ser*, entre as nossas percepções e as nossas premissas de terceira ordem.

## 8.6

Não há motivo algum para que sejam postulados apenas três níveis de abstração na experiência humana da realidade. Teoricamente, pelo menos, esses níveis erguem-se um acima do outro, numa regressão infinita. Assim, se o homem quer mudar as suas premissas de terceira ordem, o que nos parece ser uma função essencial da psicoterapia, *só poderá fazê-lo a partir de um quarto nível*. Mas duvidamos de que a mente humana esteja equipada para lidar com níveis mais elevados de abstração sem a ajuda do simbolismo matemático ou de computadores. Parece significativo que, no quarto nível, só sejam possíveis vislumbres de compreensão e a articulação torne-se sumamente difícil, quando não impossível. O leitor talvez se lembre de como já foi difícil apreender o significado da "classe das classes que não são membros de si mesmas" (s. 6.2), o que, em termos de complexidade, constitui o equivalente de uma premissa de terceira ordem. Ou, analogamente, se bem que ainda seja possível compreender o significado de "Assim é como eu vejo que tu vês que eu te vejo" (s. 3.34), o nível superior seguinte (quarto) — "Assim é como eu vejo que tu vês que eu te vejo que me vês" — está virtualmente além da compreensão.

Repita-se este ponto essencial: comunicar ou até pensar *sobre* premissas de terceira ordem só é possível no quarto nível. Entretanto, o quarto nível parece estar muito próximo dos limites da mente humana e raramente a consciência está presente nesse nível, se é que alguma vez está. Parece-nos ser essa a área da intuição e da empatia, da experiência "aha", talvez da percepção imediata proporcionada pelo LSD ou drogas semelhantes e, certamente, a área onde tem lugar a mudança terapêutica, uma mudança que, após uma terapia bem sucedida, resulta impossível dizer como e por que se produziu e em que realmente consiste. À psicoterapia interessam as premissas de terceira ordem e a possibilidade de provocar mudanças nesse nível. Mas só do nível superior seguinte, o quarto, é possível modificar as próprias premissas de terceira ordem e tomar consciência da padronização de seqüências no comportamento próprio e no do meio ambiente. Somente a partir desse nível pode ser comprovado que a realidade não é algo objetivo, inalterável, que "está ali fora" com um significado benigno ou sinistro para a nossa sobrevivência mas que, para todos os intentos e propósitos, a nossa experiência subjetiva da existência é a realidade — que a realidade é a nossa padronização de algo que, muito provavelmente, está muito além de toda a verificação humana objetiva.

8.61

As hierarquias como aquelas com que estamos agora ocupados foram detalhadamente exploradas num ramo da matemática moderna, com o qual o nosso estudo tem grande afinidade, exceto o fato de que a matemática é de uma coerência e rigor incomparavelmente maiores do que nós podemos ter sequer esperança de alcançar. O ramo em questão é a teoria da prova — ou metamatemática. Tal como esta última denominação claramente implica, essa área da matemática trata de si mesma, isto é, das leis inerentes à matemática e o problema de saber se a matemática é ou não coerente. Portanto, não surpreenderá que os matemáticos tenham encontrado e investigado, essencialmente, as mesmas conseqüências paradoxais da auto-reflexividade, muito antes de que analistas da comunicação humana estivessem cônscios sequer da sua existência. De fato, o trabalho nessa área remonta a Schröder (1895), Löwenheim (1915) e, especialmente, a Hilbert (1918). A teoria da prova, ou metamatemática, era então a preocupação altamente abstrata de um brilhante, embora reduzido, grupo de matemáticos, situado, por assim dizer, fora da corrente principal da atividade matemática. Segundo parece, dois acontecimentos serviram, subseqüentemente, para que a teoria da prova ocupasse o foco das atenções. Um deles foi a publicação, em 1931, do histórico artigo de Gödel sobre as proposições formalmente indetermináveis (56), um trabalho que os professores da Universidade de Harvard descrevem como o mais importante progresso realizado num quarto de século no campo da lógica matemática (108). O outro acontecimento foi o aparecimento quase explosivo do computador, depois da II Guerra Mundial. Essas máquinas foram rapidamente desenvolvidas a partir de autômatos rigidamente programados, até se converterem em organismos artificiais imensamente versáteis que começaram a propor problemas fundamentais sobre a teoria da prova, logo que a sua complexidade estrutural atingiu um ponto em que foi possível fazê-los decidir por si mesmos qual era, entre vários, o procedimento otimal de computação. Por outras palavras, surgiu a possibilidade de projetar computadores que não só executavam um programa mas, ao mesmo tempo, eram capazes de efetuar mudanças em seus programas.

Na teoria da prova, a expressão *procedimento de decisão* diz respeito aos métodos para encontrar provas sobre a verdade ou falsidade de um enunciado ou de toda uma classe de enunciados, dentro de um determinado sistema formalizado. O termo afim, *problema de decisão*, refere-se à questão de apurar se existe ou não um procedimento do tipo que se acaba de descrever. Portanto, um problema de decisão tem uma solução positiva se puder ser encontrado um procedimento de decisão para resolvê-lo, enquanto que uma solução negativa consiste em provar que tal procedimento não existe. Nesta conformidade, os problemas de decisão são referidos ou como computáveis ou como insolúveis.

Entretanto, existe uma terceira possibilidade. As soluções definidas (positivas ou negativas) de um problema de decisão só são possíveis quando o problema em questão se encontra *dentro do domínio* (a área de aplicabilidade) desse específico procedimento de decisão. Se esse procedimento de decisão for aplicado a um problema *fora* do seu domínio, a computação prosseguirá indefinidamente, sem provar jamais que uma solução (positiva ou negativa) está prestes a ser alcançada.[82] É neste ponto que voltamos a encontrar o conceito de *indeterminabilidade*.

8.62

Este conceito é o tema central do acima citado artigo de Gödel sobre as proposições formalmente indetermináveis. O sistema formalizado que esse autor escolheu para o seu teorema foi os *Principia Mathematica*, a monumental obra de Whitehead e Russell, explorando os alicerces da matemática. Gödel pôde demonstrar que nesse sistema ou algum outro equivalente é possível construir uma frase, G, que (1) é demonstrável a partir das premissas e axiomas do sistema, mas que (2) afirma de si

---

[82] Este é o chamado *problema da vacilação* no procedimento de decisão; fornece uma analogia sugestiva com o nosso conceito de jogo sem fim na comunicação humana (s. 7.2).

mesma que é indemonstrável. Isto significa que, se G é demonstrável no sistema, a sua indemonstrabilidade (que é o que diz de si mesmo) também seria demonstrável. Mas se tanto a demonstrabilidade como a indemonstrabilidade podem ser derivadas dos axiomas do sistema e os próprios axiomas são coerentes (o que faz parte da prova de Gödel), então G é *indeterminável em termos do sistema*, tal como a previsão paradoxal apresentada em s. 6.441 é indeterminável em termos do seu "sistema", que é a informação contida no anúncio do diretor da escola e o contexto em que é feito. [83] A prova de Gödel reveste-se de conseqüências que vão muito além da lógica matemática; de fato, demonstra de uma vez para sempre que qualquer sistema formal (matemático, simbólico etc.) é necessariamente incompleto no sentido acima estabelecido e que, além disso, a coerência de um tal sistema só pode ser demonstrada recorrendo a métodos de prova que são mais genéricos do que aqueles que o próprio sistema pode gerar.

8.63

Detivemo-nos mais demoradamente no trabalho de Gödel porque vemos nele a analogia matemática do que chamaríamos o paradoxo fundamental da existência humana. O homem é, em última instância, sujeito e objeto de sua busca. Conquanto seja improvável encontrar alguma vez uma resposta à interrogação sobre se a mente pode ser considerada algo semelhante a um sistema formalizado, tal como foi definido no parágrafo precedente, a busca humana de uma compreensão do significado de sua existência *constitui uma tentativa de formalização*. Somente neste sentido entendemos que certos resultados da teoria da prova (especialmente nas áreas da auto-reflexividade e da indeterminabilidade) são pertinentes. Isto não é, de maneira alguma, uma descoberta nossa; de fato, dez anos antes de Gödel apresentar o seu brilhante teorema, outra das grandes inteligências do nosso século já formulara esse paradoxo em termos filosóficos; referimo-nos a Ludwig Wittgenstein, em seu *Tractatus Logico-Philo-*

---

(83) Remetemos o leitor interessado para a excelente apresentação não-matemática que Nagel e Newman fizeram da prova de Gödel (108). Até onde sabemos, a semelhança entre o teorema de Gödel e as previsões paradoxais foi assinalada, pelas primeira vez, por Nerlich (111) e cremos que esse paradoxo é, provavelmente, a mais elegante analogia não-matemática do teorema, preferível até à abordagem não-numérica de Findlay (44).

*sophicus* (168). Provavelmente, em nenhuma outra obra foi esse paradoxo existencial definido de maneira mais lúcida nem ao *místico* foi conferido uma posição mais digna como o passo final que transcende esse paradoxo.

Wittgenstein mostra-nos que só poderíamos saber algo sobre o mundo, em sua totalidade, se pudéssemos sair fora dele; mas se isso fosse possível, este mundo já não seria *todo* o mundo. Contudo, a nossa lógica nada conhece fora dele:

> A lógica enche o mundo: os limites do mundo são também os seus limites.
>
> Portanto, não podemos dizer em lógica: Isto e isto há no mundo, aquilo não há.
>
> Pois isso, evidentemente, pressuporia que excluímos certas possibilidades e tal não pode ocorrer, dado que, de outro modo, a lógica tem que sair dos limites do mundo; quer dizer, se pudéssemos considerar esses limites também do outro lado.
>
> O que não podemos pensar, não podemos pensar; portanto, não podemos dizer o que não podemos pensar. (168, págs. 149-51)

O mundo, assim, é finito e, ao mesmo tempo, ilimitado; ilimitado, precisamente, porque nada existe fora que, junto ao de dentro, possa constituir uma fronteira. Mas, assim sendo, deduz-se que "O mundo e a vida são uma só coisa. Eu sou o meu mundo" (pág. 151). Logo, sujeito e mundo já não são entidades cuja função relacional é, de algum modo, governada pelo verbo auxiliar *ter* (que um *tem* o outro, contém ou lhe pertence) mas, outrossim, pelo *ser* existencial: "O sujeito não *pertence* ao mundo; *é* um limite do mundo". (pág. 151; o grifo é nosso)

Dentro deste limite, é possível formular e responder a perguntas significativas: "Se é viável formular uma pergunta, então também *se pode* responder-lhe" (pág. 187). Mas "a solução do enigma da vida no espaço e no tempo está *fora* do espaço e do tempo" (pág. 185). Pois, como já deve estar mais do que esclarecido, nada *dentro* de um quadro de referência pode enunciar ou mesmo *perguntar* coisa alguma *sobre* esse quadro de referência. Portanto, a solução não consiste em encontrar uma resposta para o enigma da existência mas em compreender que esse enigma não existe. Esta é a essência das belas frases finais do *Tractatus*, com seu sabor reminiscente do Budismo Zen:

> Para uma resposta que não pode ser expressa, tampouco a pergunta pode ser expressa. *O enigma* não existe. (...)

Sentimos que, mesmo se respondêssemos *a todas as possíveis* perguntas científicas, mesmo assim os problemas da vida continuariam intocados. É claro, não restará então pergunta alguma e esta é precisamente a resposta.

A solução do problema da vida vislumbra-se quando esse problema se dissipa. (Não é essa, porventura, a razão pela qual os homens a quem, após longas dúvidas, o sentido da vida se lhes torna claro, não podem dizer em que consiste esse sentido?)

Existe, sem dúvida, o inexpressável. Este *mostra-se* a si mesmo; é o místico...

Do que não podemos falar, devemos guardar silêncio. (págs. 187-9)

# GLOSSÁRIO

Este glossário contém apenas os termos que não são definidos no texto ou que não fazem parte da linguagem cotidiana. As fontes citadas são o *Dorland's Medical Dictionary* (DMD) e o *Psychiatric Dictionary* (H&S), de Hinsie e Shatzky.

*Abulia*: Perda ou deficiência de força de vontade. (DMD)

*Acting Out*: A expressão da tensão emocional através do comportamento direto, numa situação que pode nada ter a ver com a origem da tensão; aplica-se usualmente ao comportamento impulsivo, agressivo ou, em termos gerais, anti-social. (Adaptado de H&S)

*Anorexia*: Falta ou perda de apetite. Especificamente, um distúrbio nervoso manifestado por um paciente que perde o apetite e come muito pouco, tornando-se macilento. (Adaptado de DMD)

*Autismo* (adj. *autista*): O estado em que o indivíduo está dominado por tendências subjetivas e egocêntricas do pensamento ou do comportamento. (DMD)

*Compulsão* (*compulsivo*): Um impulso irresistível para levar a efeito algum ato contrário ao próprio critério ou vontade. (DMD)

*Conflito de Édipo*: Édipo, um personagem da mitologia grega que, criado por pais adotivos, matou o seu verdadeiro pai numa briga e depois casou com a própria mãe. Mais tarde, ao descobrir a verdadeira relação, arrancou os olhos. (DMD) Este mito foi introduzido na psiquiatria por Freud como paradigma da atração entre o filho e o progenitor do sexo oposto e dos conflitos intrafamiliares específicos que têm sua origem nessa atração e suas implicações mais amplas para o desenvolvimento psicossexual.

*Depressão*: Um sentimento complexo que vai desde a tristeza até uma profunda desolação e desamparo; faz-se acompanhar freqüentemente de sentimentos mais ou menos absurdos de culpa, fracasso e desvalorização, assim como por tendências autodestrutivas. Os seus concomitantes físicos costumam ser distúrbios de sono e apetite, e um abrandamento geral de muitos processos fisiológicos.

*Despersonalização*: O processo de perda de identidade, de personalidade, o "eu". Um fenômeno mental caracterizado pela perda do sentimento de realidade no tocante à própria pessoa. Faz-se acompanhar freqüentemente da perda do sentido de realidade dos outros e do meio. (H&S)

*Díade*: Uma unidade básica que se refere à *relação entre* duas entidades, em contraste com uma mônade; do mesmo modo, "tríade" para uma unidade composta de três elementos.

*Enteléquia*: A suposta propriedade inata ou potencial de um ser vivo para desenvolver-se no sentido de um estágio final específico.

*Escapada*: A perda de estabilidade num sistema, em virtude de um aumento incontrolado do desvio.

*Esquizofrenia*: Um distúrbio psiquiátrico a que correspondem, aproximadamente, metade dos pacientes nos hospitais mentais e uma quarta parte de todos os pacientes internados nos hospitais norte-americanos. O termo foi criado pelo psiquiatra suíço E. Bleuler e denota uma psicose caracterizada por transtornos fundamentais na percepção da realidade, a formação de conceitos, os afetos e, por conseguinte, o comportamento do paciente em geral. Segundo a sintomatologia específica, a esquizofrenia costuma ser dividida em vários subgrupos, por exemplo, as formas paranóides, hebefrênicas, catatônicas e simples.

*Etologia*: O estudo do comportamento animal. (DMD)

*Fenomenológico*: Pertencente a uma abordagem específica (fenomenologia) dos dados da realidade, que os investiga sem fazer qualquer tentativa de explicá-los.

*Fobia (fóbico)*: Um temor mórbido associado a um objeto específico ou a uma situação específica.

*Folie à deux*: Designação francesa de "loucura a dois". Um termo que se aplica quando duas pessoas estreitamente vinculadas entre si padecem simultaneamente de uma psicose, e quando um membro do par parece ter exercido influência sobre o outro. Evidentemente, o estado não se limita a duas pessoas e pode incluir três e até mais (*folie à trois* etc.) (H&S)

*Ganho Secundário*: Termo psicanalítico que se refere às vantagens indiretas, interpessoais, que o neurótico obtém do seu distúrbio, por exemplo, compaixão, maior atenção, liberdade no tocante às responsabilidades cotidianas etc.

*Gestalt*: Forma, padrão, estrutura, configuração.

*Histeria*: Um transtorno neurótico caracterizado pela conversão dos conflitos emocionais em manifestações físicas — por exemplo, dores, anestesia, paralisia, espasmos tônicos — sem deterioração física real do órgão ou órgãos afetados.

*Jogos, Teoria dos*: Um instrumento matemático para a análise das relações sociais do homem; foi introduzida por Von Neumann em 1928 e, originalmente, aplicou-se às estratégias relacionadas com a tomada de decisões no comportamento econômico, embora se aplique atualmente a muitas espécies de comportamentos interpessoais.

(1) *jogos de soma-zero* (*zero-sum*): Situações em que o ganho de um jogador e o prejuízo do seu antagonista sempre somam zero, isto é, trata-se de pura competição, já que o prejuízo de um jogador implica o ganho do outro.

(2) *jogos de soma não-zero* (*nonzero-sum*): Situações em que o ganho e o prejuízo não estão inversamente fixados e, assim, não somam necessariamente zero; podem ser diretamente fixados (colaboração pura) ou só parcialmente fixados (motivo misto).

*Kinésia* (ou *Cinésia*); (1) Comunicação não-verbal (linguagem corporal etc.); (2) o estudo dessa comunicação.

*Meta-*: Um prefixo que significa "mudado de posição", "além de", "acima de", "transcendente" etc. Aqui, é geralmente usado em referência ao conjunto de conhecimento *sobre* um conjunto de conhecimentos ou campo de estudo, por exemplo, metamatemática, metacomunicação.

*Mônade* (adj. *monádico*): Uma unidade última de *um*, isoladamente considerada. Usamo-la aqui, principalmente, para denotar o indivíduo fora do seu nexo comunicacional, em contraste com a díade, a tríade etc.

*Paciente Identificado*: Aquele membro de uma família que ostenta um rótulo de diagnóstico psiquiátrico ou de delinqüência.

*Paralisia Geral*: (Paralisia geral do louco, *dementia paralytica*, doença de Bayle). Um estado psiquiátrico caracterizado por sintomas mentais e físicos, devido à sífilis do sistema nervoso central. (H&S)

*Patogenicidade*: A qualidade de produção ou a capacidade de produzir mudanças patológicas ou doenças. (DMD)

*Psicogênico*: De origem intrapsíquica; que tem origem emocional ou psicológica (com referência a um sintoma), em contraste com uma base orgânica. (DMD)

*Psicologia da Gestalt*: O estudo do processo mental e do comportamento como *gestalten* e não como unidades fragmentadas ou isoladas.

*Psiconeurótico*: Respeitante a um distúrbio emocional, caracterizado por sua natureza psicogênica e seus sintomas funcionais, mais do que orgânicos (por exemplo, fobia, histeria).

*Psicopatologia*: (1) Um termo genérico que denota doenças ou distúrbios emocionais e (ou) mentais; (2) O ramo da medicina que estuda esses transtornos.

*Psicossomático*: Pertencente à relação mente-corpo; sintomas corporais de origem psíquica, emocional ou mental. (DMD)

*Psicoterapia Conjunta*: A psicoterapia de casais ou de famílias completas, cujos membros assistem a sessões terapêuticas conjuntas, nas quais todos os indivíduos participam simultaneamente. (Cf. referência 75)

*Psicótico*: Pertencente às psicoses, isto é, a condições psiquiátricas de natureza orgânica ou funcional (psicogênica) de tal intensidade que o funcionamento individual, intelectual, profissional, social etc. do paciente fica seriamente deteriorado, enquanto que no paciente psiconeurótico, tal deterioração é apenas parcial e está limitada a certas áreas de sua vida.

*Sadomasoquismo* (*Simbiose sadomasoquista*): Uma forma de relações humanas caracterizada pelo fato de um dos participantes infligir ao outro sofrimentos físicos e (ou) morais.

*Terapia do Comportamento*: Uma forma de psicoterapia baseada na Teoria da Aprendizagem; considera-se que o comportamento, incluindo o comportamento sintomático, é o resultado de um processo de aprendizagem e, portanto, suscetível de "desaprendizagem" (descondicionamento).

*Terapia de Casal e Matrimonial*: Veja-se *Psicoterapia Conjunta*.

*Transferência*: Em Psicanálise, a reprodução das experiências esquecidas e reprimidas do começo da infância. Em geral, a reprodução ou repetição assume a forma de sonhos ou reações que ocorrem durante o tratamento psicanalítico. (H&S)

*Trauma Emocional*: Um choque emocional que produz na mente uma impressão duradoura. (DMD)

*Tríade*: Veja-se *Díade*.

# REFERÊNCIAS

1. Albee, Edward, *Who's Afraid of Virginia Woolf?* Nova Iorque: Atheneum Publishers, 1962.
2. Apter, Julia T., "Models and Mathematics, Tools of the Mathematical Biologist." *Journal of the American Medical Association*, 194: 269-72, 1965.
3. Artiss, Kenneth, L., organizador, *The Symptom as Communication in Schizophrenia*. Nova Iorque: Grune & Stratton, Inc., 1959.
4. Ashby, W. Ross, *Design for a Brain*. Nova Iorque: John Wiley & Sons, Inc., 1954.
5. Ashby, W. Ross, *An Introduction to Cybernetics*. Londres: Chapman & Hall Ltd., 1956.
6. Bateson, Gregory, "Culture Contact and Schismogenesis", *Man*, 35: 178-83, 1935.
7. Bateson, Gregory, "Social Planning and the Concept of 'Deutero-Learning' in Relation to the Democratic Way of Life", *Science, Philosophy and Religion, Second Symposium*. Nova Iorque: Harper & Bros., 1942, págs. 81-97.
8. Bateson, Gregory, "A Theory of Play and Fantasy", *Psychiatric Research Reports*, 2:39-51, 1955.
9. Bateson, Gregory, "The Message 'This is Play'", em *Transactions of the Second Conference on Group Processes*. Nova Iorque: Josiah Macy Jr. Foundation, 1956, págs. 145-242.
10. Bateson, Gregory, *Naven*, 2.ª edição. Stanford: Stanford University Press, 1958.
11. Bateson, Gregory, "The New Conceptual Frames for Behavioral Research." Proceedings of the Sixth Annual Psychiatric Institute. Princeton: The New Jersey Neuro-Psychiatric Institute, 1958, págs. 54-71.
12. Bateson, Gregory, "The Group Dynamics of Schizophrenia", em Lawrence Appleby, Jordan M. Scher e John Cumming (organizadores), *Chronic Schizophrenia. Exploration in Theory and Treatment*. Glencoe, Ill.: The Free Press, 1960, págs. 90-105.
13. Bateson, Gregory, "Minimal Requirements for a Theory of Schizophrenia". *Archives of General Psychiatry*, 2:477-91, 1960.
14. Bateson, Gregory, "The Biosocial Integration of the Schizophrenic Family". Em Nathan W. Ackerman, Frances L. Beatman e San-

ford N. Sherman (organizadores), *Exploring the Base for Family Therapy*. Nova Iorque: Family Service Association, 1961, págs. 116-22.

15. Bateson, Gregory (organizador), *Perceval's Narrative, A Patient's Account of his Psychosis*, 1830-32. Stanford: Stanford University Press, 1961.

16. Bateson, Gregory, "Exchange of Information about Patterns of Human Behavior". Comunicação lida no *Symposium on Information Storage and Neural Control*, Houston, Texas, 1962.

17. Bateson, Gregory, comunicação pessoal.

18. Bateson, Gregory; Jackson, Don D.; Haley, Jay; e Weakland, John, "Toward a Theory of Schizophrenia". *Behavioral Science*, 1:251-64, 1956.

19. Bateson, Gregory, e Jackson, Don D., "Some Varieties of Pathogenic Organization," em David McK. Rioch (organizador), *Disorders of Communication*, Vol. 42, Research Publications, Association for Research in Nervous and Mental Disease, 1964, págs. 270-83.

20. Bavelas, Alex, comunicação pessoal.

21. Benedict, Ruth, *Patterns of Culture*. Boston: Houghton-Mifflin Company, 1934.

22. Berdyaev, Nicholas. *Dostoevsky*. Nova Iorque: Meridian Books, 1957.

23. Berne, Eric, *Transactional Analysis in Psychotherapy*. Nova Iorque: Grove Press, Inc., 1961.

24. Berne, Eric, *Games People Play*. Nova Iorque: Grove Press, Inc., 1944.

25. Bertalanffy, Ludwig von, "An Outline of General System Theory", *British Journal of the Philosophy of Science*, 1:134-65, 1950.

26. Bertalanffy, Ludwig von, "General System Theory", *General Systems Yearbook*, 1:1-10, 1956.

27. Bertalanffy, Ludwig von, "General System Theory — A Critical Review", *General Systems Yearbook*, 7:1-20, 1962.

28. Birdwhistell, Ray L., "Contribution of Linguistic-Kinesic Studies to the Understanding of Schizophrenia." em Alfred Auerback (organizador), *Schizophrenia. An Integrated Approach*. Nova Iorque: The Ronald Press Company, 1959, págs. 99-123.

29. Bochénski, I. M., *A History of Formal Logic*. Notre Dame, Indiana: University of Notre Dame Press, 1961.

30. Bolzano, Bernard, *Paradoxien des Unendlichen* [Paradoxos do Infinito], 2.ª edição, Fr. Prihonsky (organizador), Berlim: Mayer & Müller, 1889.

31. Boole, George, *Mathematical Analysis of Logic; Being an Essay towards a Calculus of Deductive Reasoning*. Cambridge: Macmillan, Barclay & Macmillan, 1847.

32. **Buber, Martin, "Distance and Relation".** *Psychiatry*, 20:97-104, 1957.

33. Carnap, Rudolph, *Introduction to Semantics*. Cambridge: Harvard University Press, 1942.
34. Cherry, Colin, *On Human Communication*. Nova Iorque: Science Editions, 1961. [N. do T.: A citação encontra-se a pág. 195 da edição brasileira desta obra, *A Comunicação Humana*, Editora Cultrix/Universidade do Estado de São Paulo, 1971.]
35. Cumming, John, "Communication: An Approach to Chronic Schizophrenia", em Lawrence Appleby, Jordan M. Scher e John Cumming (organizadores), *Chronic Schizophrenia. Exploration in Theory and Treatment*. Glencoe, Ill.: The Free Press, 1960. págs. 106-19.
36. Davis, R. C., "The Domain of Homeostasis", *Psychological Review*, 65:8-13, 1958.
37. Dostoevsky, Fedor M., *The Possessed* [Os Possessos]. Nova Iorque: The Macmillan Company, 1931.
38. Dostoevsky, Fedor M., "Notes from Underground" [Notas do Subterrâneo] em *The Short Novels of Dostoevsky*. Nova Iorque: The Dial Press, Inc., 1045, págs. 127-342.
39. Dunlap, Knight, "A Revision of the Fundamental Law of Habit Formation", *Science*, 67:360-2, 1928.
40. Dunlap, Knight, "Repetition in the Breaking of Habits", *Scientific Monthly*, 30:66-70, 1930.
41. Durrell, Lawrence, *Clea*. Nova Iorque: E. P. Dutton & Co., Inc., 1960.
42. Ferreira, Antônio J., "Family Myth and Homeostasis", *Archives of General Psychiatry*, 9:457-63, 1963.
43. Ferreira, Antônio J., "Psychosis and Family Myth". Manuscrito inédito.
44. Findlay, J., "Goedelian Sentences: A Non-Numerical Approach", *Mind*, 51:259-65, 1942.
45. Frank, Lawrence K., "The Prospects of Genetic Psychology", *American Journal of Orthopsychiatry*, 21:506-22, 1951.
46. Frankl, Victor E., *The Doctor and the Soul*. Nova Iorque: Alfred A. Knopf, Inc., 1957.
47. Frankl, Victor E., "Paradoxical Intention", *American Journal of Psychotherapy*, 14:520-35, 1960.
48. Frege, Gottlob, *Grundgesetze der Arithmetik begriffsschriftlich abgeleitet* [Leis Básicas da Aritmética]. Volume 1. Iena: Verlag Hermann Pohle, 1893.
49. Freud, Sigmund, *New Introductory Lectures in Psychoanalysis*. Nova Iorque: W. W. Norton & Company, Inc., 1933.
50. Freud, Sigmund, "The Interpretation of Dreams". Em *The Basic Writings of Sigmund Freud*. Nova Iorque: The Modern Library, Inc., 1938.
51. Fromm-Reichmann, Frieda, "A Preliminary Note on the Emotional Significance of Stereotypies in Schizophrenics", *Bulletin of the Forest Sanitarium*, 1:17-21, 1942.

52. Fry, William F., Jr., "The Marital Context of the Anxiety Syndrome", *Family Process*, 1:245-52, 1962.
53. Fry, William F., Jr., *Sweet Madness: A Study of Humor*. Palo Alto: Pacific Books, 1963.
54. Gardner, Martin, "A New Paradox, and Variations on it, about a Man Condemned to be Hanged." Na seção "Mathematical Games", *Scientific American*, 208:144-54, 1963.
55. George, F. H., *The Brain as a Computer*. Oxford: Pergamon Press, Ltd., 1962.
56. Gödel, Kurt, "Ueber formal unentscheidbare Sätze der Principia Mathematica und verwandter Systeme I." *Monatshefte für Mathematik und Physik*, 38:173-98, 1931. [Sobre as Proposições Formalmente Indetermináveis dos Princípios Matemáticos e Sistemas Afins I.] Edimburgo e Londres: Oliver & Boyd, 1962.
57. Gollwitzer, Helmut, e outros (organizadores), *Dying We Live. The Final Messages and Records of the Resistance*. Nova Iorque: Pantheon Books, Inc., 1956.
58. Greenburg, Dan, *How to be a Jewish Mother*. Los Angeles: Price, Stern, Sloan, 1964.
59. Haley, Jay, "Family Experiments: A New Type of Experimentation", *Family Process*, 1:265-93, 1962.
60. Haley, Jay, *Strategies of Psychotherapy*. Nova Iorque: Grune & Stratton, Inc., 1963.
61. Haley, Jay, "Research on Family Patterns: An Instrument Measurement", *Family Process*, 3:41-65, 1964.
62. Hall, A. D., e Fagen, R. E., "Definition of System". *General Systems Yearbook*, 1:18-28, 1956.
63. Harlow, H. F., "The Formation of Learning Sets", *Psychological Review*, 56:51-65, 1949.
64. Hilbert, David, e Bernays, Paul, *Grundlagen der Mathematik* [Fundamentos da Matemática], 2 volumes. Berlim: J. Springer Verlag, 1934-39.
65. Hora, Thomas, "Tao, Zen and Existencial Psychoterapy", *Psychologia*, 2:236-42, 1959.
66. Hull, C. L., Hovland, C. L., Ross, R. T., e outros, *Mathematico-Deductive Theory of Rote Learning: A Study in Scientific Methodology*. New Haven: Yale University Press, 1940.
67. Jackson, Don D., "Some Factors Influencing the Oedipus Complex", *Psychoanalytic Quarterly*, 23:566-81, 1954.
68. Jackson, Don D., "A Note on the Importance of Trauma in the Genesis of Schizophrenia", *Psychiatry*, 20:181-4, 1957.
69. Jackson, Don D., "The Question of Family Homeostasis", *Psychiatric Quarterly Supplement*, 31:79-90, Parte I, 1957.
70. Jackson, Don D., "Family Interaction, Family Homeostasis and Some Implications for Conjoint Family Psychotherapy", em Jules Masserman (organizador), *Individual and Familial Dynamics*. Nova Iorque: Grune & Stratton, Inc., 1959, págs. 122-41.

71. Jackson, Don D., "Interactional Psychotherapy", em Morris I. Stein (organizador), *Contemporary Psychotherapies*. Glencoe, Ill.: The Free Press, 1962, págs. 256-71.
72. Jackson, Don D., "A Suggestion for the Technical Handling of Paranoid Patients", *Psychiatry*, 26:306-7, 1963.
73. Jackson, Don D., "Family Rules: The Marital *Quid Pro Quo*", *Archives of General Psychiatry*, 12:589-94, 1965.
74. Jackson, Don D., "The Study of the Family", *Family Process*, 42: 1-20, 1965.
75. Jackson, Don D., e Weakland, John H., "Conjoint Family Therapy. Some Considerations on Theory, Technique and Results", *Psychiatry*, 24:30-45, Suplemento do N.º 2, 1961.
76. Jackson, Don D., e Haley, Jay, "Transference Revisited", *Journal of Nervous and Mental Disease*, 137:363-71, 1963.
77. Jackson, Don D., e Watzlawick, Paul, "The Acute Psychosis as a Manifestation of Growth Experience", *Psychiatric Research Reports*, 16:83-94, 1963.
78. Jackson, Don D., e Yalom, Irvin, "Conjoint Family Therapy as an Aid to Intensive Psychotherapy", em Arthur Burton (organizador), *Modern Psychotherapeutic Practice. Innovations in Technique*. Palo Alto: Science and Behavior Books, 1965, págs. 81-97.
79. Joad, C. E. M., *Why War?* Harmondsworth: Penguin Special, 1939.
80. Johnson, Adelaide M.; Giffin, Mary E.; Watson, E. Jane; e Beckett, Peter G. S., "Studies in Schizophrenia at the Mayo Clinic. II. Observations on Ego Functions in Schizophrenia", *Psychiatry*, 19:143-8, 1956.
81. Jones, Ernest, *The Life and Work of Sigmund Freud*, Vol. III, Nova Iorque: Basic Books, Inc., 1957.
82. Kant, O., "The Problem of Psychogenic Precipitation in Schizophrenia", *Psychiatric Quarterly*, 16:341-50, 1942.
83. Kelly, George A., *The Psychology of Personal Constructs*, 2 volumes, Nova Iorque: W. W. Norton & Co., Inc., 1955.
84. Koestler, Arthur, *Darkness at Noon* [O Zero e o Infinito]. Nova Iorque: The Modern Library, Inc., 1941.
85. Koestler, Arthur, *Arrival and Departure*. Nova Iorque: The Macmillan Company, 1943.
86. Koestler, Arthur, *The Invisible Writing*. Nova Iorque: The Macmillan Company, 1954.
87. Koestler, Arthur, *The Act of Creation*. Nova Iorque: The Macmillan Company, 1964.
88. Laing, Ronald D., *The Self and Others, Further Studies in Sanity and Madness*. Londres: Tavistock Publications Ltd., 1961.
89. Laing, Ronald D., "Mystification, Confusion and Conflict", em I. Boszormenyi-Nagy e J. L. Framo (organizadores), *Intensive Family Therapy: Theoretical and Practical Aspects*. Nova Iorque: Harper & Row, 1965, págs. 343-63.

90. Laing, Ronald D., e Esterson, A., *Sanity, Madness and the Family.* Vol. I, *Families of Schizophrenics.* Londres: Tavistock Publications Ltd., 1964.

91. Langer, S. K., *Philosophy in a New Key.* Cambridge: Harvard University Press, 1942. [N. do T.: Título da edição brasileira: *Filosofia em Nova Chave*, Ed. Perspectiva.]

92. Lasègue, Ch., e Falret, J., "La Folie à deux, ou folie communiquée", *Annales Médico-Psychologiques*, tomo 18, novembro de 1877 [tradução inglesa de Richard Michaud, *American Journal of Psychiatry*, Suplemento do Vol. 121, n.º 4, págs. 2-18, 1964.]

93. Lee, A. Russell, "Levels of Imperviousness in Schizophrenic Families"; comunicação lida na Assembléia da Divisão Oeste da American Psychiatric Association, São Francisco, setembro de 1963.

94. Lennard, Henry L., e Bernstein, Arnold, com Hendin, Helen C., e Palmore, Erdman B., *The Anatomy of Psychotherapy.* Nova Iorque: Columbia University Press, 1960.

95. Lidz, T., Cornelison, A. R.; Fleck, S.; e Terry, D., "The Intrafamiliar Environment of Schizophrenic Patients. II. Marital Schism and Marital Skew", *American Journal of Psychiatry*, 114:241-8, 1957.

96. Lorenz, Konrad Z., *King Solomon's Ring.* Londres: Methuen, 1952.

97. Luce, Clara Boothe, "Cuba and the Unfaced Truth: Our Global Double Bind", *Life*, 53:53-6, 1962.

98. Luft, Joseph, "On Non-Verbal Interaction". Tese apresentada na Western Psychological Association Convention, São Francisco, abril de 1962.

99. Mach, Ernst, *The Science of Mechanics*, La Salle, Ill.: The Open Court Publishing Co., 1919.

100. Maruyama, Magoroh, "The Multilateral Mutual Causal Relationships among the Modes of Communication, Sociometric Pattern and the Intellectual Orientation in the Danish Culture", *Phylon*, 22:41-58, 1961.

101. McCulloch, Warren S., e Pitts, Walter, "A Logical Calculus of the Ideas Immanent in Nervous Activity", *Bulletin of Mathematical Biophysics*, 5:115-33, 1943.

102. McGinnies, Elliott, "Emotionality and Perceptual Defense", *Psychological Review*, 56:244-51, 1949.

103. Meerloo, Joost A. M., *The Rape of the Mind: The Psychology of Thought Control, Menticide and Brainwashing.* Cleveland: The World Publishing Co., 1956.

104. Miller, George A.; Galanter, Eugene; e Pribram, Karl H., *Plans and the Structure of Behavior.* Nova Iorque: Henry Holt & Co. Inc., 1960.

105. Miller, James G., "Living Systems: Basic Concepts; Structure and Process; Cross-Level Hypotheses", *Behavioral Science*, 10:193--237, 337-411, 1965.

106. Morris, Charles W., "Foundations of the Theory of Signs", em Otto Neurath, Rudolph Carnap e Charles W. Morris (organizadores), *International Encyclopedia of Unified Science*, Vol. I, N.º 2, Chicago: University of Chicago Press, 1938, págs. 77-137.
107. Muggeridge, Malcolm, "Books", *Esquire*, Vol. 63, N.º 4, abril de 1965, págs. 58-60.
108. Nagel, Ernst, e Newman, James R., *Gödel's Proof*. Nova Iorque: New York University Press, 1958.
109. Nagels, Ivan, em *Spectaculum, Moderne Theaterstücke*, Vol. 7, Frankfurt/M., Suhrkamp Verlag. 1964.
110. Nash, Ogden, "Don't Wait, Hit Me Now!" em *Marriage Lines*. Boston: Little, Brown & Company, 1964, págs. 99-101.
111. Nerlich, G. C., "Unexpected Examinations and Unprovable Statements", *Mind*, 70:503-13, 1961.
112. Northrop, Eugene P., *Riddles in Mathematics*. Nova Iorque: D. Van Nostrand Co., Inc., 1944.
113. Orwell, George, *1984*. Nova Iorque: Harcourt, Brace & Co., 1949.
114. Oster, Gerald, e Nishijima, Yasunori, "Moiré Patterns", *Scientific American*, 208:54-63, 1963.
115. Parkinson, C. Northcote, *Parkinson's Law and Other Studies in Administration*, Boston: Houghton Mifflin Co., 1957.
116. Potter, Stephen, *One-upmanship*. Harmondsworth: Penguin Books, 1947.
117. Pribram, Karl H., "Reinforcement Revisited: A Structural View", em M. Jones (organizador), *Nebraska Symposium on Motivation, 1963*. Lincoln: University of Nebraska Press, 1963, págs. 113-59.
118. Proust, Marcel, *Les Plaisirs et les Jours*, 13.ª edição, Paris: Gallimard, 1924.
119. Quine, Willard van Orman, *Methods of Logic*. Nova Iorque: Henry Holt & Co., Inc., 1960.
120. Quine, Willard van Orman, "Paradox", *Scientific American*, 206:84-95, 1962.
121. Ramsey, Frank Plumpton, *The Foundations of Mathematics and Other Logic Essays*. Nova Iorque: Harcourt, Brace & Co., 1931.
122. Rapoport, Anatol, e Chammah, Albert M., com a colaboração de Carol J. Orwant, *Prisoner's Dilemma: A Study in Conflict and Cooperation*. Ann Arbor: University of Michigan Press, 1965.
123. Reichenbach, Hans, *Elements of Symbolic Logic*. Nova Iorque: The Macmillan Company, 1947.
124. Renaud, Harold, e Estess, Floyd, "Life History Interviews with 100 Normal American Males: 'Pathogenicity' of Childhood", *American Journal of Orthopsychiatry*, 31:786-802, 1961.
125. Richardson, Lewis Fry, "Mathematics of War and Foreign Politics", em James R. Newman (organizador), *The World of Mathe-*

*matics*, Vol. II. Nova Iorque: Simon & Schuster Inc., 1956, págs. 1240-53.

126. Rilke, Rainer Maria, *Duino Elegies*, trad. de J. B. Leishman e Stephen Spender. Nova Iorque: W. W. Norton & Co., Inc., 1939.
127. Rioch, David McK., "The Sense and the Noise", *Psychiatry*, 24:7-18, 1961.
128. Rioch, David McK., "Communication in the Laboratory and Communication in the Clinic", *Psychiatry*, 26:209-21, 1963.
129. Rosen, John N., *Direct Analysis*. Nova Iorque: Grune & Stratton, Inc., 1953.
130. Rosenthal, Robert, "The Effect of the Experimenter on the Results of Psychological Research", em B. A. Mahr (organizador), *Progress in Experimental Personality Research*, Vol. 1. Nova Iorque: Academic Press, Inc., 1964, págs. 79-114.
131. Ross, Nancy Wilson (org.), "The Subjugation of a Ghost", em *The World of Zen*. Nova Iorque: Random House, Inc., 1960.
132. Ruesch, Jurgen, e Bateson, Gregory, *Communication: The Social Matrix of Psychiatry*. Nova Iorque: W. W. Norton & Co., Inc., 1951.
133. Russell, Bertrand, Introdução ao *Tractatus Logico-Philosophicus*, de Ludwig Wittgenstein. Nova Iorque: Humanities Press, 1951.
134. Sansom, G. B., *The Western World and Japan, A Study in the Interaction of European and Asiatic Cultures*. Nova Iorque: Alfred A. Knopf, Inc., 1950.
135. Sartre, Jean-Paul, Introdução a *The Question*, de Henry Alleg. Nova Iorque: George Braziller, Inc., 1958.
136. Scheflen, Albert E., "Regressive One-to-One Relationships", *Psychiatric Quarterly*, 23:692-709, 1960.
137. Scheflen, Albert E., *A Psychotherapy of Schizophrenia: Direct Analysis*. Springfield, Ill.: Charles C. Thomas, Publisher, 1961.
138. Scheflen, Albert E., "Quasi-Courtship Behavior in Psychotherapy", *Psychiatry*, 28:245-57, 1965.
139. Scheflen, Albert E., *Stream and Structure of Communicational Behavior. Context Analysis of a Psychotherapy Session*. Behavioral Studies Monograph N.º 1, Filadélfia: Eastern Pennsylvania Psychiatric Institute, 1965.
140. Schelling, Thomas C., *The Strategy of Conflict*. Cambridge: Harvard University Press, 1960.
141. Schimel, John L., "Love and Games", *Contemporary Psychoanalysis*, 1:99-109, 1965.
142. Searles, Harold F., "The Effort to Drive the Other Person Crazy-An Element in the Aetiology and Psychotherapy of Schizophrenia", *British Journal of Medical Psychology*, 32:1-18, Parte I, 1959.
143. Sluzki, Carlos E. e Beavin, Janet, "Simetria y Complementaridad: Una Definición Operacional y una Tipologia de Parejas", *Acta psiquiátrica y psicológica de América Latina*; 11:321-30, 1965.

144. Sluzki, Carlos E., Beavin, Janet; Tarnopolsky, Alejandro; e Verón, Eliseo, "Transactional Disqualification". A sair em *Archives of General Psychiatry*, 1967.
145. Smith, Michael, em *The Village Voice*, Vol. 7, N.º 52 (18 de outubro de 1962).
146. Spengler, Oswald, *The Decline of the West, Form and Actuality*, Vol. 1. Nova Iorque: Alfred A. Knopf, Inc. 1926.
147. Stegmüller, Wolfgang, *Das Wahrheitsproblem und die Idee der Semantik* [O Problema da Verdade e a Idéia de Semântica]. Viena: Springer Verlag, 1957.
148. Stein, L., "Loathsome Women", *Journal of Analytic Psychology*, 1:59-77, 1955-56.
149. Stern, David J., "The National Debt and the Peril Point", *The Atlantic*, 213:35-8, 1964.
150. Styron, William, *Lie Down in Darkness*. Nova Iorque: The Viking Press, 1951.
151. Szasz, Thomas S., *The Myth of Mental Illness, Foundations of a Theory of Personal Conduct*. Nova Iorque: Hoerber-Harper, 1961.
152. Taubman, Howard, em *The New York Times*, Vol. 112, N.º 38, 250 (15 de outubro de 1962), pág. 33.
153. Tinbergen, Nicolaas, *Social Behavior in Animals with Special Reference to Vertebrates*. Londres: Methuen, 1953.
154. Toch, H. H., e Hastorf, A. H., "Homeostasis in Psychology", *Psychiatry*, 18:81-91, 1955.
155. Watts, Alan Wilson, "The Counter Game", em *Psychotherapy East and West*. Nova Iorque: Pantheon Books, Inc., 1961, págs. 127-67.
156. Watzlawick, Paul, "A Review of the Double Bind Theory", *Family Process*, 2:132-53, 1963.
157. Watzlawick, Paul, *An Anthology of Human Communication: Text and Tape*. Palo Alto: Science and Behavior Books, 1964.
158. Watzlawick, Paul, "Paradoxical Predictions", *Psychiatry*, 28:368-74, 1965.
159. Watzlawick, Paul, "A Structured Family Interview", *Family Process*, 5:256-71, 1966.
160. Weakland, John H., "The 'Double-Bind' Hypothesis of Schizophrenia and Three-Party Interaction", em Don D. Jackson (org.) *The Etiology of Schizophrenia*. Nova Iorque: Basic Books Inc., 1960.
161. Weakland, John H., e Jackson, Don D., "Patient and Therapist Observations on the Circumstances of a Schizophrenic Episode", *Archives of Neurology and Psychiatry*, 79:554-74, 1958.
162. Weiss, Paul, "Cell Interactions", em *Proceedings Fifth Canadian Cancer Conference*. Nova Iorque: Academic Press Inc., 1963, págs. 241-76.
163. Weissberg, A., *The Accused*. Nova Iorque: Simon & Schuster Inc., 1951.

164. Whitehead, Alfred North, e Russell, Bertrand, *Principia Mathematica*, 3 vols., Cambridge: Cambridge University Press, 1910-13.
165. Whorf, Benjamin Lee, "Science and Linguistics", em John B. Carroll (org.), *Language, Thought, and Reality. Selected Writings of Benjamin Lee Whorf*. Nova Iorque: John Wiley & Sons, Inc., 1956, págs. 207-19.
166. Wiener, Norbert, "Time, Communication, and the Nervous System", em R. W. Miner (org.), *Teleological Mechanisms*. Anais da Academia de Ciências de Nova Iorque, Vol. 50, Artigo 4, págs. 197-219, 1947.
167. Wieser, Wolfgang, *Organismen, Strukturen, Maschinen*. Frankfurt/M., Fischer Bücherei, 1959.
168. Wittgenstein, Ludwig, *Tractatus Logico-Philosophicus*. Nova Iorque: Humanities Press, 1951.
169. Wright, John C., *Problem Solving and Search Behavior under Non-Contingent Rewards*. Tese de doutorado não publicada, Stanford University, 1960.
170. Zilboorg, Gregory, "Suicide Among Civilized and Primitive Races", *American Journal of Psychiatry*, 92:1347-69, 1935-36.

*Leia também:*

# INTRODUÇÃO À TEORIA DA LITERATURA

*Antônio Soares Amora*

Este é um livro que interessa a qualquer leitor e, graças à maneira sistemática por que foi organizado, pode ser adotado com vantagem nos cursos de iniciação à Teoria da Literatura ministrados nas Faculdades de Letras. A parte inicial do volume contém uma introdução geral à matéria. A segunda parte apresenta considerações essenciais sobre cada um dos assuntos de que se ocupam os teóricos da literatura: a obra, o autor, o leitor etc. A terceira e última parte tece considerações sobre as relações entre Teoria da Literatura com os demais estudos literários (a análise literária, a crítica literária, a historiografia litéria) e com outras disciplinas (a Linguística, a Estilística, a Psicologia etc.).

Ao fim de cada capítulo, o leitor encontrará: um texto de um autorizado teórico, alusivo à matéria, como preâmbulo à compreensão de obras mais especializadas de Teoria Literária ou textos que exemplificam tipos de obras literárias; um questionário e um breve elenco de assuntos de indagação e de reflexão, indispensáveis a quem deseje passar da informação recebida ao plano das observações e cogitações pessoais.

EDITORA CULTRIX

# OS MEIOS DE COMUNICAÇÃO COMO EXTENSÕES DO HOMEM

*Marshall McLuhan*

*Neste livro revolucionário e desmistificador, um dos grandes pensadores de nosso século, que tem sido comparado, pelo alcance e pela profundeza de suas idéias, a Spengler e Toynbee, passa em revista as tecnologias do passado e do presente e mostra como os meios de comunicação de massa afetam profundamente a vida física e mental do Homem, levando-o do mundo linear e mecânico da Primeira Revolução Industrial para o novo mundo audiotáctil e tribalizado da Era Eletrônica. Um livro de leitura indispensável para estudantes e professores de Sociologia, Psicologia, Comunicações etc., bem como todo e qualquer leitor que queira estar em dia com o mundo em que vive.*

EDITORA CULTRIX

# CURSO DE LINGÜÍSTICA GERAL

*Ferdinand de Saussure*

*O generalizado interesse que a Lingüística vem despertando nos últimos anos, notadamente no campo das ciências humanas, põe de manifesto a dívida metodológica que estas têm para com aquela é na Lingüística que a Antropologia, a Psicanálise e outras disciplinas vão hoje buscar conceitos básicos como os de sincronia e diacronia, significante e significado, signo e sistema semiológico, etc. Esse generalizado interesse, que a voga ainda recente do estruturalismo só fez crescer, implicou, como não poderia deixar de implicar, revalorização da obra pioneira de Ferdinand de Saussure, em quem, todos, continuadores ou contraditores, reconhecem o fundador da lingüística moderna. O CURSO DE LINGÜÍSTICA GERAL, de Saussure, é um livro clássico; base dos estudos lingüísticos modernos. Nele foram definidos pela primeira vez alguns dos conceitos-chave em torno dos quais, malgrado sua multiplicidade e diversidade, giram as formulações de lingüística contemporânea. Daí a excepcional importância desta sua tradução brasileira, que se recomenda a professores e estudantes de várias áreas disciplinares do ensino superior: Lingüística, Ciências Sociais, Semiótica, Teoria da Literatura, Psicologia, etc.*

# FUNDAMENTOS DA LINGÜÍSTICA CONTEMPORÂNEA

*Edward Lopes*

*O generalizado interesse que a Lingüística vem despertando nos últimos anos, notadamente no campo das ciências humanas, põe de manifesto a dívida metodológica que estas têm para com aquela é na Lingüística que a Antropologia, a Psicanálise e outras disciplinas vão hoje buscar conceitos básicos como os de sincronia e diacronia, significante e significado, signo e sistema semiológico, etc. Esse generalizado interesse, que a voga ainda recente do estruturalismo só fez crescer, implicou, como não poderia deixar de implicar, revalorização da obra pioneira de Ferdinand de Saussure, em quem, todos, continuadores ou contraditores, reconhecem o fundador da lingüística moderna. O CURSO DE LINGÜÍSTICA GERAL, de Saussure, é um livro clássico; base dos estudos lingüísticos modernos. Nele foram definidos pela primeira vez alguns dos conceitos-chave em torno dos quais, malgrado sua multiplicidade e diversidade, giram as formulações de lingüística contemporânea. Daí a excepcional importância desta sua tradução brasileira, que se recomenda a professores e estudantes de várias áreas disciplinares do ensino superior: Lingüística, Ciências Sociais, Semiótica, Teoria da Literatura, Psicologia, etc.*

EDITORA CULTRIX

# DICIONÁRIO DE LINGÜÍSTICA

*Jean Dubois e outros*

O destaque hoje assumido pela Lingüística no campo das Ciências Humanas evidencia-se, quando mais não fosse, pelo número crescente de livros, publicações, cursos e programas de estudo a ela consagrados. Tudo isso torna sumamente oportuna a publicação deste dicionário, que tem por objetivo orientar o consulente no tocante à rica e complexa terminologia dessa ciência de cujo desenvolvimento dão testemunho tanto os conflitos de escolas e posições teóricas como a proliferação neológica de que se fazem acompanhar. Preparado por um grupo de lingüistas das universidades de Paris e de Ruão, o DICIONÁRIO DE LINGÜÍSTICA oferece ao professor e ao estudante universitário um vasto cabedal de informações fáceis de localizar mercê do grande número de verbetes (cerca de dois mil) em que a matéria foi parcelada e do sistema de referências cruzadas que os articulam entre si. Há verbetes para termos gramaticais e lingüísticos, para escolas lingüísticas (estruturalismo, glossemática, gramática gerativa etc.), para domínios disciplinares (fonética, psicolingüística, gramática comparada etc.) e para conceitos tomados de empréstimo a ciências fronteiriças (Psicologia, Sociologia, Fisiologia, Teoria da Informação etc.). O tratamento da informação varia com a sua ordem de importância, podendo ir da simples definição até a pequena monografia, o que confere dupla utilidade ao dicionário, fazendo-o a um só tempo obra de consulta e manual de estudo.

EDITORA CULTRIX